政策過程分析入門
［第2版］
草野 厚

東京大学出版会

Introduction to Japan's Policy Making Process, 2nd ed.
Atsushi KUSANO
University of Tokyo Press, 2012
ISBN978-4-13-032220-1

目　　次

はじめに　*1*

第 1 章　政策過程分析の意義……………………………………… *7*
第 1 節　民意による政権交代の実現　*7*
第 2 節　日本政府を襲った危機　*14*
第 3 節　政治を理解するのに有用な方法　*18*

第 2 章　政策過程分析とは何か…………………………………… *27*
第 1 節　歴史的分析との違い　*27*
第 2 節　政策過程をどのように定義するか　*39*
第 3 節　政策決定者個人に焦点を当てた手法　*47*
第 4 節　対象とする三つの政策過程レベル　*49*
　　レベルの混在(*50*) / 第三のレベルの重要性(*51*) / レベルの重畳化(*52*) / 決定の主体(*54*) / 小さな決定の連続としての政策過程(*55*)

第 3 章　分析の準備………………………………………………… *61*
第 1 節　テーマ設定と分析の範囲　*61*
　　テーマ設定(*61*) / 分析の範囲(*64*)
第 2 節　資料の収集方法　*70*
　　新聞の縮刷版(*70*) / 縮刷版で日表作成(*73*) / 雑誌記事などの資料(*74*) / 一次資料(*83*)

第 4 章　分析の手法（その 1）……………………………………… *85*
　　モデルのイメージ(*85*) / 細谷モデル(*85*) / 福井モデル(*92*)

i

第 5 章　分析の手法 (その 2) ……………………………… *101*
　　モデルの基礎 (*101*) ／ 合理的行為者モデル (*107*) ／ 組織過程モデル (*109*) ／ 政府内政治モデル (*117*)

第 6 章　分析の手法 (その 3) ……………………………… *137*
　　増分主義モデル (*137*) ／ 国内政治モデル (*142*) ／ 非正式接触者モデル (*149*) ／ 相互浸透モデル (*151*)

第 7 章　分析の手法 (その 4) ……………………………… *159*
　　スナイダー・モデル (*159*) ／ ごみ缶 (箱) モデルと政策の窓モデル (*170*)

　お わ り に　*177*
　参考文献一覧　*183*
　索　　引　*199*

はじめに

　今朝，君は朝食として何を食べましたか？　コンビニのサンドイッチやおにぎりを大学に行く用意をしながらほおばりましたか？　いつものように母親が用意してくれたスクランブルエッグと野菜ジュースと，トーストをたべましたか？　ぼんやりテレビを見ながら．それとも，栄養補助食品だけですませましたか？　いや，朝食は食べないので，コーヒー一杯．そのまま，会社に急ぎましたか？

　政策過程論と何が関係があるのだろう．そう思った諸君も多いだろう．実は，このテキストを読み始めた諸君一人一人も，日々，いくつかの選択肢から，一つを選び出す作業（決定）を行っている．選択できる朝食のメニューも，ここにあげただけでなく，さまざまにあり得る．でも，君は，そのうちの一つを，無意識にあるいは意識的に選んでいる．たとえば，無意識のケース．「いつものように母親が用意してくれたスクランブルエッグ…」は，いつものように，言い換えれば，昨日，一昨日と同様の選択を，無意識に行う場合である．政府や企業でもある一つの行為の選択の根拠が，「いつものように」の場合があり，これが思わぬ問題に発展することがある．

　他方，本当は，ご飯を炊いて納豆と味噌汁の朝食を食べたかったけれど，実家からの急な電話で諦め，授業に間に合うように，コンビニのおにぎりで済ませたということも多いのではないだろうか．ある選択肢を選ぶことを考えていたが，予定にないことが起こり，別の選択肢を意識的に選ばざるを得なくなった場合である．こうしたことは政府や企業等ではしばしば起こる．もとより，予定外のことが起こらなくても，朝食のケースでわかるように，あれもある，これもある，今日は何にしようかなという場合が大半である．複数の選択肢を

検討し，その中から，理由をつけて一つを選ぶ行為を諸君も，政府も企業等も行っている．

このように，本書が主として取り扱う日本政府の政策の過程は，諸君の日々の決定と基本的な違いはない．もちろん，容易に想像がつくように，個人の場合は一人で，あるいは家族でのように，決定に関係する人々は少人数であるのに対して，政府や企業等は，多くの個人，部署が関係し，それだけに過程は複雑だ．

本書は，政策過程（ここでは便宜的に「政府や企業等が決定し，実施する政策の過程」とする）に関する事例研究の意義と有用性を説明し，その実践の方法を，作業手順を含め明らかにしている．本書で扱っている分析対象は日本政府だが，決定の類型のうちとくに危機型決定（後述）では，企業も対象となり得る．

政策過程の事例研究をすすめる以上，そこには積極的な理由が存在しなければならない．詳細は第 1 章に譲るが，2009 年 9 月，長らく政権の座にあった自由民主党・公明党に代わり，民主党を中心とする政権が登場した今ほど，日本の政策過程が注目されている時はない．1993 年 8 月にも 55 年体制，自民党の一党支配が崩壊し非自民連立政権が誕生したが，09 年の場合，自民党の分裂による 93 年の政変とは違い，総選挙を通じて民意が政権交代を促したという意味で，両者は大きく異なる．とりわけ，政権交代を主張した民主党が，政治家と官僚の関係の見直しをマニフェストに掲げ，人々の多くの支持を得たことからも，その政策過程はどのように自公政権時代と変化したかが注目される．

もとより政治学者は，これまでも日本の政策過程の動向に知的関心を注ぐのを怠らなかった．実際に数多くの業績が残されている．とはいえ，その多くは，どちらかといえば，一つの事例を丹念に追うもので，同じ領域に属する問題を複数分析したり，長い政策過程の中にみられた複数の決定の合意形成の違いなど，比較の視点に力点を置いてこなかった．私自身は，博士論文で，こうした点を踏まえ福田赳夫内閣による農産物の自由化交渉を扱ったが，それ以前にも修士論文で，同様の角度から岸信介内閣の下での日中・日台関係の政策過程を分析したことがある．以来，数多くの事例を政策過程に絞り分析してきたが，その意義，有用性とは，政治の全体像を一定の視角からではあるが具体的に理

解できるということにつきる．

　より具体的に考えてみよう．日本の歴史にとり未曾有の大災害をもたらした2011年3月11日の東日本大震災への対応の政策過程を，その初期に焦点を当てて分析すると，対象となる政策過程にみられる利害関係者（政策過程に何らかの形で関与した関係者）は首相，官房長官，経済産業大臣はじめ各閣僚，官邸スタッフ，経産省，原子力安全・保安院，原子力安全委員会，東京電力，主要被災地の岩手，宮城，福島県ならびに各地方自治体ならびに被災者，与党民主党，自民党，公明党など野党，国際原子力機関（IAEA）等国際機関，世界各国，メディアなど多数にのぼる．それらの様々な利害関係者間で展開される，説得や指示，駆け引きなどの過程を再構成することによって，具体的に政治を学ぶことができる．再構成といってもどのような情報をもとにするのか，一次資料はあるのか等々の疑問はあって当然である．

　しかし，時間をおけば，メディア等で公になった資料だけを用いても，相当，政策過程の具体像を明らかにすることはできる．2009年の政権交代以降，メディアは民主党政権の誕生により政策過程がどのように変化したかに注目し，自公政権時代と制度的にどのように変化したかなどの記事を多数掲載してきた（東日本大震災による福島原発事故への政府の初動対応については政府，国会，民間により，調査，検証が行われており，2011年12月には政府の中間報告，2012年3月には，民間の事故調査委員会報告書が公表された）．こうした記事等も利用すれば，事例研究の前提はかなり整う．

　政策過程を具体的に明らかにできることは政治を学び始めた人々にとって重要である．政治的現象は，可能な限りわかりやすいものでなければならないからである．もちろん，抽象的に官僚機構と政党との関係を論じた優れた文献も多数あり，政治に関する一定の基礎的知識を得ることはできる．しかし，政策過程を分析することで，より具体的に日本政治を理解することができるはずだ．

　ただし，単に過去において行われた政策決定に関して，政策過程に着目し再構成するだけなら，それは歴史的叙述に留まる（だからといって歴史的分析が劣っているというわけでは全くない）．実は，政治学的手法と歴史的手法は，政策過程の再構成という目的において，極めて似ている．しかし，政治学的手法では，演繹的手法にせよ帰納的手法にせよ，政策過程の構造上の特徴が繰り返

し見られるとの前提のもとに，仮説が提示されている．そうした仮説のセットであるモデルや，仮説を通して政策過程を分析することを強くすすめたい．

　事実を丹念に，時系列的に追いかけ，そこで明らかとなる諸要素間の因果関係を分析するという歴史的手法でも，どこを重視するか，何をどう省くかなど，ある種の概念レンズを見出すことはできる．しかし，ここで言う政治学的手法では，そうした点を意識的に行う点が違う．たとえば，第5章で紹介する，1962年のキューバ危機の政策過程を分析したアリソンのモデルでは，簡単に歴史的な事実関係について触れた後，「なぜソ連はキューバにミサイルを持ち込んだのか」など三つの問いについて，政府内政治モデル（官僚政治モデル）はじめ三つのモデルで分析する．そこでは，時系列的な要素よりも，モデルの仮説の有効性を証明すべく，ひたすら議論が重ねられる．本書ではそうした事例研究を政策過程分析と呼び，歴史的手法とは区別したい．

　第4章以下では政策過程分析に必要ないくつかのモデルが提示される．政治を学び始めた人々が使えるモデルを中心に紹介するが，あるモデルが，別のモデルよりも説明能力が高いかどうかという議論はほとんど行っていない．一般的に，政策過程の分析モデルは，その説明能力の優劣を争うことを考えれば，意外に思われるかもしれない．たとえばアリソンの政府内政治モデルは，合理的行為者モデルに対する厳しい批判から生まれたし，そのアリソン・モデルに対する批判はまた新たなモデルの誕生のきっかけとなったのである．しかし，そうした理論的発展の経緯に関する議論は，本書では二つの理由から極力省いた．

　第一に，特定のモデルを用いて全ての政策過程を説明することは不可能だからである．ある政策過程についてはAのモデル，別の政策過程ではBのモデル，という具合に，モデルを使い分けることによってはじめて複雑な政策過程は説明可能となる．また政策過程が長期にわたれば，参加者の顔ぶれも変化するというのが一般的である．しかも小さな決定をいくつか繰り返す場合も少なくない．ということは，一つの政策問題でも，適合するモデルがAからBに代わるということすらあり得る．一つのモデルだけを選択して政策過程を説明することは以上の理由から極めて難しい．

　第二に本書の目的は，複数のモデルを使って日本の政策過程に関する事例を

再構成することであり，モデルそれ自身の精緻化にあるのではないからである（もちろん，他の国の政府の政策過程をそれらのモデルを用いて分析することは一向に構わない）．とはいえ，どのモデルが特定の事例研究に最適かがわからなければ人々は惑う，との指摘はあろう．しかし敢えて本書ではその点に言及していない．分析にあたりどのモデルを選択するかも一つの思考訓練だからである．もっとも特定の政策過程について，どのモデルでもある程度説明可能だし，その意味ではモデルは相互に補完的である．したがって，試行錯誤を重ね，最も適当なモデルを見つけだすことを読者に希望する．

なお，今回，最高政策決定者としての首相の指導力（リーダーシップ）にも焦点を当てることにしたい．民主党政権二人目の首相，菅直人は，一度，辞任をほのめかしてから，実際に辞職するまでほぼ3カ月首相の座にあり，政策上のパフォーマンスを続けた．戦後日本の歴代首相の中で希有の存在であると同時に，議院内閣制にあっても，如何に首相の権力が強いかを世に知らしめることになった．これからも，菅タイプの指導者の登場がないとはいえない．その意味でも，最高政策決定者の指導力についても議論しておきたい．

以上のように本書の目的は単純であるが，全体としては構成に工夫をこらしたつもりである．テキストという性格を考えて，モデルや仮説を事例に応用するにはどのようにすべきか，事例研究を行うには何から始めたらよいのかなど，実際教育の現場で発せられた質問も取り入れながら章立てを行った．また教室で学生に課したレポートも，モデルを適用したものも含め，とりあげながら，議論を進めている．学生がどのような点で苦心し，困難に直面したかが具体的にわかるであろう．

さらに第1章では，私の研究史を振り返りながら，政策過程分析の幅の広さと，知的楽しさを説いている．本来，禁欲的な研究者は自分の研究を過去に遡って，肯定的に捉えることはしないものであるが，具体的に政策過程分析の有用性を議論するには，その細部まで知る自分の業績を利用することが最も容易であり，敢えてこの方法を採用した．

近年，現代政治に関するテキストも様々な工夫が試みられるようになった．学説や理論の解説ではなく，身近な例をとりあげながら，より動態的に現在の政治を理解できるように考えられている．しかしながら日本の政治学のテキス

トの多くは，公務員試験を相当程度念頭に置いて書かれたものであり，それだけに，重要な事項は漏れなく説明されているが，わかりやすさという点で，学生の評判は今一つであった．公務員試験自体の中身が変わらない限り，そのようなテキストの有用性は今後もなくならないであろう．しかし，政治学の重要な役割が，一般の人々の政治意識を高め，ひいては日本の政治をよりよくする（結果的に世界のそれも）ことにあるのならば，これまでとは異なる切り口をもった内容のテキストが数多く出版されてよい．そのねらいがどの程度成功しているかは別にして，本書もそうした試みの一つである．

　全体の構成は以下の通りである．第1章ではなぜ政策過程を実証的に分析する意味があるかをやや詳しく論じてみた．本書を事例研究のハウツーものとしてのみ利用したいのであれば，この部分を省略しても構わないように思われるが，可能な限り丁寧にこの章は読んで頂きたい．そうすることによって，事例研究の奥の深さや楽しさがわかるはずだからである．第2章では歴史的分析と政策過程分析との相違を明らかにし，政治過程・政策過程・政策決定過程など類似の語句について整理し，本書で扱う政策過程とは何か，範囲はどこまでなのかなどについて議論する．分析のレベルについても触れている．第3章は分析の準備である．テーマの設定をどうするのか，どこをどのように分析するのか，さらには資料の収集方法，整理の仕方についても述べる．

　第4章からは分析に必要なモデルの紹介に入る．まずモデルによって分析するとはどういうことか，イメージをつかんでもらうことから始める．

　第5章から第7章にかけては，本論になる．モデルを実際の事例にあてはめたり，前述した学生のレポートを使いながら議論を進めている．必ずしもモデルの紹介は体系だてて行われているわけではないが，読者にはまずはこの順序で目を通されることをすすめる．

　なお引用にあたっては，読みやすさを考慮して，文中の専門用語の原語や傍点・ルビを省略した場合があることをつけ加えておきたい．

第1章　政策過程分析の意義

第1節　民意による政権交代の実現

　政策過程論に関するテキスト，それも政策過程の事例研究のすすめを骨子とするテキストを世に問う意味はどこにあるだろうか．テキストということは，本書が多くの人々に読まれ，実際に事例研究，実証研究が行われることが期待されている．ならばそれなりの意義が必要であろう．実は日本の政策過程が，この3年ほど注目されている時はない．マスメディアや官僚，それに経済界など研究者以外も強い関心をもって日本の政策過程を見つめている．いうまでもなく民意を経て2009年9月に政権交代が実現し，日本政治は変わり，政策過程も例外ではないと考えられたからである．皮肉なことに，政権交代した後も，政策の過程が制度化されていないために，結果として注目を浴びている側面もある．最も重要な役割を果たしているのは政府なのか，与党民主党なのか，官僚なのか，あるいは利益団体なのか．それらの力関係もよくわからない．

　そうした現在の政治に照らし合わせた政策過程分析の今日的意義はともかく，日本の政策過程論の業績はずいぶんと増えた．アメリカの研究の応用という性格は強いものの，理論的な議論も行われてきた．第4章で触れる，日本政治の決定に重要な役割を果たすのは政治家，官僚，経済界の3アクターであるとのいわゆる政官財モデル（三位一体モデル）を改編，修正する作業も行われてきた．それに政策過程分析は歴史的分析と重なる部分もあり，外交史研究者が政策過程に注目した業績も多い．たとえば，「日本はなぜ，1941年にアメリカとの開戦に踏み切ったのか」などの問いに答えるというのがその好例であった（細谷他編，1971–72など）．

その後，1970年代から80年代にかけて日本が直面した沖縄返還や石油危機，冷戦終結後の90年代に日本の国家としての有り様が問われた湾岸危機や，戦後一貫して国際社会が求めてきた農産物などの市場開放について政策過程分析が行われてきた（一例として軽部，1997）．いずれも，なぜ，国家的困難の中で日本政府はそうした決定を行ったのか，行わざるを得なかったのか，国内の関係団体や関係者に注目しながら分析している．

　これらの研究の背景には，1960年代以降の高度成長時代を経て，日本が経済大国としての地位を確立したこと，日本政府が国際的要求にもかかわらず国内の市場開放は遅らせたこと，安全保障面では憲法上の制約を理由に，自衛隊の国際協力活動も90年代初頭まで行われてこなかったことなどがある．研究者の多くは，こうした国内的制約にもかかわらず，徐々にではあるが日本の市場は開放され，自衛隊の国際協力も開始されたのはいかなる理由によるものかを分析している．

　もっとも，一部の研究者を除けば，政策過程に焦点を当てつつも，分析枠組みという点では統一性は見られていない．共通の枠組みによる事例研究の積み重ねは，日本の政策過程に関する一般化に一歩近づくはずである．今回，新版を敢えて出す理由はそこにある．本書では分析枠組みとしてのグレアム・アリソンのモデルの利用を再び勧めている．「え，いまだにアリソンですか？」などの指摘が聞こえてきそうだが，そういう質問を発する人に限って，実際にアリソン・モデルで自ら事例研究を手がけたことがないのである．勿論，このモデルに対しては，既存のモデルを整理しただけだし，もはや古すぎるなどの批判はある．ところが，事例研究で使用すればよくわかるように，どのような組織（国家，企業）が決める政策であれ，その過程を分析できる普遍的なモデルである．実際にこのモデルに習熟している民主党政権関係者は，菅政権が東日本大震災の対応で困難に直面していた頃，官邸内の意思疎通の悪さを念頭に，政策過程のこの部分は，アリソンの第二モデルで，別の政策過程のあの部分は第三モデルで説明できるなどと話していた．

　もとよりアリソンのモデルを含め，本書はモデルの精緻化を目指しているわけではない．モデルはあくまで政策過程を見る「メガネ」の役割を果たしているだけであり，その目的は，何が実際に起きたのか，何が解決されればよりよ

い決定と実施が行われる可能性があるのかを明らかにすることである．おそらく「度の異なるメガネ」，「近視対応，遠視対応のメガネ」を状況に応じて使い分けることで，テーマの違う政策過程の共通点や相違点などを発見することになるだろう．

　こうしたことを前提に政策過程分析の意義を考えると，第一は既に触れた2009年9月の民意による政権交代をあげることができる．この政変は日本の政策過程をどのように変えたのか．政権交代にあたり，民主党はこれまでの自公政権とは異なる政策過程を目指したが，その実態はどのようなものだったのだろう．もっとも，政権交代のような政変が起きなければ政策過程分析に取り組む意義がないかといえば，そうではない．消費税率引き上げなどについて共通の枠組みによる政策過程分析を行うことで，歴代内閣の政策や政策の作られ方の相違点，類似点がより具体的に明らかになる．

　第二に2011年3月11日に発生した東日本大震災をあげないわけにはいかない．1995年1月17日に発生した阪神淡路大震災では，村山富市内閣の初動対応が問われたが，東日本大震災の初動時において政府は首尾よく対応できたのかどうか．岩手，宮城，福島を中心とした広域災害に直面した政府は，被災地の復旧，復興で政策過程上どのような課題を残したのか等々疑問はつきない．日本政府を襲う危機は，これからも続く．その意味では，危機における政府の政策過程を分析する必要性は，ますます高まっている．

　第三はより一般的な，そして最も強調したい意義である．すなわち，政策過程分析を行ってはじめて具体的に日本の政治を理解できる．政策に関心のある人々は，政策が立案できれば，自動的に実現すると思いがちだが，実際には政策過程は決定までの過程とそれを実施する過程とにわかれる．政策過程が完結するまでに待ち構えるハードルは数多い．そのことは，事例研究を行ってはじめて理解することができる．以下では3点についてより詳しく述べてみよう．

　第一の民意による政権交代の実現，民主党中心の政権の発足と政策過程分析の意義との関係は次のようなことである．既に「はじめに」で触れているように，日本の政策過程が今ほど注目されている時はない．政権交代は，1993年8月にいわゆる55年体制が崩れ非自民による細川護熙内閣が発足し実現してい

る．しかし，それは自民党が分裂し，羽田孜を党首に立てた小沢一郎率いる新党結成がきっかけであった．今回は事前の与党内分裂はなく，与党対野党の対立がそのまま選挙に持ち込まれ，民意の判断で政権交代が実現した点で93年とは大いに違う．しかも民主党の獲得議席は300を越え，反対に自民党は議席を181減らし，119議席に留まった．民主党は圧勝し政権の座についたのである．

　今回の民意による日本政治の激変は1993年の政変とは比べものにならぬほど政策過程に与える影響は大きそうだ．なぜなら2009年総選挙で公表された民主党のマニフェストでは，子ども手当，農家への戸別所得補償，高速道路無料化，無駄削減による財源の捻出など個別の政策と並び，政策過程そのものについて言及していたからである．それは自民党政権時代の政治の不透明さへの批判でもあった．より具体的には，民主党は自民党長期政権の下で温存されてきた族議員，霞が関の既得権益の一掃を主張し，行政刷新会議で政策，支出を検証するとした(09年マニフェスト政策各論，1　ムダづかい，1.現在の政策・支出を全て見直す)．また，政治主導を確立することで真の民主主義を回復する(同，5.政と官の関係を抜本的に見直す)としていた．具体的には与党議員が大臣，副大臣，政務官等として100人以上政府に入り，官僚を主導して政策の立案と実施を行うとしていた．脱官僚の実現であり，政権獲得により自公政権までの政策過程に大きな変化が生じることが予想された．もし，これが本物となれば，官僚の役割は低下し，一般的に政官財モデルで説明されてきた日本の政策過程も修正を余儀なくされる．メディアもこうした点を好意的に評価していた(一例は朝日新聞，2009年8月31日社説，「民主圧勝，政権交代，民意の雪崩受け止めよ」)．

　自公政権時代までの政策過程を復習しておこう．55年体制下の自民党一党支配時代，2009年までの10年間の自公政権時代の政策過程上の特徴は，政治家と官僚の密接かつ安定した関係であった．1993年誕生の非自民政権(細川，羽田内閣)が1年足らずで終わり，94年6月，村山社会党委員長率いる連立政権で自民党は政権に復帰したが，自民党一党支配時代とは異なり，連立政権あるいは閣外協力を前提とした政権であった．政権を構成する政党が複数になれば，当然各会派間の利害調整は複雑になり，合意形成にも時間がかかる．結果として，政治家と官僚の関係を含め政策過程は変化すると思われたが，実際には，

それほどの変化は生じなかった．

その政治家と官僚の効率的とも呼べる関係は，民主党はじめ野党やメディアからは，不透明だとの批判を招くことにもなった．立法の中心に位置する国会論戦の前に，政府与党が事実上問題を決着させ，国会は野党のお墨付きを得る場になっていた．たしかに，主要な政策に関しては，まず自民党政務調査会の各部会で議員と官僚が活発な議論を重ね，幹部の調整を経た上で，最終的に総務会を経由して党三役が了承するというのがごく一般的な政策過程であった（自公時代にはこれに，公明党内での政策論議と両党間の調整が付け加わる）．利害関係をもつ利益団体は自民党政務調査会部会の所属議員を中心とした族議員および官僚に対して働きかけを行った．この仕組みの最大の問題は，国会審議と異なり，国民的論議を呼びそうな政策やメディアが関心のある政策を別にすれば，ほとんど情報も明らかにならないままに，利害関係者間で政策が立案され決定される不透明さであった．

もっとも，こうした制度化（制度として確立）された政策過程は，政策を支える官僚にとり，また，政策に利害を反映させたいと願う利益団体関係者にとり都合がよかった．政策過程の透明さよりも，自分たちの利害を反映した政策を実現することが彼らの目的だったからである．都合のよい情報をリークという形で提供してもらえるメディアにとっても，居心地のよい仕組みだったに違いない．

研究者にとっては別の意味で都合がよかった．日本の政策過程をみるには自民党，官僚，利益団体（経済界），とりわけ前二者に注目すれば基本的にはこと足りたからである．1980 年代後半に，研究者の間で，日本の政策決定過程を支配しているのは，官僚なのか（官高政低），あるいは自民党族議員なのか（党高政低）が議論されたが，この場合も自民党一党優位のもとで長期にわたり培われた両者の相互依存関係を前提としていた．

こうした政治家と官僚の安定的な関係を基礎にした日本の政策過程が，前述のマニフェストからもわかるように民主党政権の誕生で政治家が官僚を主導するという方向へ大きく変わることが予想された．しかし，民主党政権発足後，鳩山由紀夫から菅直人，野田佳彦へと民主党内で首相の交代が行われたが，政策過程は次第に自民党政権時代に逆戻りすることになった．その理由は，民主

党議員の経験不足もあり目指した政治主導が十分に確立されなかったからである．ほどなく，当事者の民主党自身，マニフェストで謳った政治主導では，政治は前に進まないことに気づきその修正を図らざるを得なくなったのである．

　民主党鳩山由紀夫内閣は，2009年9月16日の初閣議で「本当の国民主権の実現」「内容のともなった地域主権」を政策の二つの大きな柱とするなどとした内閣の基本方針を決め，法案などを事前に与党が審査した自民党政権下の慣行を廃止し，政府・与党の意思決定を一元化することや事務次官会議の廃止なども決めた．同じ日の夜に鳩山首相は記者会見で並々ならぬ決意を示し「脱官僚依存の政治をいまこそ世の中に問うて実践していく」と語っている（朝日新聞，2009年9月17日）．

　これまで自公政権を支え一定の役割を果たしてきた官僚からすれば，いったい何が起こるのか疑心暗鬼にかられたはずである．専門的な実務が大半を占める官僚の業務をほんの数人の政務三役が処理できるのだろうか．案の定，民主党政権の目指した脱官僚路線は，日を置かずしてほころびをみせはじめる．各府省の政策決定を担うことになった大臣，副大臣，政務官の政務三役が官僚抜きに物事を進めようとしたからだ．その結果，決定や指示，それに伴う調整がうまくいかないケースが出てきた．自公政権時代，厚生労働省を厳しく批判してきた長妻昭氏率いる厚生労働行政がその典型であった．実務を担う官僚が右往左往することもたびたびであった（読売新聞，〔ドキュメント・民主党政権〕「天敵に拍手なし」2009年9月18日，「長妻氏への説明，厚労省幹部困惑　守秘義務のない民主党職員同席で」2009年9月22日など）．官僚の大半が反長妻派で，積極的にメディアにリークした点を考慮しても，厚生労働行政が停滞したことは事実のようであった．また，あまりメディアは報じなかったが，自公政権の政策過程を不透明と批判していた民主党は，政務三役会議の公開はほとんど行わず，全体として透明度の低い政策過程となった（「政務三役会議，透明化道半ば，府省間でまちまち」，朝日新聞，2009年12月11日）．

　それだけではない．党内からも，政策をめぐる党運営のあり方に不満が続出した．党所属議員の大半はなんらかの形で政府に加わり，党は政府の政策に関与すべきではないというのが小沢一郎幹事長の方針であった．政策調査会は廃止され（菅内閣で復活），各種団体からの陳情も党に一本化され，各議員との接

触は禁じられた．形式の上では，政府が政策を決定し，政府を支える与党は次回選挙で勝利することを最大の目標とする棲み分けが確立されたかにみえた．ところが，政府に加わることのできる議員は少数であり，残りの議員は政策面での関与は困難となれば，国会議員になった意味がない．これでは単なる投票要員だとの声が新人議員を中心に沸き起こることになった．

　脱官僚路線の象徴であった事務次官会議の廃止は，鳩山政権から菅政権に交代してからほどなく，見直しを余儀なくされた．閣議前日に開催される事務次官会議は，閣議での議題を事実上官僚が決め政治主導の妨げになっているとの理由で廃止が決まった．しかし，これは事務次官会議の形式的な役割に焦点を当てた批判であった．会議は，定期的に各省の事務方トップが集まり情報交換を行い，情報の共有を行うことに意味があった．これが廃止されたために，事務次官が各省で部下に対して指示する情報も乏しく，調整も円滑に進まなくなったのである．しかも，政務三役会議から官僚を排除したために，政務三役と官僚が情報を共有しにくくなり，省庁間の調整もスムーズに進まなくなった．こうしたところから，菅内閣の仙谷由人官房長官は，府省事務次官に対する年末の訓示で，大臣，副大臣，政務官による政務三役会議に「次官や官房長が可能な限り出席，陪席するようお願いしたい」と要請した．訓示の中で「民主党政権になり政治主導の行政を進めているが，政治主導とは事務方が萎縮したり，政治に丸投げしたりすることではない」と強調，そのうえで「政務三役と官僚が適切に役割分担し，緊密な情報共有，意思疎通を図りながら，国民のために一丸となって取り組むことだ」と述べざるを得なかったのである（朝日新聞，2010年12月28日夕刊）．こうしてマニフェストで掲げた政治主導は破綻に瀕していることが明らかとなった．

　脱官僚を掲げた民主党政権の政策過程は，既に指摘したように，自公政権時代に戻りつつあるかのようだ．2011年9月2日の前財務大臣だった野田佳彦が率いる内閣の発足は，それを象徴していた．副大臣，大臣と民主党政権で財務省を率いた野田に対しては，財務官僚の評価はすこぶる高かった．消費税率引き上げなど財務省の意向を政策に反映しようとしてきたからである．こうして当初の目標，すなわち脱官僚の目標は事実上撤回されることになった．政府と与党の関係では，自公政権時代と同様に，政府が提出する法案の閣議決定前

の与党民主党による事前審査が確立された．

 とはいえ，総選挙による政権交代が一度は行われた以上，今後も政権交代や政界再編が起こる可能性があることは考えておく必要がある．その際に，民主党政権が手がけた政務三役主導の政策過程は，政治家にとり居心地がよく，自民党が政権に復帰しても，また，政界再編により登場する新政権でも変わらない可能性が高い．その意味でもマスメディアや官僚，経済界などに加え，研究者も強い関心をもって日本の政策過程を見つめる必要があろう．

第2節　日本政府を襲った危機

 政策過程分析が今こそ必要な第二の理由は東日本大震災の発生である．東日本大震災でも，菅内閣の対応には組織の縦割り，情報伝達の不備，首相としての指導力への疑問など，阪神淡路大震災と類似の問題点が明らかとなった．16年前の大震災に学んでいないとすれば，これからも繰り返し起こるであろう危機に政府がどう対応したかを振り返る必要があろう．政府でも国会でも検証委員会が設置されたことが，そのことを裏付けている．

 日本史上未曾有の大災害をもたらした東日本大震災は2011年3月11日午後2時46分に三陸沖を震源とするマグニチュード8.8（後に9.0と修正）の複合地震により発生した．地震そのものによる家屋の倒壊や道路の崩壊に加え，岩手，宮城，福島を中心とする太平洋岸にはところによっては20mを超える巨大津波が押し寄せ途方もない被害をもたらした．その人的被害は三県で死者1万5791人，行方不明者3053人（2012年4月25日警察庁発表），避難者は26万9136人（復興庁2012年4月5日）にのぼっている．津波は東京電力福島第一原子力発電所を飲み込み，電源が失われた原発はいわゆる炉心溶融（メルトダウン）を起こし，国際原子力機関（IAEA）による評価レベル7の放射能漏れを伴う大事故を引き起こした．その結果，福島県から6万2808人（2012年1月26日現在，福島県発表）もの人々が故郷に戻る当てもなく県外への避難を余儀なくされ現在に至っている．

 政策過程論からみて，まず問われなければならないのは菅内閣の初動対応である．地震発生直後に政府がとった危機への対処には一見大きな問題はなかっ

たかに見える．実際，マニュアルに従い，迅速にまた適切に政府の緊急災害対策本部など体制は整えられた．対応の遅れは起こりようもなかった．早朝に神戸で発生した阪神淡路大震災とは違い菅首相は地震発生を参議院の決算委員会審議の最中に経験したからである（村山首相は阪神淡路大震災発生時睡眠中で，危機管理担当秘書官も帰省中であった．こうした不幸が重なり首相への一報は遅れた）．地震発生時に大きく揺れる天井のシャンデリアを呆然とみつめていた人物こそ危機管理の総指揮官菅直人首相であった．

地震発生直後の午後2時50分には官邸に対策室が設置され，緊急参集チームも招集され，マニュアルどおりに危機管理体制は着々と整備されていった．菅首相も中止となった参院決算委員会から，地震発生から10分後の午後2時56分には官邸入りしている．同じ頃，警察庁，消防庁，防衛省の各省庁，岩手，宮城，福島の各県でも災害対策本部が設置され，午後3時10分には大災害を目の当たりにした自衛隊出身の村井嘉浩宮城県知事から自衛隊への派遣出動の要請がなされている．阪神淡路大震災では厳しく批判された派遣要請の遅れは，こうして起こりようがなかった．

続く午後3時14分には政府が緊急災害対策本部を設置し第1回会議を午後3時37分に開催している．その間，菅首相は北沢俊美防衛大臣に対して「自衛隊は最大限の活動をすること」を指示している．また，午後4時過ぎ開催の第2回緊急災害対策本部会議では全閣僚を前に，「国民の皆さんには，ぜひ落ち着いて行動をとるようお願いいたします」と述べた．午後6時11分には首相官邸で与野党協議が行われ，野党も国家の非常時として，政府を全面的にバックアップすることを約束した．事実上の政治休戦である．こうして危機管理という点からみて菅内閣は万全の体制で臨んだかに思われた．

ところがそうした見方は楽観的にすぎた．東日本大震災は地震およびそれに伴う津波の被害，福島原発の事故の複合災害である．前者が一過性の被害に留まるのに対して，仮に放射能漏れを起こす事故であれば，その被害はほぼ永遠である．影響も原発が立地する福島に留まらず，日本全国いや地球規模の汚染にもつながる可能性があった．ほどなく，この問題が菅内閣を直撃することになる．

政府，東京電力はじめ原子力業界関係者にも，こうした最悪のシナリオは経

験したこともなく，また，あってはならないこととして視野の外にあった．菅首相自身も当初そう考えていたふしがある．第一に原子炉で何が起きているか情報が十分に入手できていない段階で，首相自ら原発の「安全宣言」をしたために国民は混乱した．初動の体制整備は早かったと述べたが，首相から国民へのメッセージも間髪を入れずに行われた．国民の動揺を少しでも抑えたいと考えたのであろう．それは首相のリーダーシップを発揮するにはまたとない機会となった．地震発生から約2時間後の午後4時54分には首相自ら，官邸で「東北地方太平洋沖地震に関する菅内閣総理大臣記者発表」と題して被災者への見舞いの言葉をかけ，続いて「なお，原子力施設につきましては，一部の原子力発電所が自動停止いたしましたが，これまでのところ外部への放射性物質等の影響は確認をされておりません．（中略）国民の皆様におかれましても，今後，引き続き，注意深くテレビやラジオの報道をよく受け止めていただき，落ち着いて行動されるよう，心からお願いを申し上げます」と述べたのである．余震に震える人々はテレビやラジオの生中継から流れる菅首相のメッセージにほっとしたはずである．

　ところが政府には危機的状況に陥った福島原発の情報が，首相の記者発表より前の午後4時45分には届いていた．原子炉冷却のための非常用発電機が全て使えなくなり，冷却の継続が困難になったというのである．なぜ，この状況が首相のメッセージに反映されなかったのか．首相にはこの情報が届いていなかったのか．あるいは届いていたにもかかわらず何らかの事情で敢えて伝えなかったのか．いずれにせよ政策過程論的には興味深いエピソードである．

　「安全宣言」から2時間ほど経った午後7時3分．予想以上に深刻化した事態に直面した政府は，原子力災害対策特別措置法に基づき原子力緊急事態宣言を発令せざるを得なくなった．宣言の目的は原子力発電所で放射能漏れなど大きな事故が起きた場合，電力会社だけでなく政府が前面に出て事態の収拾にあたり，住民の避難などを指示できるというものだ．事実上の，「安全宣言」の撤回である．もっとも，午後7時44分に会見した枝野幸男官房長官は現時点で施設外への放射能漏れは確認されていないと再三強調し，そうならないように政府は万全の措置をとっていると述べた．

　こうした政府の対応の混乱はどのような理由によるものであろう．

政策過程論的にまず考えられることは，この問題に関係する関係者（アクター）が多数にわたったことである．事故の現場である東京電力福島原子力発電所，東京電力本店，経産省，原子力安全・保安院，原子力安全委員会，官邸の危機管理センター，首相，官房長官，経産大臣はじめ内閣官房など，この政策過程に登場する関係者は膨大である．関係者が多ければ多いほど，情報の伝達回路は複雑になり，情報の内容も微妙に変化していく．正確な情報に基づき判断をしたいと考える組織の長にとり最悪の環境である．実際，この特定のエピソードを指しているわけではないが，辞任後のインタビューで，菅前首相は「まるで伝言ゲーム」のようだったと述べている．情報が複数の手を経るにしたがって変化していったので，どれを信用してよいか判断に困ったというのである（朝日新聞，2011年9月6日）．

　とはいえ，原子炉が冷却不可能な事態に陥ったとの情報は，多数の関係者の関与にもかかわらず，緊急事態宣言を発する2時間以上前に官邸に届いていたことは枝野官房長官自身が記者会見の冒頭発言で確認している．とすれば，別の角度からも「安全宣言」に至った理由を分析する必要がありそうだ．この問題を菅首相がどう考えたかである．

　うがった見方にすぎるかもしれないが，当初，菅首相や官邸には，できるだけ福島原発の事故を小さく見せたいとの思いがあったのではないか．あながちそうした見方は誤りではないだろう．あまりメディアでも指摘されることはないが，地震発生の1カ月半前の1月24日の施政方針演説で，「私みずからベトナムの首相に働きかけた結果，原子力発電施設の海外進出が初めて実現しました」と菅首相は売り込み成功を自らのトップセールスの成果として強調していたからである．この事故が菅内閣の経済政策の柱である原発や新幹線などインフラ輸出にマイナスになってはいけないと，首相やその周辺が考えたことは自然である．ところが，事態は予想以上に深刻なことが明らかとなり，午後9時23分には，首相自ら，福島原発半径3km圏内の住民の避難，3–10km圏内の住民の屋内退避を指示せざるを得なかった．おそらく，この頃矢継ぎ早に情報収集を指示したはずである．しかし，一向に首相の納得のいく情報はあがってこない．そしてついに自ら，情報収集を行うというおよそ危機管理における最高指揮官としては異例の行動をとったのである．

菅首相は翌日の12日午前6時14分，自ら自衛隊ヘリで被災地域を上空から視察し，福島原発にも降り立っている．後日，その理由を野党議員から問われ「現地の状況を自ら視察する必要があり，その後の判断に役だった」(3月29日参院予算委員会) と述べている．また3月13日の午前5時35分には，事故対応でもたつく東京電力に乗り込み，清水正孝社長以下幹部を3時間にわたり叱咤した．繰り返しになるが，阪神淡路大震災と同様に，組織間の情報伝達の遅れおよびその原因である組織の縦割り，個々の組織固有のマニュアルへの拘泥が菅首相の苛立ちを誘ったのである．

　もっとも，危機における最高指揮官の役割は，現場の情報収集は部下に任せ，司令塔から専ら指示をすることであり，菅首相のとった行動は批判されて当然である．2例とも，原発担当の海江田万里経産大臣を派遣すれば済んだはずだ．これでは経産大臣を置いた意味がない．どのメディアも報じていないが，首相が視察のためにヘリで移動中に津波を伴う大きな余震が発生したり，原発の爆発が起きて，的確な指示が出せなかったとしたら菅首相はどのような責任をとるつもりだったのだろう．実際，視察直前，12日午前3時59分には，マグニチュード6.7，最大震度6強，続く午前5時42分には，マグニチュード5.3，震度6弱の余震が新潟県中越地方で起きている．

　東日本大震災における政府の初動対応から改めて明らかになったことは，体制を構成する複数の組織の問題 (後述するアリソンの第二モデル)，官邸の首相をはじめとする少数の人々 (公的には官房長官や官房副長官，補佐官等々) の役割 (アリソンの第三モデル) が大きかったことである．

第3節　政治を理解するのに有用な方法

　以上のような日本における最近の状況は，いわば現実の政治との関連で，政策過程の実証研究の必要性をこれまでになく高めている．しかしより根本的な理由で私は事例研究をできるだけ多くの政治学に関心をもつ人々，とりわけ政治を学び始めた人々にすすめたい．それは，既に述べたように政策過程の事例研究が政治分析の勘を養うのに最適だからである．つまり第三に強調したいのは，政策過程分析は日本政治を具体的に理解するには有用な方法だということ

である．言い方を変えれば，日本に限らず手続きが重視される民主主義では，政策が決定され実施されるまでには複雑な過程を辿らなければならない．それを抽象的に理解するのではなく，具体的に組織や人に焦点を当てながら分析することで，政策過程を体感できる．そうした理由から私は政策過程論の授業で，学生個々人に事例研究をレポートとして課し，一定の成果をあげてきた．本書ではその一部を紹介したい．

政策に基づく法案を用意し，実際に国会で法律にし，その内容を実施するまでには，考える以上の時間がかかる（法律を必要としない政策変更の場合でも同様である）．政策は決定されれば（法律化されれば），自動的に実施されるのではない．法律化された内容を具体化していく実施の過程も同様に重要である．その意味では，政策決定は政策過程の一部を指しているにしかすぎない．その政策過程に待ち構えるいくつものハードルには高いハードルもあれば，低いハードルもある．長い政策過程ではハードルに足を引っかけて倒れることもある．政策過程のなかで，最終的に国会で法案が可決され，その実施のための詳細が，政令や省令などで決まり，現実に，その具体的中身が実施されるまでには，気の遠くなるような時間を要する．

事例研究により政策過程を再構成することで，なぜ日本の政治は前に進まないのかを理解したり，政治家や官僚は国民のために何もやっていないのではないかとの思いこみを覆す機会になるかもしれない．メディアの報道とは違った視点で自ら答えを出すことができる可能性がある．

たとえば，高齢社会の深刻化に伴う社会保障費の増大，経済成長の先細りなどを考えれば，消費税率の引き上げはやむを得ないと考えられるが，自公政権以来論議は継続しているものの，民主党政権でもまだ，実現には至っていない．最近では世論の6割ほどが引き上げ幅や実施時期を別にすれば賛成しているにもかかわらずである（「社会保障制度を維持するために消費税率引き上げが必要だと答えた人は63％」読売新聞，2012年1月29日）．仮に引き上げたいとの立場に立ったとして超えなければならないハードルは数限りなくある．政治家は有権者の反発の強い税率の引き上げにはそもそも消極的である．ようやく1989年竹下登内閣で実現した消費税の導入も，本格的論議は1978年の大平正芳内閣にさかのぼる．実現までには10年余りの歳月が流れている．

これまで消費税率引き上げの議論が煮詰まらなかった一つの理由は選挙制度にある．1994年に導入された小選挙区制度のもとでは，一票でも多い方が当選するシステムであり，基本的に政治家は有権者の批判する政策は打ち出しにくい．とりわけ政権与党が真正面に引き上げを主張すれば，野党から，与党は弱者に対して配慮がない，景気回復にはマイナスだ，財務省のいいなりになっているなど格好の批判材料とされる．勿論与党の同僚議員からも批判される．菅内閣が政権発足直後の2010年の参院選で大敗したのは，一度は菅首相が消費税率引き上げを打ち出したからである．撤回した段階では時は既に遅かった．政治家は再選が最大の目的なので，消費税率の引き上げに限らず正論を吐いて有権者の反感を招くことは避けたいとの心理が働く．

　逆に2009年の民主党マニフェスト（野党としてのマニフェスト）のように，消費税率引き上げの前に行政のムダを徹底して削減すべきだと打ち上げると有権者の支持を得やすい．こうした与野党を超えたさまざまなハードルがあるなか，少なくとも政府を支える与党内では，徐々に合意形成がなされることが望ましいが困難なのが実情である．

　ここから明らかなことは選挙のサイクルが政策過程を相当程度支配するということである．衆議院では任期満了の場合では4年に一度の選挙となり，参議院は3年に一度である．選挙へのマイナスを極力避けるために政権与党は，選挙から遠い時期に消費税率の引き上げなど困難な課題に取り組む．一般論としては，選挙が近づくにつれ，こうした難易度D以上の法案提出に政府は消極的になる．野田政権が2012年度の通常国会で法案提出を明言したのは，野田首相の引き上げにかける熱意と，選挙が近づき消極的にならざるを得ない与党議員の気持ちを考えた絶妙なタイミングであった．

　こうしたハードルがいくつも控える政策課題は消費税率の引き上げだけではない．環太平洋戦略的経済連携協定（TPP）でも農業セクターはじめ参加への反対は強く，与党内の調整は遅れた．繰り返しになるが，こうした政治のダイナミクスは政策過程の事例研究に自ら取り組むことではじめてわかる．

　当然のことながら，事例研究に取り組む者はその政策が必要となった時代的背景や，政党や官僚機構などのアクター（アクターは政策過程をドラマに見立てた場合の俳優にあたる）に関する基礎知識が不可欠となる．こうしてそのテー

マ（前述した東日本大震災や消費税など）という限定つきだが，事例研究にまつわる周辺の知識も含め問題全体を包括的に理解することが可能となる．

　つまり事例研究は「政治過程についての（ある局面における）全体像を与えてくれるという利点がある」のである（大嶽，1990，10 頁）．これは極めて重要である．「木を見て森を見ず」の諺どおり，全体像への理解なしに個別具体的なことはわからないはずだからである．ある論者は「全体から部分を演繹できても，部分から全体を演繹できないことはいうまでもない」と述べている（立花，1984，220 頁）．ところがしばしば，その見方は政治を学び始めた人々においては通らない．まず自分の気に入った個別テーマを優先するのが一般的である．

　事例研究を手がけることはまた政策過程に関する理論について議論をより効果的に行うためにも有用であろう．しばしば理論に傾倒する政治を学び始めた人々は，事例研究を経ることなく，モデルを抽象的にもて遊ぶ傾向がある．当然のことながらモデルや仮説は，具体的事例に当てはめて初めて意味をもつ．仮説，実証，そして仮説の修正，実証という作業を経て，分析の枠組みやモデルが精緻化していくことは改めて指摘するまでもない．そうした点からも単なる叙述を越えた理論的な分析視角をもった事例研究は，理論的な問題に関心を有する政治を学び始めた人々にこそ大いにすすめられる．

　とはいえ，本書がすすめる事例研究も，特定の政策にかかわる過程分析であり，そうした試みをいくら重ねても，日本政治の特徴に関して一般化は困難であるとの批判もあろう．たしかにその批判は当たらずとも遠からずである．もとより事例研究の最大の目的は日本の政策過程，ひいては日本政治全体の特徴に関する一般化にあるわけではない．他方，日本政治の全体構造を理解する上では事例研究はもっとも手っ取り早く，また効果的な方法であることも経験から明らかである．一般化にしても限界をわきまえ，工夫をこらせばある程度成果をあげうる．たとえば本論でも触れるが，防衛，福祉，公共事業など問題領域（イシュー・エリア）ごとに事例研究をつみかさねれば，その領域における政策過程上の特徴は一般化が可能である．だからこそ，アメリカでも政治学教育の入門段階として事例研究は重視されてきた．

　しかも次のような点も重要である．事例研究を行い，政策過程について全体の見取り図を頭に入れた上で，ゲームに参加した個々のアクター（政治家など

の個人や，政党，官僚機構，利益団体などの組織）同士の利害を含む関係を明らかにすれば，その次の作業が容易となる．分析する価値があるのはどこの部分か，さらに分析が必要な興味深いところはどこか，こうしたことがわかるからである．

　私自身，意図したわけではないが，研究を進めるうちに今述べたような副次的なものも含め多くの有用性を政策過程の事例研究から見いだすことになった．それを理解してもらうには，抽象的に説明するよりは，私が当初手がけた研究が，どのように他の研究，個別研究に発展していったかを明らかにするほうがわかりやすいであろう．私が政策過程分析に引き込まれていった過程の分析である．あらかじめ付け加えておけば，以下の記述は事例研究の有用性を強調するために相当，単純化してある．どの研究を手がけるかに関する私の"政策決定"は，第4章以下で扱う「合理的」モデルによって説明されるわけではない．指導教授のアドバイスや，同僚・先輩との議論，さらには編集者との意見交換のなかで，時間的・資料的制約に阻まれながら，逡巡の結果決まっていったのである．

　まず修士論文で，1958年に岸内閣が関係した第四次日中貿易交渉の政治過程を，本書でも紹介するスナイダー・モデルを用いながら，台湾の動向（当時日本と国交があったのは中華民国）も視野に入れながら分析した（草野，1980）．この段階で，私の事例研究の基本的スタイル，すなわち記録に残された文書資料のみならず関係者へのヒアリングも重視するというスタイルが確立した（もっとも後述するように，この手法にも弱点はある）．貿易問題の政治的分析の面白さを知って，博士論文では当時大いにマスメディアの注目を集めていた日米の農産物交渉のうち1978年に福田越夫内閣が決断したオレンジの輸入枠拡大に焦点を当て，これはアリソンの三つのモデルを応用しながら，独自の枠組み開発を試みた（草野，1983a）．

　二国間交渉を分析するうちに，実は両国政府の交渉のかけひきもさることながら，交渉に当たる政府の基本方針を決めるための国内の合意形成に多くの時間が費やされることを知った．私が本来，国際関係論，国際政治学を専攻していたにもかかわらず，国内政治分析を手がけることになったのは，こうしたことがきっかけとなっている．自動車など日米間の経済摩擦問題に関心を向ける

一方 (草野，1984；宍戸・草野，1988)，1965 年の山一証券に対する日銀特融の決定過程や (草野，1986)，中曽根康弘内閣で決まった国鉄の分割民営化の政策過程という純粋な国内問題を分析したのである (草野，1989a)．ただし，国内問題でも二つの決定は歴史に残るユニークな政策決定である．前者は日本で数少ない危機的な状況 (特別融資を行わなければ取り付け騒ぎが起こる可能性が高いという意味で) での決定事例であり，後者は戦後日本が，外圧なしに構造改革を行った特異な事例だからである．

　国鉄改革は，1981 年に発足し行政改革全般を扱った第二次臨時行政調査会が事実上，原案を書いたが，臨調への関心の延長線上で，以後，行政改革，規制緩和にも取り組むことになった．のちに規制の典型例として，アメリカから撤廃の要求が繰り返されてきた大型店の出店を規制する大規模小売店舗法 (大店法) の成立と運用過程を分析することになったのも，そうした経緯からである (草野，1992)．

　ついで日米経済摩擦研究を行っているうちに，重要な役割を果たしているアメリカ政治，とりわけアメリカ議会の役割にどうしても注目せざるを得なくなった．そこで 1983 年から 2 年近くにわたるアメリカ滞在を機会に，その点を研究した．『アメリカ議会と日米関係』所収のいくつかの論文は，アメリカ議会の対日圧力などアメリカ側のアクターを主として扱っている．日米関係というと東京，ワシントンに焦点があたりがちだが，アメリカの地方がどのような対日イメージを有しているかも重要である．地方都市で過去に書かれた日本に関する新聞社説を収集して分析した論文も，そこに収めた (草野，1991a)．

　その後，新たな研究対象分野となったのが，日本の政府開発援助 (ODA) である．大学で日本外交を教えている関係で，ODA が日本外交の重要な柱であることは知っていたが，1990 年になって集中して勉強する機会を得て気がついたことは，日本の ODA の「実像」が相当ゆがめられて日本国内で報道されているということであった．そこで東京工業大学時代の同僚であった渡辺利夫氏と相談し，途上国の ODA 案件を視察し，われわれなりの観察結果を明らかにすることになった．こうして単なる事例研究から一歩進み，フィールドリサーチにまで私の研究手法は発展することになった．以来，現在まで ODA に関する著作は五つを数えるが，ODA の政策過程そのものについては，あまりに複

雑すぎることもあり手をつけるに至ってはいない(渡辺・草野, 1991;草野, 1993a;草野, 1997a;草野, 2007a;草野, 2010a).

　ODAを研究する一つのきっかけは,マスメディアの報道ぶりへの疑問であったが,日米経済問題でも,日本のメディアのセンセーショナルな報道が,両国の摩擦を増幅しているのではないかと考えていた.こうしたところから,様々な問題に関する,メディアの報道姿勢,影響力,なども関心対象となった(草野, 1995a;草野, 2000b;草野, 2006a).続いて政策過程全般を考察するうちに,なぜ日本の国会が本来の機能を果たしていないのか,またなぜ官僚の影響力が大きいのか,注目せざるを得なくなり,国会と官僚についての実証分析を手がけている(草野, 1996e).その後,『官僚組織の病理学』の中では,1995年の阪神淡路大震災や1999年の東海村JCO核臨界事故など政府の危機管理をとりあげ(草野, 2001a),『癒しの楽器パイプオルガンと政治』では,日本各地の公共ホールに,日本文化に必ずしも馴染みのないパイプオルガンがなぜ導入されるに至ったかを40のホールを訪ねて明らかにしている(草野, 2003a).文化政策の公共事業としての一面である.『解体―国際協力銀行の政治学』では,小泉内閣の政府金融機関改革の一環として行われた国際協力銀行(当時)の円借款(有償資金協力)部門を無償資金協力,技術協力の国際協力機構(JICA)と統合した経緯を,内部資料や詳細なヒアリングをもとに明らかにしている(草野, 2006b).

　以上のように私の著作のテーマは多岐にわたるが,政策過程の再構成という点で共通している.また,いくつかの事例では政策の立案の過程ではなく,危機管理のように既存の仕組み(法律を含め)が,どのように機能したか(あるいは機能しなかったか)を分析することによって日本政治の特徴を明らかにしている.

　しかし政策過程分析は一般的に,前述のような有用性がある一方,政策過程の実証研究を政治学の理論発達への貢献という観点からみると,大嶽秀夫のような厳しい指摘があり得る.明確な方法論的前提の検討なしに政策過程分析が始められるために,具体的な対象に対する興味が先行して,歴史学的な単なる叙述に傾斜しやすく,理論的な検討それ自体を軽視する危険が伴うというのである(大嶽, 1990, 11頁).また別の箇所で,大嶽は,叙述上の問題として,ある人物に特に強い照明をあてたり,その性格を強調して印象づけたり,対立を

実際以上に鮮明に描きすぎれば，善玉悪玉という戯画化したイメージを与える実名の政治小説に堕するとも指摘している（同上，17頁）．こうした指摘，批判に私は異を唱えないし，実証研究を数多く手がけてきた私には，心当たりのある指摘でもある．

　にもかかわらず，私はそうした傾向があるにせよ，政治を学び始めた人々が事例研究に取り組まずに政策を議論したり，理論を振りかざすよりははるかに意味のあることではないかと考えている．ただし事例研究を行うに当たっては，モデルを用いて政策過程の構造的特徴を明らかにするとか，それが難しければ，仮説の実証（演繹法の場合）や仮説の提出（帰納法の場合）という，理論化，一般化への試みが必要であることも繰り返し指摘しておきたい．

第2章 政策過程分析とは何か

第1節 歴史的分析との違い

　第1章では政策過程分析の意義を強調する一方，政策過程の事例研究とは具体的にどのようなことを指すのか，何が明らかになると「研究した」といえるのか，歴史的分析とどこがどのように異なるのかなどについては，あまり詳しく触れずに議論を進めてきた．また政策過程分析の扱う範囲はどこからどこまでなのか，政策過程に登場する誰(何)を，政策決定者とみるのかなど，全く決めずに話を進めた．

　政策過程の事例研究とはおおよそ次のようなことを指すといってよいであろう．特定の政策課題など解決の必要性のある問題に対して，関心のある利害関係者(政策過程に参加するアクター)が，それぞれの要求を反映させようとして，政府内外で対立と妥協を繰り広げる過程の描写である．同時にその政策過程の特徴を整理し，そこに何らかの構造を発見しようとする試みである(大嶽，1990，10頁を参考に修正を加えた)．対立と妥協，すなわち利害関係者間の駆け引きの姿を発見することが重要なポイントとなる．そして前章の最後で触れたように，分析に際しては，すでに知られたモデルを分析の道具として利用したり，それが困難であれば，仮説の実証や，最後に仮説の提示が期待されるということになる．

　以上の説明である程度，歴史的分析との違いが明らかとなったであろう．歴史的分析では，あくまで分析対象のできごとを「反復できない一過性，個性的なものとして分析し記述する」のに対して，政治学的手法では「反復のできる一般的な法則をたてることをその方法とする」自然科学と同様の立場から対象

を分析するのである．したがって，前述の「関心のある利害関係者（政策過程に参加するアクター）が，それぞれの要求を反映させようとして，政府内外で対立と妥協を繰り広げる過程の描写である」というのは，単にそこに見られる特色が，一過性のものではなく，政策過程に繰り返し見られるものであるとの認識にたっている．

　具体的にその違いを見てみよう．あらかじめ断っておけば，ここでの目的は歴史的分析と政治学（政策過程分析）の分析上の相違を知ることであって，優劣を決めることではない．また研究のごくわずかを引用しながら議論するのは，適当ではないとの指摘もあるかもしれないが，限定されたここでの関心事に応えるには，許容できる分量であろう．紹介する研究は，いずれも1972年に田中角栄内閣によって実現をみた日本と中華人民共和国との国交正常化の過程に関するものである．同じ問題を扱っているにもかかわらずこれほど印象が異なることも珍しい．

　日本は1951年の連合国との講和条約締結以降，アメリカの意向もあり，蒋介石率いる中華民国（台湾政府）と国交をもち，国連の代表権問題でも，終始，中華民国の議席追放には反対してきた．ところが，アメリカのニクソン政権は，対ソ戦略上，米中接近しかないと判断し，1971年7月，劇的な中国訪問を発表したのである．アメリカにそれまで追随してきた佐藤栄作内閣は，国連代表権問題を含め，対中，対台湾外交の舵取りに苦慮する．中国との話し合いを模索した佐藤内閣だったが，中国敵視政策をとったと批判する中国は相手にせず，結局，後処理は後継の田中内閣に引き継がれることになった．政権の最大の課題と位置づけた対中国交正常化に田中は取り組み，ついに72年9月，田中の北京訪問で，それは実現した．以下の二つの研究は，こうした経緯を経た国交正常化についての過程，とりわけ田中がなぜ決断したのかという部分に焦点を当てたものだが，両者は分析の角度——歴史的分析と政策過程分析——という点で見事なほどに異なっている．

───分析事例 1───

田中明彦『日中関係 1945–1990』74–83 頁

2 田中内閣成立

　もちろん，ニクソンが「世界を変えた」と思うほど，急激にすべての人々の見方や行動が変わるわけではない．日本にとっては，1972 年は，まず何よりも政権交代の年であった．また，日中国交正常化は，何よりも先に新政権が取り組まなければならない「内政」上の懸案であった．

　佐藤総理が退陣を表明したのは，6 月 17 日である．それまでに，田中角栄と福田赳夫の間で，自民党の次期総裁を目指すレースが佳境に入っていたことはいうまでもない．このレースで，中国はかなり前から，訪中する日本人にどちらが勝つか取材しており，5 月頃には，田中が勝つと判断したようである．事実，5 月 15 日，中国訪問中の公明党の二宮文造に周恩来は，「もし田中さんが首相になって本当に日中国交回復を望んでいられるなら，我々中国の人民も政府も軍隊も，北京の空港をあけてお待ちしましょう」と田中に秘密の伝言を頼んだという．

　一方，田中も日中国交回復には意欲を燃やしていた．3 月中旬には，田川誠一らに「自分が政権をとった場合，日中復交は即決でやる……中国側の原則は正しいし，ほとんどこれを認めて良いくらいである．細かい点は，あまり意に介しない」と語っている．のちに田中は日中問題に対する考え方として，次のように語っている．

　　日本における日中問題は，外交問題であるよりも国内問題だ．明治百年の歴史を見ると，いかなる内閣においても，最大の難問だった．日中問題が国内問題として，大きなガンとなっているのは，日本にとっていいことじゃない．日中問題がおさまると，国内のゴタゴタは，三分の二はなくなる．……そのことが，まず第一の原則．

　　第二は，中国の 8 億だ 9 億だという人口と，日本の 1 億を合せると，地球の人口の四分の一になる．これだけの日中関係を解決せずして，日本の安定なんかあるわけがない．

　　第三は，日本の安全保障の問題．世界に三つの拠点がある．ベルリンの壁と朝鮮の 38 度線とキューバ．これが東西の三つの接点だ．この接点で，紛争を起こさないようにしなければ，極東の平和もないし，日本の平和もない．そこで，日本としては，日米安保条約だけでなく，中国とも友好関係を結ぶ．日米中の三国で，二等辺三角形の関係になれば，極東の平和は守れる．日本が中国と国交を正常化することは，アジアに NATO をつくるよりも，強力な安全保障になる．

ここには，まず国内問題として日中国交正常化をやろうとした田中の決意がよく出ている．もちろん，第三点として指摘しているように，戦略的な意図もあったことは確かなようだ．とくに日中国交正常化が成功した後，田中首相が「さあ，次はソ連だ，ソ連だ」とワメくように言ったところから考えると，ある程度四大国関係において中ソとどのような関係をもっていくかということについて，展望があったのかもしれない．しかし，中ソが対立しているなかで，米中が緊密な関係に立ったとき，日本はどのような対応をするのがよいのか，という視点は見られない．やはり，日中，日ソ，別々の関係として捉えていたように見えるのである．

　いずれにしても，7月5日，自民党総裁選で，田中角栄が当選する．彼は，田川らに語ったように「速戦即決」で日中復交に進んでいった．早くも7月7日には，初閣議の後「中華人民共和国との国交正常化を急ぎ，激動する世界情勢の中にあって平和外交を強力に推進していく」と言明した．これに対し，中国側もすばやく反応した．周恩来は，9日，イエメン人民民主共和国代表団歓迎宴での演説で，「長年にわたって中国敵視政策を取り続けてきた佐藤政府は，任期の完了を待たずに下野した．田中内閣は7日成立，外交に関し，日中国交正常化の早期実現を目ざすと明らかにしたが，これは歓迎に値する」と述べたのである．

3　竹入メモ

　日中国交正常化に至る過程において，きわめて特徴的なことは，政府の正式の代表者でない人物がきわめて重要な役割を果たしたことである．これは，正式の国交がない以上当たり前のことではあるが，国交正常化の直前までそれが続いたことは，米中国交正常化の過程などと異なるところである．田中内閣成立後も，そのような「非正式接触者」として，たとえば，社会党の佐々木更三元委員長が周恩来から田中総理の訪中を歓迎する旨伝言を受けていた．しかし，国交正常化直前に決定的な役割を果たしたのは，公明党委員長の竹入義勝であった．竹入は，中国側の強い勧めで7月25日訪中したところ，驚くべきことに，29日，周恩来から以下のような中国側共同声明案を示されたのである．

(1)　中華人民共和国と日本国との間の戦争状態は，この声明が公表される日に終了する．

(2)　日本政府は，中華人民共和国政府が提出した中日国交回復の三原則を十分に理解し，中華人民共和国政府が，中国を代表する唯一の合法政府であることを承認する．これに基づき両国政府は，外交関係を樹立し，大使を交換する．

(3)　双方は，中日両国の国交の樹立が，両国人民の長期にわたる願望にも合致し，世界各国人民の利益にも合致することを声明する．

(4) 双方は，主権と領土保全の相互尊重，相互不可侵，内政の相互不干渉，平等・互恵，平和共存の五原則に基づいて，中日両国の関係を処理することに同意する．中日両国間の紛争は五原則に基づき，平和的な話合いを通じて解決し，武力や武力による威嚇に訴えない．
(5) 双方は，中日両国のどちらの側もアジア太平洋地域で覇権を求めず，いずれの側も他のいかなる国，あるいは，国家集団が，こうした覇権をうちたてようとすることに反対する，ということを声明する．
(6) 双方は，両国の外交関係が樹立された後，平和共存の五原則に基づいて，平和友好条約を締結することに同意する．
(7) 中日両国人民の友誼のため，中華人民共和国政府は，日本国に対する戦争賠償の請求権を放棄する．
(8) 中華人民共和国政府と日本国政府は，両国間の経済と文化関係を一層発展させ，人的往来を拡大するため，平和友好条約が締結される前に，必要と既存の取極に基づいて，通商，航海，気象，漁業，郵便，科学技術などの協定をそれぞれ締結する．

周恩来は，この8項に加えて，以下3項の黙約事項も提案した．
(1) 台湾は，中華人民共和国の領土であって，台湾を解放することは，中国の内政問題である．
(2) 共同声明が発表された後，日本政府が，台湾から，その大使館，領事館を撤去し，また効果的な措置を講じて蒋介石集団の大使館，領事館を日本から撤去させる．
(3) 戦後，台湾における日本の団体と個人の投資および企業は，台湾が解放される際に，適当な配慮が払われるものである．

竹入は，この中国側の共同声明草案および周恩来らとの会見記録（「竹入メモ」）を，帰国後，ただちに田中総理に見せた．この「竹入メモ」によって，中国が日米安全保障条約に対しては異議を唱えないことや，戦争の賠償を求めないことが明らかになった．こうして，田中総理は，自ら訪中し，一気に国交正常化に突き進むことになるのである．彼は8月中に自民党内の調整を済ませ，8月22日には，総務会で「日中国交正常化」と「田中訪中」を党議決定してしまう．さらに，8月31日と9月1日にハワイで開かれた日米首脳会談では，日中国交正常化にアメリカの了解を取り付ける．一方，台湾には椎名悦三郎自民党副総裁を9月17日説明のため派遣する．そして，9月21日には，25日に自ら中国を訪問すると発表するに至るのである．

4　日中共同声明

　しかし，日本側は竹入のもたらした中国側の共同声明草案をすべて受け入れるわけにはいかなかった．そこで，田中訪中の前に，日本側の考え方を中国に伝えるため，自民党代議士の古井喜実，田川誠一および元外交官の松本俊一を派遣して説明させることになった．古井らは，9月9日に訪中し，翌日，中国側に以下のような日本側の考え方を示したという．

(1)　両国政府は，戦争状態が終結したことを確認する．
(2)　日本側は，中華人民共和国政府を中国を代表する唯一の合法政権として承認する．
(3)　中国側は，台湾は中国の領土の一部であることを再確認する．日本側は，中国の主張を理解し，尊重する．
(4)　中国側は，対日賠償請求権を放棄する．
(5)　両国政府は，1972年〇月〇日から外交関係を開設し，なるべく速やかに大使を交換する．

さらに，日華平和条約の終了は共同声明には盛らないが，外務大臣の談話ないし声明という形で日本側から発表すると付け加えた．

　大きな問題点は二つあった．第一は戦争状態の終結についてである．日本側は，日華平和条約で中国との戦争状態は終結していると考えるので，中国側のように，日中の戦争状態は「声明の公表される日に終了する」とはできないという主張であった．第二は，中国側草案にある「日中国交回復の三原則を十分に理解し」という点であった．この三原則とは先に記した「復交三原則」で，そのうち，問題なのは第三の「日台条約は不法であり，無効であって，廃棄されなければならない」という原則である．日本としては，日華平和条約の締結それ自体は有効との立場をとっていたので，これを認めるわけにはいかないという主張であった．

　それ以外に日本側が考えた問題点としては，中国側草案第5項のいわゆる「反覇権条項」と第7項の対日賠償請求権放棄があった．「反覇権条項」については，覇権という言葉が曖昧であるとして，できれば共同声明には入れるべきでないという意見が外務省条約局から出されていたという．また対日賠償請求権の放棄については，請求権の「権」が問題となった．つまり，日華平和条約ですでに中国の「対日賠償請求権放棄」が規定されているのに，再び「請求権放棄」を規定すると，依然として中国に請求権があることを認めることになり，矛盾してしまうというのであった．そこで，「権」を取って「請求を放棄する」としてほしいというのが日本の主張であった．

　結局，このような問題点は，すべて田中訪中で決着をつけることになった．この9月25日から30日にかけての訪中については，高島益郎外務省条約局長を周恩来総理

が「法匪」と罵ったとか罵らなかったとか，田中総理がスピーチで中国への謝罪に使った「迷惑をかけた」という用語の中国語訳が不適切であったとか，毛沢東が田中総理らに「もうケンカはすみましたか」と語ったとか，いろいろとエピソードが残っている．いずれにしても，共同声明を作る交渉はかなり難航したようである．しかし，結局両者が妥協することで合意に達し，9月29日，日中共同声明が調印され，日中両国間の国交正常化は成功した．

　第一の問題点である「戦争終結」については，周恩来が「不正常な状態」の終了という妥協案を出したことで合意した．

　第二の「復交三原則」の取扱いについては，共同声明前文で「日本側は，中華人民共和国政府が提案した『復交三原則』を十分理解する立場に立って，国交正常化の実現をはかるという見解を再確認する」と言及し，さらに，本文で「中華人民共和国政府は，台湾が中華人民共和国の領土の不可分の一部であることを重ねて表明する．日本国政府は，この中華人民共和国の立場を十分理解し，尊重し，ポツダム宣言第8項に基づく立場を堅持する」と宣言することで決着した．ポツダム宣言第8項を持ち出したのは，日本がサンフランシスコ平和条約で台湾を放棄しているという法的立場と，台湾が中国の領土であることを示すとの政治的必要とを調和させることが目的であった．ポツダム宣言第8項とは，(中略)カイロ宣言の条項が履行されなければならないと規定したものであった．そして，カイロ宣言においては，「満洲，台湾及澎湖島ノ如キ日本国ガ清国人ヨリ盗取シタル一切ノ地域ヲ中華民国ニ返還スル」と規定されていた．したがって，日本はサンフランシスコ平和条約において台湾を放棄している以上，その地位に関して規定する法的立場にないのであるが，政治的には，中国の一部であるということを認めるために，このようなまわりくどい方法をとったのだという．

　また，日華平和条約については，日本が共同声明と離れて一方的に終了を宣言することに中国側が同意して解決した．対日賠償請求権の問題も中国側が「権」を取ることを了承し解決した．「反覇権条項」は，「日中両国間の国交正常化は，第三国に対するものではない」という文章を前に挿入することで，日本側が合意した．その他の共同声明の条項は，ほとんど中国側草案と変わらないもので，これをもとに，貿易，海運，航空，漁業等の実務協定，平和友好条約の締結などを目的として交渉を行うことが約束された．

　当時，それほど注目されなかったにもかかわらず，のちに大きな影響を与えたのは，「反覇権条項」であった．外務省の公式見解では，この条項は「米中共同声明にも述べられているところであり，……いわば当たり前のことである」というものであったが，すでに述べてきたように，交渉担当者たちが実は「当たり前」と考えていなかったことは確かなようだ．「第三国に対するものではない」という但し書の存在がその懸念を

裏付けている．しかし，日中は日中で二国間関係として処理していきたいというこのような努力は，以後著しい困難に遭遇していくことになる．

〔注は省略〕

---分析事例 2---

別枝行夫「日中国交正常化の政治過程」1-4 頁

はじめに

1972 年 9 月の日中国交正常化は，東アジア国際政治史の重要な転換点であった．同時により広く国際社会全体の変動要因であり，他方，日本国内の政治諸勢力にとってもその意味するところは小さくなかった．

今回，私は田中（角栄）内閣の日中国交正常化の過程を分析する作業を通じて次の諸点を明らかにすることを試みた．

第一に，田中・大平の訪中決定および日中共同声明案文の作成は誰の手によりいかになされたのか．第二に，上記の政策決定に関わった人々がその行動をとるに至った背景はどのようなものであったのか．第三に日中国交正常化は日米関係といかなるつながりをもっていたのか．以上の三点である．

周知の通り，わが国において日中関係の正常化を求める声は，60 年代末から 70 年代初頭にかけて国内の各層で広範に展開していた．71 年秋に中国は国連加盟を果していたし，何よりも日本外交の指針となってきた米国の大統領が既に訪中を終えていた．たしかに国交正常化を望む一般的「雰囲気」は昂まっていた．にもかかわらず政策決定の現場で解決せねばならぬ課題はきわめて具体的に提示されており，その解決がいかに行なわれたかは先の三点を知ることにより理解できるであろう．「国際環境の変化」と「国内での正常化機運の昂まり」だけが，国交正常化の実現につながったのではなかった．

ここで（中略）事例研究に先だち，日本外交の政策決定過程にみられる決定パターン及びその背景を単純な経験的仮説として示そう．

〔仮説〕

ある特定の重要な外交課題に直面して，日本政府が示す態度は当初きわめて曖昧なものである．それは「本来両立しえない選択肢」のどちらをも満たそうとする試みである．政府の与党である自由民主党内部の「論争」もこれと並行して現実適合性を欠いたまま進められる．事態が具体的局面に入るや「論争」は激化するが，党内の統一的結論は導かれぬまま一応の収束を見る．この形態を「総裁一任」と呼ぶ．その結果，当該政策決定は「首相を中心とする小グループ」に委ねられることになる．国内諸勢

力(殊に与党を含む諸政党や経済界や官界)の当該決定への具体的参与は一般に散漫であるが，その中の特定の個人が，団体の制約や制度の枠をこえて強力に参与する場合がしばしば起る．当該決定が小グループにより凝縮された形で行なわれる反面，逆説的ではあるが決定に参与する諸個人は背景に国内諸勢力の力関係を直接的に反映している．

以上の仮説を念頭におきつつ事例研究に移るが，そこでは(中略)草野論文[草野, 1980]と併せて少くとも，戦後日中関係における日本政府の対応に共通する特徴を見出すことができるであろう．

1　事例研究

田中角栄は1972年7月7日，内閣成立後初の首相談話で「中華人民共和国との国交正常化を急ぐ」と語った．2日後，中国の周恩来首相は「田中発言を歓迎する」と応じた．国内世論，各政党の対応，米国の政策転換，中国の国連加盟――「環境」は整備されたかに見えた．しかし，わが国にとっての中国問題は，のちに日中共同声明がその第3項で，ポツダム宣言に言及したことに象徴されるように，わが国の「終戦処理」を問い直す意味をもっていた．中国問題とは即ち「台湾問題」であり，その延長上に日米安全保障条約(以下「日米安保」)体制が位置しており「台湾地域における平和と安全の維持」が緊要とうたった69年11月の「日米共同声明」の路線は日中国交正常化とは両立しないように思われていた．中国側は日米共同声明以降「日本軍国主義復活」攻撃を強化しており，日本国内でも，日米安保と軍国主義復活を結びつける議論が盛んであった．

以上のような困難な問題を克服する展望を，首相就任直後の田中及び外相の大平正芳は持ち合わせていないように思えた．先の首相談話は，自民党総裁選に際し三木武夫の提唱を容れた「三派協定」に拘束されたためのものでしかなかった．田中は佐藤(栄作)内閣最後の通産相として，中国貿易への輸銀資金運用につき柔軟性を示す発言をしていたが，その点を除けば中国問題に関する言動には慎重だった．田中の元秘書によれば，元来台湾との関係維持論者の田中が，総裁選を前に不用意な発言をしないよう側近達が常に彼を抑制していたという．この点，外相として頻繁に台湾問題に触れざるをえなかった福田赳夫に比して田中の立場は有利だった．大平もまた前年，わが国の国連対策の「逆重要事項指定方式」に反対したほかは具体的発言がなかった．

田中の政治スタイルを「発言慎重・行動積極型」，大平を「発言行動慎重型」とするなら，田中内閣に国務相(副総理)として入閣した三木は「発言積極型」だった．72年4月訪中した三木は帰国後『復交三原則』の尊重が交渉の前提，ただし日台関係は交

渉の過程で解決する」とのいわゆる「出口」論を公にしていた．（実際，日中交渉はその通り進行したが）このように具体的段取りを予め明言してしまう人物は，これから政策決定を行なおうとする人々の障害であった．三派協定にもかかわらず三木は最後まで「政策決定者集団」に加わることがなかった．総裁選の最終局面で田中支持を決め，通産相として入閣した中曽根康弘はその右派的言動が危惧された．自民党内各派閥のいわゆる「綱引き」は日中国交正常化問題においては機能しなかった．

　結局，日中国交正常化の政策決定の中核は首相の田中と外相の大平によって占められた．彼らはかねてから互いを「盟友」と呼んでいた．

　田中・大平が直面した最初の，かつ最大の難関は，与党自民党内部における分裂状態であった．国交正常化に積極的な人々は完全に多数派であったが，前年の「逆重要」に関連して活撥化した政策論争も総裁選をはさんでむしろ沈静化していた．他方，消極派即ち台湾擁護派の人々は少数ではあったが政府首脳の動きに強い警戒を示していた．7月末頃まで，党内の大勢は正常化推進の方向であったが具体的政策論は依然散漫であった．

　一方，中国側は7月3日に早くも中日備忘録貿易（日本でいう覚書貿易）弁事処の新首席代表・肖向前を派遣し，同11日には前首席代表・孫平化を団長とする上海舞劇団を送りこんできた．両名は非公式ではあれ政府間接触の窓口として差しむけられたのである．

　田中・大平にとり客観情勢はもちろん，また少くとも田中の政治スタイルからみれば主観的にも事態は切迫したものとなった．けれども，国交のない国の「代表」と公式交渉には入れぬばかりか相手方に示すべき材料も定まらなかった．そしてさらに田中（および大平）には後に述べるように，この時期，同時に解決すべき緊急の外交課題が示されており，その意味でも彼らには有能な「助言者集団」及びそれを担う個人の明確な「役割分担」が是非とも必要であったのである．

外務省

　制度的に見て，田中・大平を支えるべき存在が外務省であることは明白だった．大平はその官庁の長であり，高級官僚らと緊密な連携を計って政策決定にあたるのが当然と思えた．しかし結論からいえば，外務省は「省」として今回の政策決定に有効な対応を示すことができなかった．

　72年1月，外務省では局長級の人事異動が行なわれた．アジア局長に「中国派」の吉田健三，条約局長・高島益郎，外務省研修所長に「中国派」の小川平四郎（のち中国大使）との布陣は「中国シフト」といわれた．それから6ヶ月，新内閣を迎えた外務省内部は意思統一とはほど遠い状態であった．ひとことでいうなら「ニクソン・ショック」から立ち直っていなかった．国交正常化を直接担当すべきアジア局及び条

約局は大論争の只中にあり，下部を統轄するはずの法眼晋作外務次官は国交正常化それ自体に消極的であった．

　この状況下で，大平及び田中が助言者として重用したのは，アジア局中国課長・橋本恕（ひろし）である．内閣成立直後から，橋本は大平と密着して協議を重ねていた．橋本は熱心な国交正常化論者で，中国課の若手課員の意向を代表する人間だったといわれる．彼は，中国側（肖・孫）との接触を秘かに開始した．（中略）橋本は条約局条約課長・栗山尚一と共に，日中共同声明日本側案文作成に当り，田中訪中の先遣隊長として訪中，また田中訪中の際の中国側との交渉のほぼ全ての席に出席している．

　橋本は大平・田中の目的に適う助言者には違いなかったが，立場上，外務省の内部序列を無視して，国家の代表として対中交渉に当らせる訳にはいかなかった．7月半ばすぎの時期にあっては，逆に国家を代表しない人間の助力が有効であったのである．

〔注は省略〕

　同様のテーマを扱っても，分析の手法が異なると，ずいぶんと印象も違う．二つの研究を読んだ，私の学生は次のように書いている（1995年）．

---学生の読後感---

　歴史分析とは，膨大なあるいは複雑な事実の羅列から，重要な要素をピックアップして，位置づけることであると思う．ここで，どの要素をどう位置づけるかは，分析者もしくは歴史家のセンスによるところが大きく，それによって歴史の解釈も違ってくると思う．たとえばこの日中国交正常化の話では，どの文献をみても竹入公明党委員長の訪中が非常に大きな意義を持っているが，もっとほんの些細にみえることでも，実は大きな影響を与えた要因であるかもしれない．政策過程分析とは，歴史分析の大局的視点から一つ視点を下げ，歴史の事例がどのような政治的経緯を経て発生したのかをみたものと考える．別枝論文では日本政府が示す曖昧な態度や，自民党内の現実適合性を欠いた論争や，小グループによる政策決定，決定に参加する諸個人の背景にある国内諸勢力の力関係があげられている．これらは田中氏の研究が言及しなかった側面である．

　（中略）ある事例研究にどのようなアプローチで取り組むかを考えるときに，政治学あるいは経済学などの分析は，事例の裏や本質に迫るうえで，非常に有効であると思う．ただしこれは，歴史分析が大前提であるということに気をつけなければならない．特に，いくつかの事例から，政策決定パターンなどを導きだそうとするときには，同じような過程でも，歴史的な役割，背景，位置づけの相違も認識して考えないといけ

ない．

　この指摘のように，歴史的分析のほうが相対的に長い時間を対象とし，大きな流れを重視するのに対して，政策過程分析では，ある時点である特定の行為が取られた原因が主たる関心となるというように，相対的に短い時間を対象とする場合が多い（長い政策過程を対象とする場合もあるが，第4節で述べるように，それは，いくつかの小さな決定から成り立っていると考える）．前者はマクロ，後者はミクロといってもよい．またすでに触れたが，歴史的分析は発生した分析対象の出来事そのもの（原因を含め）に主として力点を置くのに対して，政策過程分析では対象となる類似の出来事は繰り返し起こるという前提に立ち，その構造，パターンを抽出するところに力点がある．つまり分析対象の発生メカニズム，「どのようにして」は，他の政策過程でも，同様に観察できる（繰り返される）とみなす点で，歴史的分析とはいささか異なる．

　もとより，歴史的分析も変化している．とりわけ日中国交正常化は戦後日本外交の重要な転換点でもあり，歴史学者，外交史の専門家による業績は多い．したがって，歴史的分析の一例として取り上げた田中明彦の研究に必ずしもつきるものではない．たとえば，添谷芳秀は1945年から72年までの日中関係を日本外交の三つの流れ，対米「協調」路線，対米「自主」路線，対米「独立」路線により分析しているが，その中で日中国交正常化を評して，「「パックス・アメリカーナ」が優勢な時期の対米「自主」路線は，国際秩序の在り方を左右するまでにはいたらなかったが，その変質が明白な状況下の「自主外交」は，国際秩序の有機的な一部になり得る契機を（少なくとも論理的には）内在させていたことが，両者の決定的な相違であった」と記している（添谷，1995，188頁）．同じ歴史的分析でも（この場合外交史）相違を見いだすことは容易である．

　同様の意味で，政策過程論的研究も別枝論文につきるわけではない．この論文では，仮説，実証という演繹的手法をとっているが，帰納法的な手法を用いる場合も少なくない．分析モデルに関しては，第4章以下で触れる．

第 2 節　政策過程をどのように定義するか

　政策過程分析に政策過程の定義は欠かせない．政治学の研究者の間においても，政治過程，政策過程，それに政策決定過程について，しばしば議論が錯綜している．それら類似の言葉を同義語のように用いている場合もあれば，その反対に，政策過程という一つの語句でも，極めて広範囲な分野をカバーしたり，狭い範囲に止めたりする場合とがある．ここでは研究者が，それらの語句をどのように定義しているかを確認した上で，本書が扱う政策過程の範囲を決めたい．やや理屈に偏った議論を展開するが，我慢して読み進めてほしい．ここを通過せずにいきなり分析に入ると，必ずといってよいほどここで詳述するような疑問にぶつかり，前に進めなくなるからである．

　私が政策過程の分析に取り組むきっかけとなり，大いに知的刺激を受けた研究に細谷千博・綿貫譲治編『対外政策決定過程の日米比較』がある（細谷・綿貫編，1977）．編者の細谷は本書でも後に扱うように，日本の対外政策決定過程に関して，その特質を抽象化したモデルをその中で提出しているが，その記述を見る限り，政策決定過程は政策過程と同義語として用いられているように思う．たとえば「たしかに，コンセンサス形成への努力は，他の西欧社会の**政策決定過程**でも見られよう．また「稟議制」や「根廻し」に似た事象を他の社会に発見することもできよう．しかし，ここで日米間の政策決定のプロセス面での差異として指摘したいのは，コンセンサス形成への強調度において，日米間に大きな違いが見られることである」と述べているが（細谷，1977，17頁．太字筆者，以下同様），ここでは**政策決定過程**を**政策過程**に置き換えても，その意味は変わらない．

　政策形成（policy making）と決定過程（decision making process）を並列させているのは中野実編『日本型政策決定の変容』である．中野は，「本書は，わが国の**政策形成・決定過程**に登場する主要なアクターや場の分析を通して，高度成長「以後」にみられる日本の**政策過程**の変化と今日的な展開を明らかにしようとする試みである」と述べている（中野編，1986，i頁）．明示的な説明はないが，**政策過程**は政策が形成される過程と決定の過程から構成されているとい

う認識であろう．

　ところが政策が形成される過程と，いくつかの選択肢の中から特定のものを選択し実施するという「決定」までの過程を**政策形成過程**と呼んでいる研究者もある．渡辺昭夫は前掲の『対外政策決定過程の日米比較』で，「日本の対外政策形成の機構と過程」を著し次のように述べている．「一般に政策形成過程と呼ばれる政治的事象は，きわめて複雑かつ不規則的であり，容易に一般化を許さない．ここでいう**政策形成過程**とは，多かれ少なかれ一般的な性質をもった方針・方向・目標の設定から特定の事件や状況の認識とその定義づけ（たとえば，かくかくしかじかの事件は日本の主権侵害の問題であるといったような），さらにはそのようにして定義された問題に対してとる（ないし避ける）べき具体的な行動（対策，措置等）の選択と実施にいたる全過程を含んでいる」．渡辺はさらに注で，この説明を補完し，政策―選択―行動の連鎖を総体的に表すものとして「政策形成」という言葉を用いると述べている（渡辺，1977，23・47頁）．

　他方，大嶽秀夫のように政策過程を広義に捉える考え方もある．この分野での本格的な理論書『政策過程』で次のように述べている．「**政策過程**という概念は，巨視的にとれば，長期的な政策（領域）の変化を意味しうる反面，微視的に見れば，**政策決定過程**に現れる行動スタイル（のパターン）をも意味しうる」というのである．先にあげた研究者と比べれば，そのカバーする範囲がはるかに広いことはわかるであろう．しかし，大嶽自身は一般的な理解を否定しているわけではない．続いて次のように述べているからである．「実は，通常いうところの政策過程研究は，こうしたマクロとミクロな分析の中間にある．イシュー・アプローチがその典型であるが，政策過程分析は，たいていの場合，ある政策の決定過程を，始まりと終わりがあり，他の政策過程とは独立であるという意味で自律的な，一つの過程とみなす枠組みによって，この中間的，中期的な観点から分析する」（大嶽，1990，4–6頁）．

　このように大嶽秀夫はこれまで紹介してきたよりも広い分野を政策過程として捉えている．まず同書第1章で政策形成と政策決定からなる政策過程分析をイシュー・アプローチとして，アメリカ議会研究，外交政策決定研究を中心に説明し，第2章では「イシュー・アプローチは，通常，対立の争点となった政策の決定過程を研究対象にするため，いわば非日常的な政策過程の研究に偏る

傾向をもつ」として，より日常的な政策決定のパターン分析には，政策決定当事者へのインタビューによる研究（サーベイ・リサーチ）が欠かせないとしている．こうしたサーベイを行うのは，個々の争点・政策の展開についての情報を得るためではなく，政策決定構造ないしは政策過程について，通常当事者自身によって既にある程度一般化された認識を知るためだとしている（同上，61頁）．さらに第3章では，イシュー・アプローチの個別性，特殊性から脱却する一つの方法は，教育なり福祉なり，ある政策領域を選んで，そのイシュー・エリア全体の構造的特徴を分析することだとして，アメリカの地域政治研究，ナショナルなレベルの政策決定研究，国単位の比較政策過程研究を例に説明している．

　白鳥令編『政策決定の理論』は，この分野の研究動向を研究者が整理，分析しており，「政策決定論の系譜」，「インクリメンタリズム」（増分主義），「官僚政治モデル」（政府内政治モデル），「政策決定の心理学的アプローチ」，「過程モデル」，「利益団体のモデル」，「費用便益分析と政策科学」，「意思決定のゲーム論的な理解」，「政策決定の公共選択論的アプローチ」の9章と終章「現代政治学と政策決定の理論」から構成されている．この目次から明らかなように，内容は政策決定にかかわる多くの理論を網羅的に紹介したものだが，いくつかの章は，政策決定，政策過程の定義さらには政策過程をイメージとしてとらえるにはどうしたらよいかに関する議論を展開している（白鳥編，1990）．

　たとえば同書第1章「政策決定論の系譜」を書いた山本吉宣は，**政治を**デイビッド・イーストンの定義にしたがい**「価値の権威的な配分」**とした上で，政府の意思決定は，そのような価値配分を行う政府の行為にかかわるものと述べる．さらに政治システムにおいて意思決定を担う〈集団〉は，通常，行政府と立法府であり，そこでの決定が，官僚組織を通して実施されるとしている．そのような理解を前提に山本は行政府という観点から，政策サイクルをまとめたゲリー・ブレワーとピーター・デレオンの議論を整理した図を紹介している（図1［一部修正］）．政策過程をイメージとして捉えるには簡便な方法であろう．

　ブレワー，デレオンによれば政策過程は，I 政策の発意（あるいは問題の生起──何か問題が起き，この問題が何らかの決定を要請するものとなる），II 選択肢（政策代替案）の設定とその事前評価，III 選択（選択肢の中から一つの政策を選ぶ），IV 政策実施，V 政策評価（実施された政策の効果を事後的に評価

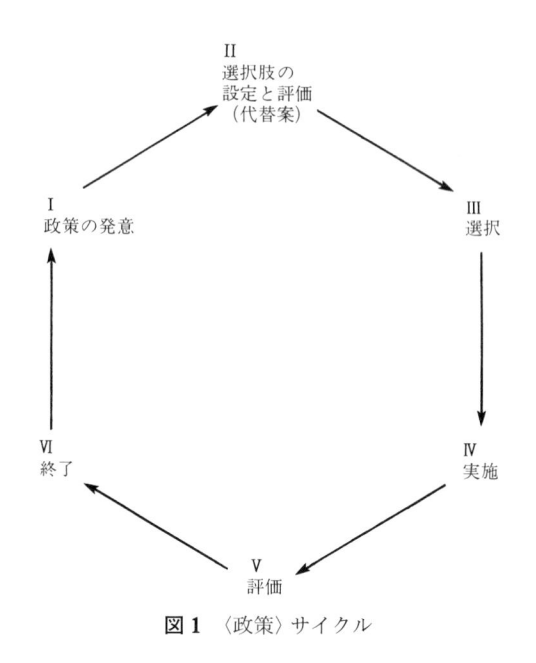

```
        II
     選択肢の
    設定と評価
     (代替案)

 I                III
政策の発意          選択


 VI               IV
 終了              実施

         V
        評価
```

図 1 〈政策〉サイクル

する），VI 政策の終了（新しい問題の特定を含む）ないし打ち切り，の六つである．当然，この終了は次の政策の発意につながる場合もある（山本，1990, 15–17 頁）．

　いわゆる PDCA（Plan → Do → Check → Action）サイクルだが同様の図は，宮川公男も紹介している（図 2）（宮川，1995, 173 頁）．ブレワー，デレオンと同様，宮川の紹介も，政策決定，政策実施，政策評価の三つのポイントを含んでいる．実際の事例研究は，こうしたチェックポイントにしたがい，政策過程を再構成することになるが，次のような問題もある．政策の発意から実施までは曲がりなりにフォローできても，その政策自身の中身および実施の過程に対する評価をフォローすることはなかなか難しいのである．政策の決定（選択）や実施に比べて，当事者間のゲームが外にはわかりにくく情報の入手が困難ということもある．さらには，そのイシューに関して問題が起きない限り改めて評価を行わないケースもある．政府開発援助（ODA）の場合のように，個々の案件に関して，予想された効果が上がったかどうかを含め，第三者を含めた事後評価が制度化されているケースはあるが，例は少ない．もっとも，近年，そ

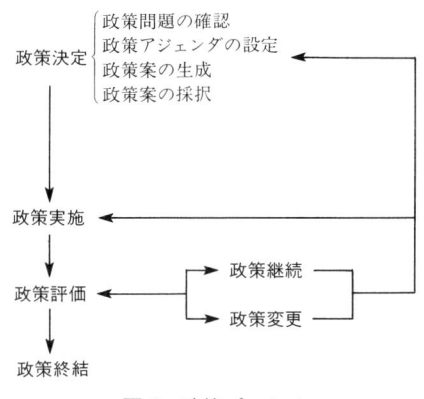

```
政策決定 ┤政策問題の確認
        │政策アジェンダの設定
        │政策案の生成
        │政策案の採択
   ↓
政策実施  ←──────────────
   ↓
政策評価  →┬→ 政策継続 ─┤
          └→ 政策変更 ─┘
   ↓
政策終結
```

図 2 政策プロセス

の必要性は共通の認識となり，各省庁とも，2002年4月施行の行政評価法に基づき，政策評価年次報告をホームページで公開している．

　評価を含め政策過程全体をフォローする際の困難を避ける一つの方法は，同一のイシューに関する政策過程を長期にわたりフォローすることである．たとえば，1974年に法律が施行され，今日まで政治的関心をよびながら，姿を変えつつ生きながらえてきた大規模小売店舗法（大店法）などは，明示的にではないにしろ評価がその政策過程の中に含まれている一つの例であろう．大店法は中小小売業者の既得権益を守るために，大型店の出店を規制する目的で作られたが，実際には消費者のニーズ，そして何より，アメリカの輸出拡大を背景とした撤廃要求に応えるために，時間をかけてその内容を緩和してきた．緩和は20年の間に，通産大臣通達などを介し段階的に行われ，その際には，それまでの大店法の運用に対する評価が前提となったのである（草野，1992）（旧大店法は2000年に廃止されたが，同年，入れ替わりに，大規模小売店舗立地法（新大店法）が施行された）．

　以上で**政策過程**に対するイメージはおおよそつかめたであろう．その中には**政策決定**が含まれており，それは山本吉宣の言葉を借りるならば政府レベルの**意思決定**である．その**意思決定**とは，ある主体（個人でも集団でもよい）がいくつかの可能な選択肢の中から，他を切り捨てて，ある一つの行為をとることである．また政策決定には，単に意思決定だけではなく**政策形成**も含まれる．そ

の場合，**政策**とは，意思決定と同様に選択的な行為を含むものの，それはむしろ，政府の持つ，ある問題についての将来にわたる方向，目的，さらにはプログラムなどを指すのである．政府はこうした**政策**を参照しつつ，時々の状況と条件にあわせて具体的な**決定**（決定しないことをも含む）を行うのである（山本，1990，2頁を参考にした）．こうした解釈をいくつかの事例で説明すると，次のようになろう．

---政策事例 1---

　2011年9月，野田内閣が成立すると政治的争点として浮上したのが環太平洋戦略的経済連携協定（TPP）への参加問題であった．1990年代半ば以降，各国の自由貿易への模索は積極さを増し，さまざまな試みがなされてきた．とりわけ経済発展著しいアジア・太平洋地域では，2006年にニュージーランド，シンガポール，チリ，ブルネイが加盟各国間の関税の原則撤廃を目指すTPPをスタートさせ，その後，米国，豪州，ベトナム，ペルーなどが参加の意向を表明してきた．他方，野田政権は，中国，韓国等周辺諸国の積極的貿易政策のなか，日本はTPPへの交渉に参加し，各国がルールに関して最終合意する前に，国益を反映させるほうが得策との立場を早い段階でとってきた．首相自らも参加の意向を表明していた．沖縄の米軍普天間基地移設問題が膠着状態にあるなか，参加を求める米国への配慮もあった．

　政治的影響力が強い日本の農業セクターは，TPPへの参加は農業分野への壊滅的打撃になるとして国会議員を巻き込み反対運動を展開し，政権与党の議論は二分された（野党自民党も同様）．農業セクターは外国医療機関の参入や医療保険制度への影響を危惧する日本医師会等とも連携して抗議行動を行ったが，結局，2011年11月のアジア太平洋経済協力（APEC）首脳会議での参加表明を目指す野田首相は，一日結論を先延ばした政府・民主三役会議の了承を得たうえで11日夜に記者会見し，「明日から参加するホノルルAPEC首脳会合において，TPP交渉参加に向けて関係国との協議に入ることにいたしました」と述べた．反対派には参加に向けて各国と協議に入るのであって，参加することを決めたわけではないと説明したが，誰も日本の参加を疑うものはなかった．これほど，日本の市場開放をめぐり政治家が先頭に立ち反対運動を展開したのは，コメの市場開放を細川内閣が決めた1993年12月以来のことであった．とはいえ自由化されたはずの日本のコメは778%の高関税で守られる一方，農業強化のためコメを含む多角的貿易交渉（ウルグアイ・ラウンド）対策として6兆円の補助金（対策費）が支出された（「環太平洋FTA　参加をためらうな」，毎日新聞社説，2010年10月28日）．よく知られているように農業就業人口の減少や高齢化の歯止め

はかかっていない．こうした状況下で，農業はじめ各種産業を将来にわたり拘束することになるTPPへの参加（正確には参加に向けて各国との協議に入る）の方針（**政策**）を，野田内閣は，なぜ，どのようにして**決定**したのであろう．

―― 政策事例2 ――

2011年10月21日夜の毎日新聞ネット版は，次のように日本政府がミャンマー向けODAの再開に前向きであることを伝えた．

「外相会談：対ミャンマーODA再開へ　政治囚引き続き釈放

玄葉光一郎外相は21日夜，ミャンマーのワナマウンルウィン外相と東京都内の飯倉公館で会談した．玄葉外相は，政治囚釈放など民主化に向けたミャンマーの取り組みを評価．民主化弾圧への制裁措置として中断していた水力発電所の補修や人材センター建設への政府開発援助（ODA）を再開するため，調査団を出す意向を伝えた．」

第二次世界大戦中，英国植民地だったビルマ（現ミャンマー）の独立を日本政府が後押ししたこともあり，ミャンマーは親日感情が強いといわれる．戦後，発足した社会主義政権は1988年に軍事クーデターで崩壊したが，日本はその間，ODAの円借款で空港の整備などを支援し，また無償資金協力，技術協力で看護学校の建設や教育プログラムの改善を支援してきた．90年に行われた総選挙では建国の父とも呼ばれるアウンサン将軍の娘スーチー女史が率いる国民民主連盟（NLD）が圧勝したものの，軍事政権はこの結果を認めず，スーチー女史は自宅軟禁に置かれた．その後，解放，自宅軟禁が繰り返されるなか，軍事政権への国民の不満は高まる一方，反政府運動のメンバーの多くは政治犯として逮捕されるなど彼らの行動は強圧的な手法で押さえ込まれてきた．2007年夏には，僧侶を中心とする大規模な反政府デモが起こり，邦人カメラマンも射殺される事件が発生した．こうした事態を受け，日本はODAを供与するにあたっての4原則（**政策**）のひとつ，「開発途上国における民主化の促進，市場経済導入の努力並びに基本的人権及び自由の保障状況に十分注意を払う」に抵触するとして，円借款の停止，無償資金協力，技術協力は緊急性の高いもの，人道的なものなどに限り行うなどの措置（**決定**）をとった．

こうしたなか，軍事政権は2010年11月に行われた総選挙後，スーチー女史の自宅軟禁を解く一方，民政移管を行った．ミャンマー新政権は政治犯の釈放を行い，11年8月にはスーチー女史と大統領の会談も実現している．冒頭の玄葉外務大臣の発言はこうした展開を踏まえたものであった．

他方，1995年から96年にかけて核実験を断続的に行った中国に対して，日本政府は無償資金協力の一部凍結に踏み切ったものの，対中援助の70％をしめる円借款の停止は，日本の一部の批判にもかかわらず決断しなかった．その後，中国の経済大国

化に伴い，オリンピック開催の年の 2008 年 3 月で円借款の新規案件は停止されることになった．しかし，08 年のチベット自治区での暴動に対する対応や，獄中でノーベル平和賞を受賞した劉暁波にみられる民主化指導者の弾圧，ネットの規制など，ODA の原則に抵触している状況が繰り返しみられてきたにもかかわらず，日本政府は 2009 年には人材育成奨学プログラムなどで無償資金協力として 2450 万ドル，研修員受け入れ，専門家派遣など技術協力で 2377 万ドル（いずれも実績値，経済協力開発機構（OECD）の開発援助委員会）の支援を行っている．なぜ ODA 大綱があるにもかかわらず，日本政府の対応は類似の人権問題（ODA の供与に際して，民主化の促進や人権の保障状況に配慮するとの原則に抵触のおそれ）を抱えてきたミャンマーと中国で異なったのであろう．それはどのように決められたのであろう？

　政策といった場合，ここにあげた市場開放や ODA の例に留まるわけでは勿論ない．対象となる国内政策，対外政策は幅広くまた複雑である．税と予算配分，道路・港湾・空港など経済インフラの整備，年金・介護等福祉，雇用など労働，教育と科学技術，防衛（安全保障）や国際協力，通商政策など各省庁の管轄する分野すべてが包含される．

　より具体的には，特定の法律等（条例などを含む）がどのようにして制定されたか，あるいは法律等に基づいて政府が特定の行動を行う過程（行わないことを決断する場合もある）を分析する，予期せぬ出来事が発生した場合に政府がどのように対処したかを分析する，などがありえよう．しかし，何を疑問として，平たく言えば何を知りたくて政策過程を分析するかが問題であろう．その具体的イメージは，すでに政策事例の叙述の中に見いだすことができる．いずれの事例も，末尾に設問が加えてある．「TPP への参加（正確には参加に向けて各国との協議に入る）の方針を，野田内閣は，なぜ，どのようにして決定したのであろう」，「なぜ ODA 大綱があるにもかかわらず，日本政府の対応は類似の人権問題を抱えてきたミャンマーと中国で異なったのであろう．それはどのように決められたのであろう？」というのがそれである．この問いに答えることこそ，政策過程のダイナミックスを明らかにすることなのである．その場合，なぜ，どのようにというところが大切であろう．「どのように」を加えたことで，当事者間の駆け引きなど，より途中の経過を重視していることがわかるからである．こうして本章の冒頭にあげたように，問題の登場，展開，決着を，

利害関係者の要求をめぐる対立と妥協の過程という点から整理することができる．

第3節　政策決定者個人に焦点を当てた手法

　本書では政策過程の事例研究をすすめることが目的であり，政策過程の再現こそが，政治全体の理解を深めると指摘してきた．しかし，政策決定理論というと，過程もさることながら，大統領や首相など最高政策決定者自身に焦点を当てる研究も少なくない．後述するように，その一つの流れは，合理的政策決定理論への批判として生まれた．政策決定者個人の性格，イデオロギー，育った環境など，その人に固有の要素に注目しながら，それらが政策決定に影響を及ぼしたことを明らかにするのである．アメリカで政策決定理論が発達したこともあり，事例研究もアメリカの大統領の決定，とりわけ外交に関するものが多い．たとえばなぜウィルソン大統領は議会でベルサイユ条約を批准させることができなかったのか，なぜトルーマン大統領は広島，長崎に原爆投下を命じたのか，を政策決定者個人の要因に注目しつつ分析する．

　またこのような個人の心理構造に特に注目する必要があるのは，その個人が政府の意思決定において大きな影響力をもっている場合であろう（山本，1990，22頁）．その意味では，アメリカの政治システムである大統領制の方が議院内閣制に比べ，こうした分析手法に馴染むことになるが，もちろんこの手法を用いて，日本の首相が下した重要な政策決定を説明することも可能であろう．

　たとえば1982年に鈴木善幸内閣を引き継いだ中曽根首相は，いくつかの重要な決断を行ったが，その一つは1983年のウィリアムズバーグ・サミットでの発言であった．従来の首相ならば，事務方の官僚のアドバイスで発言するのが普通であったが，日本の安全保障という観点から，ソ連によって極東に配備された中距離核兵器の撤去を実現させるために，米欧が欧州配備の核兵器だけを念頭にソ連と取引するのはおかしいと発言したのである．つまり，欧州の核は撤去されても極東分が残るのでは，意味がないではないかというのである．こうした中曽根の行動にはそれまでに培われた彼の行動パターンや経験，首相という職責に対する考え方，政策面の知識といったものが関係している（草野，

1995b).

　2001年4月から2006年9月まで続いた小泉純一郎内閣の政策も，郵政民営化や日米関係，日中関係など首相個人の考え方や，行動パターンに大きく影響されたことはよく知られている．郵政民営化は，政治家としての小泉のライフワークだったし，その執念にも近い実現への意思は，党内の反対派を離党に追い込むほど強いものであった．また，政権の座についてまもなく発生した米国同時多発テロ（9・11）事件以降の，イラクやアラビア海での自衛隊の海外活動は対米支援の色が濃かったが，これは小泉首相と当時のG. W. ブッシュ大統領の個人的関係から説明できる．小泉は冷え込んだ日中関係を政冷経熱と論評したが，小泉の靖国神社への公式参拝への拘泥が中国の反発を招いたことは間違いがなかった（草野，2006a）．

　反対に，1965年から6年間の長期政権となった佐藤内閣による人事の手法などは，首相の政策決定のスタイル，すなわち熟柿が落ちるがごとくという待ちの政治の結果という解釈も成り立つ．その意味で，政策過程分析に際して，首相個人の資質に着目することは重要であろう．

　こうした政策決定者個人に焦点を当てる手法は後述するように，スナイダー・モデルなど政策過程分析枠組みの一部として，いくつかの分析モデルには包含されている．他方，心理学的手法や精神分析アプローチ，サイバネティクス・モデルなど，決定者の頭脳の分析にまでこの分野の研究は進んでいる（土山，1990）．たとえばニクソン時代のアメリカの外交政策をキッシンジャー国家安全保障問題担当特別補佐官（のちに国務長官）の心理を中心に論じた研究では，彼は柔軟な対ソ認識に基づき，ソ連が西側に対して強硬姿勢を示した時も，逆に譲歩した時も，アメリカは常に強硬策をとらなければならないと主張したダレス国務長官（アイゼンハワー政権）とは違い，置かれた状況と力の限界を知悉し，何が実現可能か不可能かをよくわきまえて，力ではなく外交と交渉によって秩序を再興しようとしたのである．

　彼の柔軟な対ソ認識の分析は，彼が公職に就く前に，政治観や戦略についての信条を数多くの著作で明らかにしていたために可能となった（土山，1990, 100–103頁）．しかし，政策過程分析に比較すれば，決定者の心理構造を解明することは資料的にも困難が多く，操作可能性という点で，越えなければならな

いハードルは高い．したがって主唱者以外の研究者が，知的関心以上の理由で利用することはほとんどなかった．本書でもそうした理由から，心理学的アプローチについては分析結果のうち有用と思われる部分を紹介するに止める．

第4節　対象とする三つの政策過程レベル

　これまでの説明で，本書が扱う政策過程の範囲がどのようなものか，おぼろげながら理解できたであろう．ある政策が生まれ，育ち，次の政策を生むまでの過程を指すのであるが，どのような政策過程のレベルが分析の対象となるのであろうか．たとえば日本政府が直面している政策課題は驚くほど多岐にわたっている．2012年4月現在，野田内閣が直面している国内の課題だけでも，東日本大震災の復興，財政赤字の削減，それに関連する社会保障と税の一体改革（菅内閣が既に決めている10年代半ばを目処とした消費税率10%への引き上げの具体策が含まれる），民主党政権発足以来の事業仕分けによる無駄の削減，公務員改革，地方分権のありかた，それに日本の将来の原発政策などを含むエネルギー政策など数多い．外交問題となれば前述のTPPへの参加，前進をみない普天間基地の移設問題，海洋進出に積極的な中国との関係，対北朝鮮政策，領土問題で攻勢をかけるロシア，韓国との関係などその数は尽きない．

　しかし，ここで分析の対象とする政策をいくつかのカテゴリーに分類することは可能であろう．第一のレベルは国内政策，第二のレベルは対外政策のうち二国間，第三のレベルは対外政策のうち国際機関や国際フォーラム（世界貿易機関（WTO）やTPPなど）を相手とするものの三つである．もちろん，どれも厳密に区分することは難しい．国際社会が時の変化とともに，ヒト・モノ・カネの三つの分野を中心に相互依存・相互浸透を深めた結果，多かれ少なかれ，国内政策であれ，国際的要素を考慮せずに，立案・実施することは困難になったからである．

　1989年，G. H. W. ブッシュ政権は日本の市場開放を進めるために構造協議を提案し，流通，独占禁止法など様々な「構造」的部分の改革を求めた．その際，内需拡大の観点から日本政府は10年間，430兆円にのぼる公共投資を公約せざるを得なかった．国内問題の公共事業も外交政策に促される場合もあ

ることがわかる．

　国際的な議論が日本の国内の法的整備を促すことはしばしばある．古典的な例としては，イラクによるクウェート侵攻に端を発する湾岸戦争の際に，多国籍軍への協力を求められた海部俊樹内閣が 1991 年秋の臨時国会で自衛隊の海外派遣を可能にする法的整備を試み失敗した例があげられる（国際平和協力法）．また，国連の障害者の差別を禁じた障害者権利条約（2006 年 12 月採択）は，100 を越える国が批准し発効しているが，日本政府は 2007 年 9 月に署名したものの，国内法の整備が遅れているために批准に至っていない．民主党に政権が交代し自公政権時代の障害者自立支援法をどのように改正するかの議論とも重なったためともいわれる．いずれも国内の法的整備が不十分で結果的に先送りされている例である．次の例は，日本に限らず国内的手続きのハードルは高いことを示している．2010 年に名古屋で開催された生物多様性条約第 10 回締約国会議（COP10）では，微生物や植物など生物遺伝資源を使って医薬品などを開発した場合，得られた利益を遺伝資源の原産国にも配分するためのルールが採択された．しかし利用国の多くが先進国ということもあり署名した 92 カ国のうち国内的な法整備を行い批准までこぎつけたのは 2 カ国だけにとどまっている（2012 年 2 月現在）．以上のように多国間の議論が国内政策に影響を与える可能性は今後さらに高まるであろう．国際社会における決定の仕方が多国間協議（欧州の金融危機が好例）に重心を置きつつあるからである．

レベルの混在

　具体的に二つの例で再確認しておこう．第一は TPP である．日本の市場開放は 1980 年代以降，アメリカを中心にとみに強調されてきたが，市場開放の促進は，閉鎖を続けるほうが望ましい日本国内の既得権益グループの利害と衝突してきた．しかし，日本の市場開放が一段落し，なにより，90 年代以降の中国の著しい経済発展はアメリカ企業の日本市場への関心を奪った．中国の市場規模は中間所得者層を前提にしただけで日本の 3–4 倍にのぼるからだ．しかし，2012 年現在再び，市場閉鎖により恩恵を被ってきた既得権益側にとり厳しい状況が生まれている（第一のレベル）．実は TPP 参加問題の背後には市場開放だけでなく中国包囲網という安全保障上の目的もある．日本と米国が共同して

アジア・太平洋地域での中国の過度の進出を牽制するとの思惑があるからだ．このように多国間協議（第三のレベル）での日本の政策には日米同盟にかかわる二国間政策（第二のレベル）の側面もある．

　第二は労働政策である．日本の産業はもはや建設，サービス分野など外国人労働者抜きには立ちゆかない．しかし，日本の出入国管理法では，一定の技術をもつ外国人しか長期滞在できないことになっており，現実と法律の乖離が大きな問題となっている．それはインドネシア，フィリピンとの経済連携協定（EPA）（関税のみならずヒトの移動も視野に入れる点で自由貿易協定（FTA）よりも包括的な貿易協定）交渉の主要な議題となった（第二のレベル）．純粋に雇用や賃金など国内問題（第一のレベル）であったはずの労働政策も，現在では外国人労働者の存在をぬきにしては語れなくなったのである．もっとも，インドネシア，フィリピン両国からは日本の看護師資格を取得するために多数来日したが，語学のハードルの高さなどもあり困難を極めている．看護師不足を補うとの日本政府の意図も達せられていない．

第三のレベルの重要性

　注意すべき第二点は，日本の政策の中に占める第三のレベル，すなわち対外政策のうち国際機関，国際フォーラムを相手とする政策はますます増加するだろうということである．いや，これまで述べてきたように，大半の政策において国内と海外をわけることすら意味がなくなりつつある．冷戦期においては，東西両陣営をはじめ，世界各国が壁を乗り越えて一堂に会することは国連を除けば，それほどはなかった．国連にしても，安全保障理事会を想起すればわかるように，十分に機能してはいなかった．冷戦後の世界は，地域紛争の多発という否定的側面が目立つ一方，国際的な問題解決のための枠組み作りが盛んである．TPPは繰り返さずとも，WTO，APEC，アセアン地域フォーラム（ARF）のようなアジア・太平洋地域での試みや，包括的核実験禁止条約（CTBT）締結，酸性雨，オゾン層破壊，エイズ，麻薬など地球規模問題をめぐるフォーラムなどがその例である．具体的政策に結びつくとは限らないが，日本が提起して実現している日中韓首脳会議のような協議もある．

　日本はこうした国際的な協調路線を発展させるために，様々な政策を打ち出

そうとしている．冷戦後の世界で，日本がプレゼンスを示すには国際協力が効果的だからである．国連平和維持活動（PKO）を含む国際協力面での自衛隊の活動は大きく進んだ．野田政権は2012年1月に，これまでのハイチ，ゴラン高原に加え南スーダンに部隊派遣を実施した．他方，ODAは財政逼迫から一般会計予算でみるとピーク時から4割以上減少している．これでは，日本が様々な分野における国際ルール策定に主導権を発揮できるわけがないとの声も聞こえる．現在の国際ルールの多くが欧米主導で策定されてきたことに日本が批判的であることを考えれば，ODA予算の削減は日本のプレゼンス及び説得力にはマイナスである．財務省はじめ財政再建優先派が削減に積極的である一方，外交を預かる外務省は反対である．

　以上のような意味で，第三のレベルの政策過程を研究する重要性は増すであろう．APECを例にすれば極めて明快だが，国内的にも多数の省庁が関係する．その場合，外務省は他省庁と緊密に連絡をとりながら，日本のスタンスを決めているのか，それとも外務省だけの発想で政策を決めようとしているのか，省内の関係部署間の連携はどのようなものか，外務省は広く世論を喚起しつつ，慎重にことをまとめようとしているのか，さらにはこうした政策を進めるにあたり，人員を含めた体制は十分なものかなど，確認したい点は沢山ある．このような問いに答えるためには，まさに第三のレベルに関する政策過程分析を重ねなければならない．

レベルの重畳化

　さて，これだけでも複雑なのに，以上の三つが重なりあうケースもある．コメの市場開放問題がその一例である．TPPにも関連する問題なので，古い事例だが紹介する意味はある．日本のコメ貿易自由化は日米コメ戦争などと称されて，一般的には，日本とアメリカの問題として捉えられてきた．この解釈は誤りではない．しかし，1993年12月に日本政府が決断したコメの部分開放の政策過程では，日米と同時に，ここでいう第三のレベルすなわち国際機関，国際フォーラム・レベルのゲームが大いに関連していた．すなわちガット・ウルグアイ・ラウンドである．決着までの長い道のりの間，日米両国の協議とウルグアイ・ラウンドの交渉が同時並行的に進行していた．したがって日本の事務

方の政策決定者，とりわけ農林水産省の官僚は両者の協議をにらみながら，落としどころを探っていたのである．

しかも，彼らが注意を払ったのは，この二つのレベルの交渉だけではなかった．農村出身の自民党議員を中心とした国会議員の動向である．農業生産者の支持を受けて当選してきた議員は，与野党を問わずコメの市場開放には，食糧安保論などを唱えながら反対した．こうした国内政治のゆくえがある意味では問題の核心であった．彼らが，コメの市場開放は「やむを得ない」と諦めるまでの環境を整えるまでには時間が必要だったからである．

もう一つ最近の例をあげよう．2011年3月11日の東日本大震災による東京電力福島原発事故の処理をめぐる過程でみられた特徴である．原発事故の国際的評価基準で最悪のレベル7と日本政府が判断するに至った福島原発の深刻な事態は，セシウム，プルトニウム，ヨウ素など放射能汚染を引き起こし，日本政府はその対策に追われることになった．その過程で，直ちに日本政府に支援を打診してきたのが同盟国である米国であり，そして西側先進国では最も原子力による発電に積極的なフランスが原発企業アレバとともに専門家を送っている．福島原発事故独立検証委員会によれば米国から支援の申し入れを受けた菅政権は当初，必ずしも積極的には受け止めなかったという．さらに，ほぼ同時進行的に，国際原子力機関（IAEA）が国際的な危機にもつながりかねないこの事故に対して積極的に対処することになった．そもそも，核拡散防止条約（NPT）に加盟し，核兵器を保有しない代わりに核の平和利用を認められている日本はIAEAの定期的査察を受けてきた．事故直後の18日には，天野之弥IAEA事務局長が来日し，日本政府と支援態勢について協議し，同時に放射線計測の専門家も派遣している．また，日本政府は4月14日には，ウィーンのIAEA本部で，加盟各国に対して事故の最新状況や日本政府の対応を説明している．さらに5月23日には20名のIAEA調査団が来日し関係者へのヒアリング，現場視察などを行ったうえ，6月1日に日本政府に対して報告書を提出している．その中で，IAEAは，津波の高さの想定が甘く，事故対応の責任の所在が不明確で，規制当局の独立性も必要と指摘した（朝日新聞，2011年6月1日夕刊）．その後，経産省の外局である資源エネルギー庁の特別の機関であった規制官庁，原子力安全・保安院が解体され，新たに原子力規制庁が発足するこ

とになったことを考えれば，IAEA 報告書の意義は大きかったといえよう．以上から明らかなように，福島原発事故の対応の過程では，国内，二国間，国際機関の三つのレベルが同時に進行していたのである．

決定の主体

　以上のような三つのレベルの政策を分析の対象とする際に，本書では決定の主体としてはいずれも日本政府を考える．もちろん，他の諸国，国際機関，民間企業，非政府組織（NGO）などの政策決定を分析対象としてとりあげることは可能だが，本書では「はじめに」で述べたように，日本政府の決定にしぼる．

　第一のレベルでは決定の主体としての内閣に加え，官僚機構，政党（議会），利益団体（経済界，業界，NGO など），メディア，世論が主としてカバーすべき範囲であり，第二のレベルである二国間の対外政策では，相手国に加えて，第一のレベルのアクターのいくつかが登場するであろう．さらに第三のレベルすなわち国際機関や国際フォーラムを相手とする対外政策では，国際機関で日本政府が明らかにする政策の内容を決める過程で，第一のレベルと同様のアクター間でゲームが展開されると考えられ，さらにそうしたフォーラムでの合意事項（たとえば財政赤字削減への各国の努力を求める主要国首脳会議（サミット）での経済宣言をどのように国内的に実施するかなど）をめぐり，国内でゲームが繰り広げられる．この場合，外国政府が加わる場合もある．

　確認しておかなければならないのは，政府（内閣）とその他のアクターとの関係である．政治システムにおいては，意思決定（政策決定）を行い得るのは，一般的にいって行政府と立法府（日本では議院内閣制なので政府・与党）であり，その他のアクターは決定権限のある行政府，立法府に働きかけを行ったり，注意を喚起して，影響力（影響力を A が B に対して有するとは，A が B に対して A の意図することを行わせるか，あるいは行わせないことができる場合である）を発揮しようとしながら政策過程に関与する．その意味では上述のアクターは，影響力を与えうるか否かを公式的に論じる限り，同列ではない．

　ところで次の点も重要である．同一の政策過程でも，その時間的経緯とともに，参加するアクターが変化する場合がある．中野実はその点について，次のように述べる．

「ある政策の立法過程を，構想（課題）設定―起案―立案―調整―国会上程―委員会審議―本会議決定というようにフォーマルな諸段階に分けるにしても，実際の政策過程の流れの途中で不測の事態や国内外の環境変化，与党内部あるいは与野党関係の変化に伴う政局の流動化といった，フォーマルな過程とは別の様々な政治的局面が随伴する．そうした局面では，しばしば予定外のアクターが加わったり，公式的なアクターの行使する影響力に変化が生じたりして，その政策過程が思わぬ方向へと展開し，その結果も予想外のものになることがある」（中野，1992，10頁）．

　この点は第4章以降で説明する分析モデルとの関係で重要である．つまり，しばしば，一つの政策過程を，一つのモデルで分析しようとして失敗することがあるが，その場合，政策過程が後述するようにいくつかの小さな決定の連続であり，そこに登場するアクターにも変化があると考えれば，複数のモデルを利用することで問題を解決できるからである．

　また政策過程を分析する際に，意思決定者としての個人を念頭に置くのか，あるいは組織とするのかも問題であろう．一般的にいえば，政府をはじめとして，政治システムに登場するアクターとしては，複数の個人からなる集団を想定する．モデルによっては，集団内・集団間の個人と個人の駆け引きに焦点をあてたものや，その集団のルティーンの特徴に重きを置いて説明するものなど様々である．したがってこの点は第4章以下で論じるように，使用するモデル，分析の枠組みなどによって異なる．しかし，先に触れたように，政策決定者の心理構造の奥底まで入りこむことは，本書の目的を越えるという理由から避けたい．

小さな決定の連続としての政策過程

　政策過程分析では特定の決定や実施を選び，そこに至る過程を分析することになるが，実はたった一つの決定からなる政策過程だけが対象となるわけではない．どこからどこまでを政策過程とするかにもよるが，いくつかの決定（いわゆるターニング・ポイントと考えてよい）の連続という場合が少なくない．あるいは，分析したい最も重要な決定の前に，小さな決定がいくつか存在するといってもよい．その決定ひとつひとつに小さな政策過程が付随し，大きな政策

過程を構成しているとみることもできる．

　たとえば，2011年9月に発足した野田内閣が直面した最大の課題は，自公政権以来必要が叫ばれつつ，先送りされ続けてきた消費税率引き上げ問題をどう決着させるかであった．新版執筆の時点で，問題の行方はどうなるか不明確だが，09年9月に政権の座についた民主党各政権にみる消費税への方針は複数ある．鳩山首相は09年12月25日に，衆議院議員任期の4年間は消費税率を上げないと改めて述べ，鳩山を継いだ菅首相は10年6月17日に参院選を前に，消費税を含む税制の抜本改革に言及し，ついで，超党派の議論を急ぐことを明らかにした．その後，菅首相は事実上の撤回宣言を行ったが，1年後の11年6月30日，2010年代半ばまでに消費税率を10%まであげることを政府・与党で決めている．

　その方針の具体化を急ぐ野田内閣だが，これまでの政策過程において，どこを最も重要な決定と見るかはなかなか難しい．いくつかの小さな決定から構成されていると考えられるからである．最も重要な決定は11年6月30日の政府・与党方針なのか．あるいは参院選の敗北を招き，結果的に政治の不安定さを生じさせた消費税率引き上げを示唆する税制の抜本改革発言なのか．さらには，世論の反発が強いとみるや，撤回した菅首相の決断なのか等々議論の余地はある．私であれば，野田内閣により12年度の通常国会で提出されるはずの消費税率引き上げを明記した法案の国会提出を大きな決定とし，それ以前に行われた様々な決定を大きな決定に至る小さな決定として分析する．その小さな決定が次の決定につながっているのである．さらに，この問題は法案の成立で完結するわけではない．引き上げ幅，低所得者層により負の影響が大きい逆進性への手当などさまざまな問題が国会で議論され，そのつど，与党内の議論も誘発するであろう．ようやく法案が与野党の妥協で成立するとして，それをいつから実施するかも別途問題になる．その間には，後述するアクターが政策過程を彩る．考える以上に複雑な過程が展開しそうな予感がする．

　後の章の議論を一部先取りしておけば，この小さな決定の全てを同一のモデルで分析することは不可能であり，複数のモデルの適用が望ましい．政策過程は決定（実施に関するものも含む）の連続という点を確認しよう．

ところで，次章に進む前に，可能ならば数名のグループをつくって次のような課題を解いてほしい．このグループワークの目的は，決定というものを身をもって経験してもらうことにある．とりわけ集団における決定の難しさを学んでもらうには，格好のテーマであろう．これには正しい解はない．最終決定が得られるまでに，どのようなバーゲニングが参加者の間で展開されるかを知ってもらいたいのである．

---**課題1**---

諸君のグループは，東日本大震災で大規模な津波被害を受け，新たな町作りを目指す田中秀直国徳町（にとくまち）町長から助言を求められています．その内容は，単なる政策面だけではありません．それをどのように実現したらよいか，政策過程を含め助言を求められています．政策の目的は被災者の新たな居住地としての高台への移転であり，町長はそのために確保した土地（仮契約）の購入費用及び整備費（事業費）の来年度予算への計上に関して議会の承認を求めなければなりません．しかし，町長は現在，大変な困難に直面しています．以下は，基礎データを含めた国徳町の高台移転をめぐる現状です．かなりの数にのぼりますが，実際に決めなければいけない政策の背景には，こうした複雑な事情が存在することが一般的です．その意味でもじっくり読み，課題に取り組んで下さい．

- 人口1万7000人（世帯数約5000）の国徳町は，東日本大震災で津波による大きな被害を受け，その数は死者600人，行方不明者400人，建物の全半壊3000戸を数えました．仮設住宅は2500戸が建設され，避難所は既に閉鎖されています．
- 国徳町の産業では一次産業としての漁業が3割，二次が3割，三次が4割となっています．
- 国徳町は2005年に村山町と土浦町が合併し発足しました（人口比はほぼ同じ）．大きな津波被害をうけた土浦地区には漁業従事者が多数居住する一方，やや山寄りに位置する村山地区は二次産業が集中しています．
- 現在の田中秀直町長は村山町議，村山町長を経て，合併後の国徳町で改めて町長として選ばれています．
- 現在の町議会の定員は15名．うち8名が土浦地区，7名が村山地区です．議長は現在土浦地区から出ています．
- 住民に移転する場合について尋ねたところ，元の土地に戻りたい35％，津波被

害を避けるために高台にが 65% でした．
- 国徳町は町民からのヒアリングも重ねつつ，有識者による委員会の提言を受け，高台移転の場所を含む復興計画案を 2011 年 9 月初旬に発表しました．その内容は村山地区の山林 140 ha を移転先として確保するというもので，仮契約を結んだことを明らかにしました．
- 田中町長はこの土地の一部に既に，仮設住宅が建設されており，簡易ではあるが海沿いへのアクセス道路もできていること，復興需要をもくろみ，土地価格が高騰するなか，値段が 1 億円と安価であることなどを，仮契約の理由として説明しました．
- 土浦地区にも村山地区の高台移転でもやむを得ないと考える住民はいます．多少不便でも，早く仮設住宅から出たいというのです．しかし，多くは，海のある土浦地区と村山地区とは 20 km も離れていること，集落のなかには，引き続き元の住居に住む者もいること，コミュニティーが破壊されてしまうことなどを理由としてこの計画に反対です．
- 村山地区にとっては，基本的に移転先が元の住居に比較的近く，反対する声は聞こえません．
- 田中国徳町町長は町長に選ばれたのち，選挙の争点になっていた町役場の移転案を先送りし，病院や教育面に重点的に予算を配分した経緯があります．残念なことに，津波の襲来により，勤務中の村役場で亡くなった職員を親戚にもつ土浦地区からの町議も複数います．
- 田中国徳町町長は，仮契約した土地は，元の地主がゴルフ場開発用地を必要としていた東京の投資会社に売ったもので，移転住戸用以外の土地は，病院や学校，コミュニティーハウスなどの建設をすすめ，新たな国徳町に相応しい地区にしたいと述べています．また，土浦地区からも数百戸単位での移転を想定しており，その人々のために，現在の簡易道路をより本格的な道路に整備するとしています．
- 村山地区側の高台移転案への批判派は，住戸用の土地として 140 ha は広すぎる（もっと取得面積を縮小すべきだ）としており，仮契約自体が不透明だとしています．
- この土地の購入費用を含めた総事業費の 96% は国が，残りを国徳町が負担することになっていますが（防災集団移転促進事業），予定の総額は 110 億円であり，その 4% としても，約 4.5 億円になります．他方，国徳町の 2011 年度予算は 60 億円しかありません．税収が半減するなか，新たに必要となる 4.5 億円の財源は目処がたちません．
- 10 月 1 日に開催された国徳町議会では，議長を除く 14 名が投票し，反対が 8

票，賛成が 6 票となり，町提案の村山地区の高台移転案は否決されました．賛成した議員は討論で「住民は住み慣れた土地に近い場所での再建を望んでいる」と訴え，反対した議員は「国の補正予算が決まってからでも遅くない．他にも高台移転の適地がある．提案は唐突で契約の経緯もあいまいだ」と主張しました．次期定例議会，定数の四分の一の多数で開催が可能な臨時議会で同じ案を再度提出すること，修正した案を提出することは可能です．

- 現在の仮設住宅は 2DK 仕様で，多くの家庭にとり手狭です．一日も早く，高台に移転することをのぞむ住民も多数います．一般的に仮設住宅への入居は 2 年とされていますが，国徳町の場合，そうした楽観論は期待できそうにもありません．
- こうした中，1 年後に迫った町長選挙で，今回の高台移転に反対する住民が多い土浦地区から，再選を狙う田中町長に対して対立候補を出そうという動きが伝えられています．そうなれば見直しを迫る新人候補と，できれば当初案を実現したい現職候補が町を二分して戦うことは間違いがなさそうです．
- 地方自治法の規定により住民は有権者の三分の一を超える有効な署名を集めれば，町長の解職を請求できます（リコール請求）．請求から 60 日以内に住民投票が行われ過半数が賛成すれば町長は失職します．
- 地方自治法の規定により町議会は町長の不信任決議案を，定数の三分の二が出席し，その四分の三以上の賛成を得れば可決させることができます．これに対して，町長は 10 日以内に議会を解散することができます（しなければ失職）．

さて問題です．

どうやら高台移転計画には複雑な事情がからみあっているようです．こうした状況の下で，何とかこの問題について，国徳町住民の利益をよりよく反映させるためには，どうしたらよいのでしょう．政策としての高台移転そのもの及び，それを実現するための財源，現在の政策に反対する議員，住民への説得，新たな政策を打ち出すとして，それに反対するかもしれない議員，次回町長選への対立候補の出現，住民への説得なども考慮にいれながら，田中国徳町町長への提言をおおよそ 3 点にまとめてください．グルワ（グループワーク）は 45 分とし，その間に助言を 4 分以内でプレゼンできるようにしましょう．その際に，提言 1 ○○○，その理由は □□□ のような説明の仕方をしてください．その後，若干の質疑を予定しています．

---課題 2---

以下のゲームをグループ内で行って下さい．場面設定は 2012 年度以降．翌年度の

ODA予算に関する財務大臣と外務大臣折衝の最終場面．登場人物は，上の2人の他に，議論を聞いて途中で加わる内閣総理大臣，その他与党有力者など適当に．

　日本政府は巨額の財政赤字を抱え，OECDからも改善の指摘が繰り返されています．公共事業も例外ではなく，政府は本腰で財政再建に取り組み始めています．他方，既にODA予算は大幅に削減されピーク時に比べ半減しています．2011年の東日本大震災では，これまでの日本の支援に感謝した途上国をはじめ250を越える国々や国際機関から支援を受けることになりました．他方，少子高齢社会の進展と，日本経済の低迷で，ODA予算を増やすべきだとの声は大きくはありません．それに，些か偏ったメディアの報道で定着したODAイメージは引き続き残っているようです．他方，国連安保理常任理事国入りを目指す政府としては，途上国の支持を得るという意味でも，ODA予算の削減は極力避けたいというのが本音です．政治家の後押しにも期待をかけています．今のところ，前年度比マイナス10％を主張する財務省と，前年度並みを求める外務省が対立しています．財務省は「ない袖は振れない」を理由に削減に固執し，外務省は貧困人口削減への国際的義務があり，それこそが日本の国益を拡大すると強調して後に退きません．韓国が2010年，OECDのDACに加盟しODAに本格的に取り組みつつあります．経済外交とも連携しつつ，DACの枠外で経済協力を進めている中国の存在も見過ごせません．1990年代にODA実績で世界一を続けた日本への途上国の期待は依然として大きいものがあり，何とか攻勢挽回に転じたいというのが外務省です．

　そうした状況下で，日本外交にも重要な影響を与える有力国の高度兵器輸出が発覚し，日本のメディアも報道しました．有識者は，今こそ「開発途上国の軍事支出，大量破壊兵器・ミサイルの開発・製造，武器の輸出入などの動向に十分注意を払う」としたODA大綱の原則を厳格適用すべきだと主張し，政治家を巻き込んで，有力国へのODAの今後について論争が始まっています．メディアは「無駄の削減」の視点からもODAを批判しはじめました．予算の規模の割に，効率が低いというのです．政治家ももっと戦略的に行うべきと主張しています．

　ついに国民の支持が高く，世論に敏感な首相自ら解決に乗り出さざるを得なくなりました．問題は以前から決まっていたアフリカ5カ国歴訪が目前ということでした．途上国訪問にはODAの手みやげが常識でした．外務省は既に案件をリストアップしています．首相はこうした状況の下で，どのように予算問題を処理したのでしょうか．

　各決定参加者は目標設定から始める合理的行為者モデル（本書第5章参照）が想定するパターンに沿って行動すると仮定します．グループ内で役割を決め，ゲームを行い（制限時間30分），その模様を3分間で説明して下さい．

第3章　分析の準備

第1節　テーマ設定と分析の範囲

テーマ設定

　いよいよ実際の事例研究の準備作業に入ろう．まずテーマを決めなければならないが，これが案外難しい．私の授業では，最終レポートの2カ月前には，テーマを決めるように指導し，事前に了解を得ることを義務づけている．2カ月では完成不可能なテーマや，政策過程における「決定」を特定するのが難しい事例を選んでくる学生もいるからである．そこで，何年か前から，こちらからある程度，大枠のテーマを設定し，その中から学生に二つ候補を提出させ，こちらで，そのうち一つを選び通知するようにしている．2011年度では，1　東日本大震災関連，2　民主党政権の政策関連，3　自分のこだわりの事例が大枠のテーマである．その一部を紹介したい（学生に決定を通知する際にコメントをつけている場合もある）．

1　東日本大震災関連
● 　東日本大震災における菅内閣の初動対応
　コメント　何が問題だったのか明確にすること．菅首相個人の行動と，経産省など内閣の行動を区別して分析すること．
● 　東日本大震災における瓦礫撤去をめぐる政策過程
● 　民主党政権の原発政策の混乱をめぐる政策過程
　コメント　「混乱」の定義を明確にすること．菅内閣が原発輸出に力を入れ，大震災以降は脱原発に転じ，野田内閣は原発輸出に回帰したことなどを指すの

か．だとすれば「混乱」ではなく「変遷」でもよいのではないか．

2　民主党政権の政策関連
● 民主党政権下における普天間基地移設をめぐる政策過程
コメント　自公政権での日米合意が出発点なので，そこも分析の対象とすること．
● 民主党政権における事業仕分け決定まで及び実施の過程
コメント　仕分けの結果がどのようにその後政策に反映されたかも分析できればなお可．
● 民主党の安全保障政策の過程—尖閣諸島漁船衝突事件など危機対応を中心に
● 民主党政権下における南スーダンPKO派遣に至る政策過程

3　自分のこだわりの事例
● 日本政府による原子力発電所導入に至る過程
● 天安艦沈没事件（日本では韓国哨戒艇沈没事件）をめぐる韓国政府の対応
コメント　2010年3月26日に46名の犠牲者を出した，韓国の対北朝鮮政策を考えるうえでの大事件．韓国人留学生ならではの分析を期待．
● 阪神淡路大震災復興に関する諸政策の政策過程
コメント　東日本大震災からの復興を考えるうえで一定の役割を果たしたのは復興構想会議だが，1995年の阪神淡路大震災ではどのような会議で何が決まり，実施されたのかを振り返ることは重要．

だいぶ前のことだが，歴史的な事象を政策過程モデルで分析したいとして，「大化の改新の過程」を取り上げた学生もいる．本人の説明によれば，羽田内閣が発足した時に（1994年4月），与党内に新生，公明，民社を主体とした会派「改新」が結成されたが，それは1350年前の大化の改新になぞらえたものだったという．たしかに，中大兄皇子と中臣鎌足らが，蘇我大臣家を滅ぼして始まった大化の改新は，日本の政治史上，自民党一党支配の終焉に匹敵する劇的な政権交代であった．残念ながら，それほどレポートの出来具合はよくなかったが，

アイディアとしては面白い．実は歴史的事件の背景や動機の解明に関しては，情報が乏しいこともあり登場人物同士の猜疑心を強調した陰謀論が主流である．その意味では，政策過程分析で，後述するアリソンの第二モデルなどを使えば，別の解釈を提示できるかもしれない．

　今回，大枠のテーマとして三つを提示したこともあり，大半は国内問題である．学生の中には，2008年9月のいわゆるリーマン・ショック（低所得者向け住宅ローンの焦げ付きによる米国大手金融会社リーマン・ブラザーズの経営破綻が引き金となった世界同時不況）に対する米国連邦政府の対応をめぐる政策過程を分析したいと考えたものもいたが，なかなか野心的である．ただし，米国政府の動向について本章で紹介するような方法で資料を収集できるのかどうか．時間的制約もあり，卒業論文や修士論文のテーマとしたほうが適当とのコメントをつけて返した．

　こうした事例研究に取り組むにあたっての心構えについて述べておこう．何が現在，話題となっているかを知ることが重要である．それには，他のレポートにも共通するが，日頃から新聞や雑誌など活字情報はもとより，テレビ，インターネットなどの情報にこまめに目を通す習慣を身につけることであろう．電車の中吊りの広告だけでもよい．そうすることで，現在の日本が直面する課題や，解決すべき優先順位は何なのか，それらはどのような歴史的背景を有しているのかがわかる．

　これらの諸点に目を配っておけば，レポートを課された場合，どのようにでも対応することが可能である．無駄なように思える日頃の作業は，勘を養うのに有効である．勿論，読書は欠かせない．是非，論文や書籍の参考文献や注で紹介されている論文や書物には触れてほしい．あまりに当たり前のネット情報についてはここでは敢えて触れない．同時に既存のこれまで積み重ねられてきたアナログの情報収集も，その方法のところでも述べるが，捨てたものではない．是非とも積極的にテーマ設定の環境づくりに努めて欲しい．とりわけ政策過程分析に特化すれば，ノンフィクションの作品を多読することが極めて有用である．立花隆のロッキード事件を扱った作品や，柳田邦男の一連の航空機事故を扱った『マッハの恐怖』，日米経済摩擦や石油危機などに関する『日本は燃えているか』などは私のその後のテーマ設定に大いに役立った．東日本大震災

については，『「想定外」の罠―大震災と原発』も記憶に残る（立花，1994；柳田，1986a；柳田，1986b；柳田，2011）．ノンフィクションは，すでに触れた歴史的分析と政治学的分析の区別でいえば，歴史的手法に近いものである．仮説のセットなどが最初に提示されることはまずない．筆致や情報が，新聞や週刊誌の記事を越えているか，通説とはどれだけ異なった解釈に迫れるかが勝負である．その意味では，ノンフィクションの作品にヒントを得て，その事件や政策過程を二次加工することは十分に可能である．

分析の範囲

　次の作業は，分析の範囲を決めることである．次章以下で紹介するモデルをはじめとした分析枠組みはひとまず横に置いて，次のようなことを考えてほしい．分析の範囲をどこに設定した事例研究を行うのかということである．つまり政策過程のどこからどこまでを，どこに力点を置いて分析するかである．第2章第4節でみたように，日本政府が対処しなければならない政策は数多く，しかもレベルが国内，二国間の対外政策，国際機関や国際フォーラムのような多国間協議をめぐる対外政策と三つに分かれ，さらにその三つのレベルで同時進行的に政策過程が展開する場合も少なくない．ここでは分析範囲について，いくつか指摘しておきたい．

　第一は，政策過程全体を分析することである．その場合には，最も複雑な事例では，三つのレベルを包括的に分析の対象としなければならない．政策過程の始期をどこにおくかにもよるが，膨大な作業量となる．私のこれまでの作品を振り返りながら説明したい．

　私の修士論文は，岸内閣（1957年2月25日から1960年7月19日まで）の対中国政策をめぐる政策過程を扱った．当時，国交のなかった中国と政経分離で貿易を本格化しようとしていた岸内閣は，台湾（中華民国）との関係に楔を打ち込もうとする北京政府，そうはさせじと日本を牽制する台湾に対して複雑な外交を迫られる．論文では，日本の北京政府，台湾に対する政策過程を分析した．具体的には政経分離で進められていた日中貿易にかかわる協定の延長問題の分析である．中国は政経分離を批判し，協定延長の時期を捉えて，反共政策を明確にして台湾との国交を結ぶ岸内閣を揺さぶろうとした（日本は中国と国

交がなく，民間団体の日本国際貿易促進協会が窓口となり北京政府と交渉したが，政治家などを通じ岸内閣とは密接な打ち合わせを行っていた）．これは，新協定のもとで貿易事務所を開設し，実務的な関係促進を狙っていた岸政権には痛手であった．他方，台湾は北京政府へも接近しようとする岸内閣への批判を強めた．結局，中国の見本市が開催されていた長崎で1958年5月2日，日本人による中国国旗の焼き払い事件が起こり，北京政府は態度を硬化させ，以後，池田勇人内閣が発足し，しばらくするまで，貿易の実務関係を含め日本と中国の間は断絶することになった．

政策過程の範囲は1955年鳩山一郎内閣で締結された第三次日中貿易協定以降とし，それ以降の3年近くを主として分析した．また，日本と中国の交渉と並行して，「横やり」を入れてきた台湾の意向は，戦前から大陸浪人として中国に精通し，岸はじめ当時の自民党政治家とも近かった民間人矢次一夫を介して，逐一政府に伝えられていた．その状況も，中国と同時に視野に入れて分析した（草野，1980）．やや詳細に説明したのは，日本の政策過程，特に外交関連の事例は，相手国があり，その相手国の政策も状況に応じて変化することを確認しておきたかったからである．

1980年代まで繰り返し日米間の政治的緊張を招いた日米経済摩擦の事例のいくつかも同様な意味で政策過程が複合的であることを示している．博士号を取得した論文では，福田赳夫内閣の米国の対日オレンジ輸出をめぐる日米交渉を扱ったが，相手国の米国については，連邦政府に加えオレンジの二大産地であるカリフォルニア州，フロリダ州を分析の視野に入れなければならなかった（草野，1983a）．日米交渉とはいえ米国も，日本も利害が錯綜し，したがって政策過程も複雑化する．これら全体を視野に入れての分析が必要である．

だいぶ以前のことだが，橋本龍太郎通産大臣とカンター米国通商代表部（USTR）代表の間で決着をみた日本の自動車（同部品）市場の開放（1995年6月）でいえば，二国間で合意に達しなければ，両国はすでに提訴していた世界貿易機関（WTO）のパネルの場に決着を委ねるはずであった．ということは，日米の過程とWTOでの議論の両方を分析の対象としなければ，政策過程を分析したことにはならない．

第二は，政策過程の一部を扱う方法である．通常はこのケースが最も多いよ

うに思われる．第一にあげた長期の政策過程のうち，最も面白そうな，また分析者にとり関心のある一部を切り取って観察するのである．その場合には，分析の重点にならない政策過程は，背景説明として処理すればよい．

　一例をあげよう．うんざりするほど政策過程が長い例である．2009年9月，鳩山民主党政権が発足し，まず手がけたことはマニフェストに掲げた国直轄の大型公共事業の全面的見直しであった．その一つが熊本県の川野辺川ダムと並ぶ群馬県八ッ場ダムであった．自民党政権は，大規模な移転，環境破壊を理由に建設反対運動が続くなか，地元との調整を経たうえで1986年「八ッ場ダムの建設に関する基本計画」を策定した．ダム建設による水供給，洪水対策等の流域都県へのメリットを強調した政府は，1994年には本体ダムに付帯する橋梁や道路の工事に着手した．しかしダム本体工事の入札を待つばかりというタイミングで，建設中止を掲げる民主党政権が誕生した．ここからが重要である．国土交通大臣に就任した前原誠司は事業中止を明言したが，馬淵澄夫，大畠宏章，前田武志と大臣が交代するにつれ，いつのまにか事業継続が決まり，予定されていた事業費も2110億円から4600億円に増額された．

　マニフェストを読んだ有権者の中には，民主党政権の誕生で八ッ場ダム建設は中止されるに違いないと思った人もいたであろう．実際は，そうはならなかったのである．なぜ，事業は継続されることになったのだろう．

　以上から明らかなように，民主党政権発足以後の政策過程だけでも複雑である．本格的に分析するには1950年代まで遡る必要がある．しかし，こうした作業は事実上不可能だ．だとすればどうすべきか．政策過程の最大の謎は前原国土交通相が中止を明言したにもかかわらず，それが守られなかったことである．そこで民主党政権誕生辺りを始期とし，前原以降の3大臣の交代期辺りに分析の力点を置き，それ以前の自公政権時代を含む歴史的な部分は背景説明とすればよい．

　前原大臣は次のように述べた．「私どもが本体工事の中止ということを申し上げていることについては，それは是非皆さん方にご理解を頂いてその方向で取りまとめをさせて頂きたいと思います」（2009年9月17日記者会見）．

　後続の大臣が，前原ほど歯切れよく中止を明言せず，結局，事業継続となったのはなぜなのだろう．こうした疑問を持ちつつ分析する．そうすることで，

政治家としての前原個人のスタイルの問題も浮き彫りになる．同時に省内や国と地方を含めたこの問題の政治力学も明らかとなるだろう．国はダムの流域都県と協同して事業を進めており，前原自身，就任後はじめて大臣の鶴の一声で中止はできないという事情を理解したのかもしれない．また東日本大震災以降は，国民もメディアの関心も，八ッ場ダムから離れる一方，公共事業全般への批判は，政権発足時ほどではなくなったことも重要であろう．もっとも前原大臣の中止発言にあまり気をとられすぎ，政策過程全体を俯瞰することを忘れてはいけない．

仮に，八ッ場ダムの政策過程に関する事例研究のレポートを2カ月後に提出せよという宿題が出たならば（他の授業があり，可処分時間の三分の一位しかこのレポートに割けないとして），私なら，躊躇せずにこの民主党政権発足後の政策過程に焦点を絞り分析する．ある程度政策過程全体を理解できる上に，その一部については詳細な研究が可能だからである．

第三は，政策過程に参加したアクターの一部に焦点を当てる分析である．たとえば沖縄米軍普天間基地移設問題の方針転換で重要な役割を果たしたのは鳩山由紀夫首相であった．自公政権での米国，沖縄との長期にわたる交渉で普天間基地の辺野古沖への移設が決まったのは2006年のことであった．しかし，仮に政権交代が実現すれば首相候補となる筈の鳩山民主党代表はマニフェストでは明示されていなかった普天間基地移設について，2009年7月19日に沖縄で最低でも県外移設に積極的に行動を起こさなければならないと述べ，政権発足後の10月23日には年内にも移設先を判断するとした．米国はその後，日米合意の履行を求める一方，移設先が見つからない鳩山内閣は迷走を繰り返し，結局，この問題は2010年6月の鳩山内閣崩壊のきっかけとなった．続く菅，野田内閣が事実上自公政権の日米合意に戻ったことは周知のとおりである．

ずいぶんと政策過程における事実関係を端折って整理したが，民主党政権発足後の1年間，日米関係の停滞はこの問題が原因といわれる．そしてその問題の発端を作ったのは鳩山由紀夫首相である．首相就任以前から，鳩山個人は沖縄問題に関心を示していたのかどうか，また，祖父にあたる鳩山一郎首相のナショナリストの血をひいているかどうかも気になる．親米の吉田茂とは違い鳩山一郎は米国と距離を置き，日ソ国交回復を実現した（五百旗頭編，2010，79-85

頁；草野，2005a，72-74頁)．そう考えれば鳩山由紀夫が自公政権が路線を敷いた対米外交をそのまま引き継ぐことには抵抗があったのかもしれない．

　本題に戻そう．この政策過程に参加した個人や組織など一部に焦点を当てる方法は，一般論として次のような問題点がある．政治を学び始めた人々が手がけやすい方法だけに，全体像を捉えずに，いきなり部分的な分析に入るという誤りに陥りやすいのである．部分的な分析こそ，逆説的だが，難しい．部分的だから資料も少なく，分析も楽と思って始めると，その局所をどうやって全体に位置づけてよいかわからなくなってしまうことがよくある．第一ないし第二の方法を押さえた上で，この方法を採用することが望ましい．

　私の学生で，現代日本の政治を1年勉強しただけで，財政投融資の政治的役割を研究したいと希望した者がいた．いくら優秀だとしても，躓くのではないかと心配していたら，案の定そのようになった．やや横道に逸れるが，政策系の学部生には，基本をないがしろにして，いきなり応用問題を解こうとする傾向がある．総論を飛ばして，各論に入ろうというようなものである．これは後で必ず後悔する．

　第四番目はかなりレベルが上になる．第4章以下でとりあげる政策決定モデルや仮説を用いて，通商，福祉，環境，防衛など異なる分野の政策過程を分析し，日本の政策過程上にしばしばみられる特徴を明らかにすることである．これはすでに第2章で説明したようにイシュー・アプローチとして手法的には確立したものである(荒木，1990)．問題は，容易に想像できるように，大変に手間暇がかかることである．ひとつの問題をめぐる政策過程ですら複雑さを増す中で，問題領域の異なる政策過程を複数分析し，比較検討することは困難を伴う．しかも，本書でも指摘したように，対外政策と国内政治がからみあうのはもちろん，国際機関と日本の協議が，二国間関係にはねかえるという状況もある．加えてそれら三つの政策過程レベルが重なり合うこともある．

　実際の作業の困難さに比べ，仮に成果が出たとしても，知的関心以上には評価されにくい．たしかに各分野の政策過程を比較可能にするわけで，学問的には貢献する．しかし，第一，第二の手法に比べると，現実の政策提言に結びつかないことは指摘する必要がある(そもそもそうしたことをこの方法は目指していない)．その意味では，これまで述べた手法をすでに卒業した人々が手がけ

る性質のものであろう．

　第五番目は複数国の政策過程の特徴を比較することである．これは本書のこれまでの目的からは逸脱する．本書は日本の政策過程の分析を目的として書かれているからである．しかし，こうした分析視角もあることは知っておいてよい．複数国の政策過程の特徴を比較する場合，異なる分野の政策過程を比較するわけではない．共通した問題について，日本を含めた複数国がどのような政策過程を辿ったかを比較するのである．たとえば 2011 年 11–12 月にバーレーンで開催された温室効果ガスの削減をめぐる国際会議「気候変動枠組み条約第 17 回締約国会議（COP17）」では，先進国のみに削減を求める途上国と先進国の対立がこれまでどおり見られる一方，中国が 2020 年以降であれば新たな枠組みに参加してよいとの表明を行った（削減を中国も行うという点で柔軟姿勢に転じた）．英国，ドイツ，フランス，さらに中国，ロシアのそれぞれが表明した立場はどのような国内の政策過程を経たものであったか，興味はつきない．

　次の事例はどうであろうか．2001 年 9 月 11 日の同時多発テロ以降，世界の眼は再び中東に向けられた．テロの温床とされたアフガニスタン，及び湾岸戦争終了後もフセイン政権が存続し核開発が疑われたイラクがとりわけ注目を浴びた．査察の要求を拒み続けてきたフセイン政権は漸く国際原子力機関（IAEA）の査察を受け入れたが，イラクに特に批判的だった米国を満足させることはできず，G. W. ブッシュ大統領は攻撃に関する安保理決議なしに，2003 年 3 月 17 日空爆を命じ，19 日からは英国などとともに「イラクの自由作戦」を開始した．中国，ロシアはこれを厳しく批判し，1991 年の湾岸戦争とは違い西側主要国では，フランス，ドイツも攻撃に反対した．賛成し米国とともに戦ったのはブレア政権の英国，それに多国籍軍への直接参加は行わなかったものの支持表明した小泉政権の日本であった．こうしたイラク戦争開戦をめぐる各国，とりわけ先進主要国の足並みの乱れは著しかった．どのような国内の政策過程を経てイラク攻撃に対するそれぞれの国の方針は決まったのだろうか．政策過程分析を行う価値のある題材である．

　冷戦後の世界では様々な分野で重要な役割を果たす国の数が増えている．経済発展を遂げた従来の途上国や移行国（ブラジル，ロシア，インド，中国，シンガポールの BRICS）が経済や金融のルール策定で発言力を増している．それ

は，ギリシャやスペイン，イタリアの財政悪化による金融不安が欧州連合（EU）から世界に波及した際にも当てはまる．もはや中国の支援なしに EU の金融不安は乗りきれないとの声も聞こえる．こうした有力新興国が，国際ルール造りにどのような役割を果たしているのだろう．リーダーシップはどの国がとっているのだろう．政策過程分析として取り上げるには魅力的な題材だ．

第 2 節　資料の収集方法

新聞の縮刷版

　政策過程の分析は，政治的なダイナミックスの再現であるから，頭で考えるより前に資料の存在が大前提となる．私が多用するのは新聞のデータベースと縮刷版である．新聞の切り抜きではないかと思う人も多いが，事例研究としてとりあげるテーマの背景を理解するには切り抜きは有用とはいえ，分析する前提としての日表作成には不十分だ．私も新聞の切り抜きはしてきたが，これを直ちに，ある特定の問題の政策過程の再現にそのまま使うのは不可能に近い．私の新聞切り抜きの分類方法は，(1) アメリカ及び日米関係，(2) アジア及び欧州その他，(3) 日本国内，と極めて大ざっぱだからである．

　代わって重要なのが，新聞のデータベースと縮刷版である．現在，朝日新聞，読売新聞，毎日新聞，日本経済新聞，産経新聞および各地方紙の過去記事をデータベースから有料で検索できる．教育機関向けには特別な料金制度を採用しているメディアが多い．今さら縮刷版でもないだろうと思うかもしれないが，データベースよりも一覧性の点で縮刷版のほうが優れている．

　縮刷版の場合，その日に伝えられた複数の記事が同時に確認できる．2011 年 8 月 26 日の朝日新聞朝刊一面（図 3）をみると，トップ記事の右側には民主党の新代表を選ぶ選挙を控え，党内最大のグループを率いる小沢一郎氏が，候補の一人前原誠司氏を不支持の方向という内容だ．その左側には，東日本大震災の復興事業の工程表が明らかになったことが報じられている．左下をみると，この記事から約 2 カ月後に殺され 42 年の独裁体制の幕を閉じることになったリビアのカダフィ大佐が包囲されたことを伝えている．こうした一覧性はデータベースにはない．当時の時代状況を把握するためには，縮刷版は大変に便利

である．データベースと違い，縮刷版を利用すると，記事の大きさも把握でき，報道された当時，その問題が，どのように評価されていたかがわかる（もっとも，小さな報道であれ，重要な記事はあり得る）．データベースでは，小さな囲み記事も，一面トップの記事も同様の比重で打ち出されてくる．記事の中身を精読するか，あるいは分量以外に，記事

図3　新聞縮刷版の例

の軽重を判断することは難しい．

　その縮刷版だが，産経を除く主要紙は発行している．立花隆は古典的名著『「知」のソフトウェア』の中で，新聞縮刷版のコピーを使って，分析しようとする特定の問題について，切り抜きノートを作ることをすすめているが（立花，1984, 35–36頁），同感である．これをデータベースをもとに行うことも可能だ．この際，無理をしてでも，短時日に済ませることを強くすすめたい．時間をかけて少しずつ作業を行っていると，前回の作業を改めて振り返らないと前に進みにくい．長期にわたる政策過程であれば，なおさらのことである．これを一気に済ませれば，政策過程の流れに関してイメージを作りやすい．つまり，重要な転換点はどこかなど全体を把握できる点で便利なのである．

　縮刷版の使い方にもこつがある．それぞれ特徴のある作り方をしている索引に精通することが重要であろう．私が多用してきたのは，日本経済新聞の縮刷版の巻末にある索引である（他紙は巻頭）．日米関係，日米貿易など項目別に日付順に並んでいるので便利である．私は日米経済摩擦や，日米関係全体を研究

する機会が多かったので，この部分だけを1980年代から別途コピーして，保存してある．つまり，これだけで，日米貿易，日米関係については，事実上の年表ならぬ日表ができあがったことになる．

　問題は，新聞の資料的価値である．歴史家からは，新聞はしょせん二次資料であり，資料的価値は少ない，記事にバイアスがかかっているとの声も聞こえてくる．しかし，逆に，現代の問題に関する政策過程を再現するためには，行政の情報公開が進んでいない現状では，新聞に代わる資料を見つけることは不可能である．政権交代で情報公開に積極的な民主党が登場したが期待外れである．第1章で触れたように政務三役を中心とする政治主導の政策過程はその具体的議論の中身も政治家を支える官僚でさえ知らないことも多かった．また，福島原発事故後に設けられた原子力災害対策本部等の対策本部では，情報公開の前提となる議事録がそもそも作成されていなかった．一般論としても，政治家，官僚は情報公開に消極的だ．詳細な政策過程の公開は批判の種を提供する可能性があるからだ．できるだけ重要なやりとりは電話などで済ませ文書にしない傾向もあるという．とすれば，一般人が容易にはアクセスできない政治家や官僚に取材した新聞記事を資料として活用することは次善の策として認められるはずである．もちろん，あくまで基本資料として，流れをつかむための資料であり，記事の中にある解釈までを鵜呑みにする必要はない．

　そうでなくとも新聞記事は注意して読まねばならない．将来予定しているある特定の政策に関して手柄をあげたいと考える政治家や世間の反応をみたい官僚側やのリークによって，新聞記事が作成されることもあるからだ．本題から外れるが，記者クラブ制度のために，マスメディアと官僚側が持ちつ持たれつの関係にあることはしばしば指摘される（この点を批判してきたフリーの記者の内閣記者会への参加が認められるなど改善はみられる）．実際，既存メディアの報道は政治家や官僚に対して生ぬるいとの批判も絶えない．いずれにせよ新聞記事の利用に当たっては内容を検証すること，つまり縮刷版で，同じ問題について，どのように報道されているかを比較検討することも必要である．その違いを理解するには何より，日頃から報道に注意し問題の読解力（リテラシー）を身につけておくことが肝心だろう．

縮刷版で日表作成

　集めた新聞縮刷版コピーの切り抜き記事だが，膨大なものとなろう．これをどのように処理するかが次の課題である．既に，切り抜きノートを作成する過程で，ある程度，全体の流れはつかめているはずである．したがって，その問題で，どのようなアクターが登場するのか特定するのは比較的容易であろう．そこで次の仕事は，アクターごとに整理した政策過程の日表作りである．その目的は，特定のアクターがいつ何をしていたか突き止めることにつきる．たとえば，同じ条件のもとで（以下で扱う東日本大震災の例でもよい），Aというアクターが，特定の行動をとったとしてそれはなぜかという疑問が浮かべば，研究は軌道に乗り始めたといってよいであろう．そうしたいくつもの疑問に答えていくことこそが，政策過程のダイナミックスを明らかにすることになるのである．

　この手法は私が上智大学の修士課程に在学していたとき，同僚であった納家政嗣氏（現在，青山学院大学教授）から教えてもらった方法である．納家氏はもともとジャーナリストで，取材の際に，この方法をしばしば使ったと聞いた．立花隆の『「知」のソフトウェア』にも，そうした日表作りの必要性が強調してある．つまり，取材の基本技術なのであろう．立花は，また，日表を作る際に，ある時点でアクターAが行動しているにもかかわらず，Bは何もしていない場合，その欄は詰めずに空白にして残すべきと述べている．空白にも意味があるからだというのである（立花，1984，189–193頁，一部加筆）．具体的に空欄の効用を述べよう．たとえば官僚機構の縄張り争いは，しばしば指摘されるが，特定の問題に関して日表で各省庁の対応ぶりを整理すると，それまで欄が空白であった省が，突然動き出すということがある．別の官庁に対抗して，あわてて行動したのか，情報がなく行動が遅れたのかはわからないが，各省庁の対立や競争状況を理解するためには欄を空白として残しておくことが必要である．

　実際の日表の作り方に関し，よくできた例と，典型的な間違った例をあげておこう．言葉で説明するよりは，実例の方が理解は容易であろう．2011年の政策過程論の授業で，実際に学生に宿題とした東日本大震災発生後の官邸の動きを中心とした関係者，関係機関の動静である．

　表1は誤った例である．せっかく，一生懸命，事実経過を追いかけたが，こ

れでは横の比較，すなわち，3月11日の震災発生後の特定の時間に首相や枝野官房長官，防衛省や宮城県が何をしていたかはよくわからない．表2は地震・津波・原発事故の状況と政府の対応を比較したのはよかったが，肝心のアクター間の行動の比較はできない．表3などは私の意図を十分には理解していない．それに対して表4はどうだろうか．縦軸に時間を，横軸にアクターを置いて表を作成している．この表によって，発生直後の政府の対応や，最も深刻な状況に直面していた被災県の様子が明らかとなった．日表によれば地震発生直後の菅内閣の対応は，阪神淡路大震災の時とは違って昼間だったこともあり，危機管理マニュアルにしたがい対策本部の立ち上げなど円滑に進んだ．また，被災県からの自衛隊派遣要請も素早かった．もっとも，福島原発の危機的状況に関する情報は地震発生後暫くしてから官邸には届けられていたものの，首相の国民向けメッセージは安全が強調されるなどちぐはぐさが目立ったこともわかる．首相官邸の地震発生後の初動は遅かったとの印象が強いが，必ずしもそうは言い切れないことも，日表を作成することでわかる．もっとも早い段階での，被災県からの「悲鳴」に対して，政府がはたして適切に対処したかどうかも日表を作成して，より明確になる．繰り返し述べるが，これは新聞記事をもとにして作成されたものである（なお，各表作成後，東日本大震災への政府の対応について明らかになった点も多く，適宜修正を加えてある）．

雑誌記事などの資料

新聞記事による日表作成が完了したとして，これを補足する意味で『文藝春秋』，『中央公論』等の総合雑誌や週刊誌，『選択』，『FACTA』など情報誌の記事に当たることもよいだろう．新聞には出ない裏情報や関係者の証言が掲載されていることもある．たとえば2011年11月に日本企業の国際的評価を大きく失墜させたオリンパスの巨額損失隠し事件は情報誌『FACTA』8月号の記事が発端だった（『文藝春秋』2012年1月号に掲載されたウッドフォード元社長の手記）．ただし，最近は新聞記事自体が調査報道的な性格をもつものが多くなり（以前は雑誌がカバーしていた），学部レベルであれば新聞記事を丹念に読むことで日表作成はじめ，政策過程分析には不自由しないと思われる．それに週刊誌などは，記事の情報の信憑性という意味で取捨選択に困る場合もある．週刊

表1　東日本大震災の日表（部分）

3月11日
14:46	地震発生（三陸沖，M9.0）
	警察庁，災害警備本部を設置（長は警察庁警備局長）
	原子力安全・保安院，災害対策本部設置，地震被害情報通知①
	福島第一，第二原発で稼働中の計7基が自動停止
	岩手県，災害対策本部設置
	福島県，災害対策本部設置
	茨城県，災害対策本部設置
	千葉県，災害対策本部設置
14:49	気象庁，津波警報発令
14:50	首相官邸に官邸対策室を設置，緊急参集チーム招集
	防衛省，災害対策本部を設置
	文部科学省，災害応急対策本部を設置
	宮城県，災害対策本部設置
14:52	岩手県知事より自衛隊の災害派遣要請届く
14:53	官房長官，官邸危機管理センターに入る
14:55	文部科学省，関係教育委員会に対し，児童生徒等の安全確保と文教施設の被害状況の把握，二次災害防止を要請
14:56	首相，官邸入り
15:00	自民党，緊急地震対策本部設置
	消防庁，宮城県庁に2名派遣
15:02	宮城県知事より自衛隊の災害派遣要請届く
15:03	消防庁，各県の航空部隊に出動準備指示
15:06	東京電力本店に非常時対策本部設置
15:07	警察庁，各都道府県に対し，広域緊急援助隊の派遣を指示
15:10	みんなの党，緊急対策本部設置
15:13	警察庁，近畿管区広域緊急援助隊（交通部隊）に出動指示
15:14	警察庁，中部管区広域緊急援助隊（交通部隊）に出動指示
	警察庁，災害警備本部を緊急災害警備本部に格上げ（長官を長に変更），日本海溝型地震動員計画発動
15:15	国土交通省，緊急災害対策本部設置
15:25	民主党，緊急対策本部設置
15:27	首相，防衛大臣に自衛隊の最大限の活用を指示
15:30	陸自第2施設団から宮城県庁へ連絡要員を派遣
	東電武藤副社長（原子力・立地本部長），ヘリで現地に出発
15:31	北海道警1機，岩手県警1機，宮城県警1機，警視庁1機が被害調査のため，ヘリで出動
15:37	第1回緊急災害対策本部会議
15:40	消防庁，緊急消防援助隊に対して出動指示
15:42	経産省，警戒本部設置，現地警戒本部設置
	非常用ディーゼル発電機故障，1～3号機，原子力災害対策特別措置法第10条に基づく特定事象発生，通報
15:45	第1回国土交通省緊急災害対策会議開催．大臣，副大臣より指示
	谷垣自民党総裁，補正予算への協力表明
	岩手県，第1回災害対策本部員会議開催
	宮城県知事，厚生労働省へDMATの派遣要請
16:00	社民党，緊急対策本部設置
	福島県知事，陸上自衛隊に災害派遣要請
	第2回緊急災害対策本部会議，全閣僚招集
16:03	陸自第6師団の連絡要員を宮城県庁へ派遣
16:10	警察庁，千葉県警広域緊急援助隊に出動指示
16:15	共産党，緊急対策本部設置
	茨城県，自衛隊偵察部隊の出動要請
	原子力安全・保安院，地震被害情報通知②
16:20	政府，今回の地震の名称を「平成23年（2011年）東北地方太平洋沖地震」と名付ける
	千葉県，第1回災害対策本部会議
16:25	警察庁，警視庁広域緊急援助隊に出動指示
16:36	原子力災害対策特別措置法第15条に基づく特定事象発生
16:45	文部科学省，原子力災害対策支援本部設置
	警察庁，長野・新潟・山形・山梨各県警の広域緊急援助隊に出動指示
16:54	首相，官邸で国民向けメッセージを発表
17:00	警察庁，機動隊員等により構成される緊急援助隊を被災地に派遣　約100人
17:10	茨城県，自衛隊災害派遣を要請
17:15	原子力安全・保安院，地震被害情報通知③
17:30	原子力安全・保安院，職員を福島県原子力災害センターへ派遣
	警察庁，ヘリの応援派遣決定（愛知県警→宮城県，北海道警→岩手県）
17:32	茨城県，厚生労働省へDMAT派遣要請
17:35	防衛相，省災害対策本部会合で「自衛隊が最も頼り，全力で努力を」と指示
17:40	官房長官記者会見．中遠距離は帰宅せず，職場で待機を呼びかけ

第3章　分析の準備　75

表2 東日本大震災の日表（部分）

地震・被害状況	政府
3月11日	3月11日
14:46 地震発生（三陸沖，M9.0）	14:46 首相，参議院決算委員会の審議に出席
地震発生後，千葉県のコスモ石油化学コンビナートで大規模火災などが発生	14:49 気象庁，津波警報発令
福島第一，第二原発で稼働中の計7基が自動停止	14:50 首相官邸に官邸対策室を設置．緊急参集チーム召集
	防衛省，災害対策本部を設置
14:54 岩手県陸前高田市，10 mの津波観測	14:52 岩手県知事より自衛隊の災害派遣要請届く
15:12 岩手県釜石沖，6.8 mの津波観測	14:53 官房長官，官邸危機管理センターに入る
岩手県宮古沖，6.3 mの津波観測	14:56 首相，官邸入り
15:14 宮城県気仙沼湾沖，最大波観測	15:02 宮城県知事より自衛隊の災害派遣要請届く
15:20 宮城県石巻市鮎川，最大波観測	15:07 警察庁，各都道府県に対し，広域緊急援助隊の派遣を指示
15:21 岩手県釜石市，4.1 mの津波観測	
岩手県宮古市，4 m以上の津波観測	15:15 国土交通省，緊急災害対策本部設置
15:42 福島第一原発，全交流電源喪失	15:27 首相，防衛大臣に自衛隊の最大限の活用を指示
15:44 北海道えりも町庶野，最大波観測	
15:45 福島第一原発，オイルタンクが津波により流失	15:37 第1回緊急災害対策本部会議
	15:40 消防庁，緊急消防援助隊に対して出動指示
15:50 福島県相馬，最大波（7.3 m以上）観測	15:42 経産省，警戒本部設置，現地警戒本部設置
16:36 福島第一原発1，2号機に関して，原子力災害対策特別措置法第15条に基づく特定事象発生	15:45 第1回国土交通省緊急災害対策会議開催．大臣，副大臣より指示
	16:00 第2回緊急災害対策本部会議．全閣僚招集
16:52 茨城県大洗，最大波観測	16:20 政府，今回の地震の名称を「平成23年（2011年）東北地方太平洋沖地震」と名付ける
20:30 1，2，3号機に関し，中操照明確保準備中，M/C水没．2号機に関しては優先的に電源車つなぎこみ待ち	16:36 原子力災害対策特別措置法第15条に基づく特定事象発生
21:00 消火ポンプを起動し，炉圧が低下したら注入できる体制へ	16:54 首相，官邸で国民向けメッセージを発表
	17:40 官房長官記者会見．中遠距離は帰宅せず，職場で待機をよびかけ
21:54 2号機，水位計が復帰し水位L2を確認	18:11 首相官邸で与野党協議．菅首相，与野党に協力要請
23:00 1号機，タービン建屋内で放射線量が上昇	19:23 第3回緊急災害対策本部会議
23:30 電源車到着	19:44 官房長官記者会見
	21:52 官房長官記者会見
	22:30 経産省池田副大臣，福島第一原子力発電所の原子力災害現地対策本部入り

表 3 東日本大震災・アクター別行動表（部分）

---

3 月 11 日（金）　死者 35　不明者 43

政　　府 …… 緊急災害対策本部設置
　　　　　　　首相，官房長官らが何度か記者会見を行い，国民へのメッセージを発する
政　　党 …… 各党対策本部を設置
　　　　　　　15 時 45 分　谷垣自民党総裁，政府への協力を表明
自 衛 隊 …… 18 時 00 分　北沢防衛相，大規模災害対処派遣命令（8000 名規模），救出活動を開始
警　　察 …… 警察庁，災害警備本部を設置
　　　　　　　各都道府県警察に広域緊急援助隊の派遣を指示
原発関係 …… 福島第一，第二原発で稼働中の計 7 基が自動停止
　　　　　　　大津波によって福島第一原発のオイルタンクが流失
　　　　　　　東電武藤副社長（原子力・立地本部長）ヘリで現地に
地　　方 …… 各県対策本部設置とともに，自衛隊派遣を要請

---

3 月 12 日（土）　死者 623　不明者 653

政　　府 …… 首相，地震の被災地や福島第一原発を視察
政　　党 …… 首相官邸での党首会談で，自民党，公明党が通常国会の「休会」を提案
自 衛 隊 …… 派遣体制が 2 万人規模に
警　　察 …… 東北自動車道等を災害対応のため緊急通行車両以外は通行できない「緊急交通路」に指定
原発関係 …… 原子力安全対策本部，原子力緊急事態宣言を発令
　　　　　　　15 時 36 分　福島第一原発 1 号機建屋内側容器外側で水素爆発，90 人以上が被曝
　　　　　　　23 時 16 分　1 号機に海水注入を開始
地　　方 …… 被害の大きさから機能不全に陥る自治体もあらわれる

---

3 月 13 日（日）　死者 1217　不明者 1086

政　　府 …… 電力需給緊急対策本部を設置
　　　　　　　首相，翌日から計画停電を実施することを発表
政　　党 …… なし
自 衛 隊 …… 派遣体制が 5 万人規模に
　　　　　　　米軍との共同活動を開始
　　　　　　　航空自衛隊，福島第二原発で給水作業
警　　察 …… 避難誘導や放射線量検知等の活動を開始
原発関係 …… 11 時 1 分　福島第一原発 3 号機でも水素爆発
　　　　　　　3 号機にも海水注入
地　　方 …… なし

---

3 月 14 日（月）　死者 1833　不明者 2369

政　　府 …… 首相，東電に出向き福島原子力発電所事故対策統合本部を開催
政　　党 …… 志位共産党委員長，「原発について言えば，正確な情報を的確に国民に知らせるという点で問題があった」と国会で発言
自 衛 隊 …… 派遣体制が 6 万 6000 人に達する
　　　　　　　予備自衛官の活用を開始．実際に任務に就くのは初
警　　察 …… なし
原発関係 …… 福島第一原発 2 号機でも冷却機能停止
　　　　　　　福島第一原発 2 号機にも海水注入
地　　方 …… なし

表4 東日本大

		重要事象	首相官邸	防衛省・自衛隊
3月11日	14:00	46 地震発生(三陸沖, M9.0) 福島第一, 第二原発で稼働中の計7基が自動停止 地震発生後, 千葉県のコスモ石油化学コンビナートで大規模火災などが発生 54 岩手県陸前高田市, 10mの津波観測	46 菅首相, 参議院決算委員会の審議に出席 50 首相官邸に官邸対策室を設置, 緊急参集チーム招集 53 枝野官房長官が官邸危機管理センターに入る 56 菅首相, 官邸入り	50 災害対策本部を設置 52 岩手県知事より災害派遣要請受理
	15:00	12 岩手県釜石沖, 6.8mの津波観測／岩手県宮古沖, 6.3mの津波観測 14 宮城県気仙沼湾沖, 最大波観測 20 宮城県石巻市鮎川, 最大波観測 21 岩手県釜石市, 4.1mの津波観測／岩手県宮古市, 4m以上の津波観測 44 北海道えりも町庶野, 最大波観測 50 福島県相馬, 最大波(7.3m以上)観測	10 村井宮城県知事から枝野官房長官に派遣要請が届く. 首相に連絡 27 総理指示(北沢防衛大臣)「自衛隊は最大限の活動をすること」	02 宮城県知事から東北方面総監への災害派遣要請受理 23 東北方面総監部から福島県庁へ連絡要員を派遣 27 北沢防衛相, 首相より「自衛隊は最大限の活動をすること」との指示 30 陸自第2使節団から宮城県庁へ連絡要員を派遣
	16:00	36 福島第一原発1, 2号機で外部電力の供給失われる. 2号機に関して, 原子力災害対策特別措置法第15条に基づく特定事象発生 52 茨城県大洗, 最大波観測	00 第2回緊急災害対策本部会議. 全閣僚招集, 首相「国民の皆さんには, ぜひ落ち着いて行動をとるようお願いする」とあいさつ 20 政府, 今回の地震の名称を「平成23年(2011年)東北地方太平洋沖地震」と名付ける 54 首相, 官邸で国民向けメッセージを発表	03 陸自第6師団の連絡要員を宮城県庁へ派遣 37 北沢防衛相, 岩手, 宮城両県からの災害派遣要請を公にする 47 福島県知事から第44普通科連隊へ災害派遣要請受理 54 青森県知事より災害派遣要請受理
	17:00		25 谷垣総裁, 菅首相と電話したことを明かす 40 官房長官記者会見. 中遠距離は帰宅せず, 職場で待機をよびかけ	35 北沢防衛相, 省災害対策本部会合で「自衛隊が最も頼り, 全力で努力を」と指示

震災日表(部分)

警察庁・都道府県警察	その他省庁	東京電力	被災自治体
46 災害警備本部を設置(長は警察庁警備局長)	46 原子力安全・保安院,災害対策本部設置,地震被害情報通知①／消防庁,災害対策本部設置 49 気象庁,津波警報(大津波) 50 文部科学省,災害応急対策本部を設置 55 文部科学省,関係教育委員会に対し,児童生徒等の安全確保と文教施設の被害状況の把握,二次災害防止を要請	46 福島第一,第二原発で稼働中の計7基が自動停止	46 岩手県,災害対策本部設置(本部長：達増知事)／大船渡市,災害対策本部設置／福島県,①災害対策本部設置②警察本部災害警備本部設置／茨城県,①災害対策本部設置②防災対策ヘリによる情報収集／千葉県,災害対策本部設置 47 東松島市,災害対策本部設置 48 茨城県,①東海第二原発,原子炉自動停止②非常用発電による電源供給開始 49 大船渡市,大津波警報,避難指示発令／福島県,津波警報(大津波)発表／茨城県,津波警報発表 50 宮城県,災害対策本部設置,大津波警報／茨城県警,県警察本部大地震警備対策本部設置 52 岩手県知事,自衛隊に災害派遣要請,緊急消防援助隊派遣要請(集結予定場所：遠野市) 55 気仙沼市危機管理課,ツイッターに投稿／相馬市,災害対策本部設置 59 岩手県,緊急消防援助隊派遣要請
07 ①各都道府県に対し,広域緊急援助隊の派遣を指示②中部・近畿・中国の広域緊急援助隊に出動指示③北海道警察広域緊急援助隊に待機指示 13 近畿管区広域緊急援助隊(交通部隊)に出動指示 14 ①中部管区広域緊急援助隊(交通部隊)に出動指示②緊急災害警備本部に格上げ(長官を長に変更),日本海溝型地震動員計画発動 15 中国管区広域緊急援助隊(交通部隊)に出動指示 31 北海道警1機,岩手県警1機,宮城県警1機,警視庁1機が被害調査のため,ヘリで出動	00 消防庁,宮城県庁に2名派遣 03 消防庁,各県の航空部隊に出動準備の指示 15 国土交通省,緊急災害対策本部設置 42 原子力安全・保安院,東電から第一原発1,2号機で炉心冷却システムが動かなくなったと連絡をうける／経済産業省,警戒本部設置,現地警戒本部設置 45 国土交通省,第1回緊急災害対策会議開催,大臣,副大臣より指示	06 本店に非常時災害対策本部設置 30 武藤副社長(原子力・立地本部長)ヘリで現地に 42 非常用ディーゼル発電機故障,1～3号機,原子力災害対策特別措置法10条に基づく特定事象発生,通報	00 南相馬市,災害対策本部設置 02 宮城県知事,東北方面総監(防衛省)に自衛隊派遣要請／気仙沼市危機管理課,ツイッターに投稿 10 宮城県知事,官房長官に自衛隊の派遣要請／茨城県,自衛隊に連絡員派遣要請 20 自衛隊が八戸駐屯地を出発 30 宮城県災害対策本部会議開催 45 岩手県,第1回災害対策本部員会議開催／宮城県知事,厚生労働省へDMATの派遣要請
10 千葉県警広域緊急援助隊に出動指示 25 警視庁広域緊急援助隊に出動指示 45 長野・新潟・山形・山梨,各県警の広域緊急援助隊に出動指示	15 原子力安全・保安院,地震被害情報通知② 30 文部科学省,災害対策本部を非常災害対策本部に格上げ,第1回非常災害対策本部会議を開催 45 文部科学省,原子力災害対策支援本部設置	30 設備の状況を発表	00 福島県知事,陸上自衛隊に災害派遣要請 15 茨城県,自衛隊偵察部隊の出動要請 20 千葉県,第1回災害対策本部会議 47 福島県知事,第44普通科連隊(福島)へ災害派遣要請
00 機動隊員等により構成される緊急援助隊を被災地に派遣 約100人 30 ヘリの応援派遣決定(愛知県警→宮城県,北海道警→岩手県)	15 原子力安全・保安院,地震被害情報通知③ 25 原子力安全・保安院,職員を福島県原子力災害センターへ派遣		10 茨城県,自衛隊災害派遣を要請 32 茨城県,厚生労働省へDMATの派遣要請

18:00		11 首相官邸で与野党協議，菅首相，与野党に協力要請	00 北沢防衛相，大規模災害対処派遣命令(8000名規模) 05 18:30に首相が原子力緊急事態宣言を出すと発表 25 東北方面特科隊(仙台)，27名人員をもって保育所への救出のため出発し，救援活動を実施 26 原子力緊急事態宣言発出の撤回を発表 35 原発災害対応のため中央即応集団110名，化学防護車4両を待機@朝霞駐屯地 45 第2施設団，名取市(宮城県南部)家屋に取り残された10数名救助のため，初動小隊30名派遣／福島県44普通科連隊の80名が福島第一原子力発電所のオフサイトセンターへ出発 50 北海道知事より災害派遣要請受理
19:00		03 官房長官記者会見で，原子力緊急事態宣言を発令したことを発表 23 第3回緊急災害対策本部会議 44 官房長官記者会見．放射能漏れはなく停止中の原子炉問題なしと発表	00 東北方面航空隊(霞目)，UH-1×4機で中野小学校において救出活動実施 10 第6特科連隊(郡山)第1大隊白河市(福島)8名生き埋め者救助のため出発し，救援活動を実施 30 原子力災害派遣命令
20:00	30 1，2，3号機に関し，中操照明確保準備中，M/C水没，2号機に関しては優先的に電源車つなぎこみ待ち	10 官房長官指示．帰宅困難者は公共施設を活用するようよびかけ，全省庁に最大限の施設開放を指示	
21:00	00 消火ポンプを起動し，炉圧が低下したら注入できる体制を執っている 54 2号機に関し，水位計が復帰し，水位L2を確認	52 官房長官記者会見．21:23に福島第一原発半径3km内住民の避難，3〜10km住民の屋内退避を指示したことを発表	20 中央特殊武器防護隊(大宮)の車両7両(化学防護車×4両を含む)が駐屯地を出発
22:00			15 自衛隊80名が現地到着 17 仙台病院に患者20名を収容
23:00	00 1号機に関し，タービン建屋内で放射線量が上昇 30 電源車到着状況		48 東北方面特科隊が仙台市内の避難所にストーブ約260台を搬送

	45　原子力安全・保安院，地震被害情報通知④	30　設備の状況を発表／武藤副社長，現地に到着，同日中にオフサイトセンターに入って指揮をとる	00　岩手県，第2回災害対策本部員会議開催／茨城県，第1回災害対策本部会議 18時台　気仙沼市危機管理課，ツイッターに4件投稿／陸前高田市，秋田や岐阜から日赤医師らが到着し救護所を設置 10　宮城県警，気仙沼市で火災発生と発表
		20　第一原発の状況を発表．周辺に影響なしと報告	00　福島県，災害対策本部会議／千葉県，第2回災害対策本部会議 19時台　気仙沼市危機管理課，ツイッターに投稿 10　茨城県知事記者会見
	00　原子力安全・保安院，地震被害状況通知⑤／消防庁，約10の消防本部から約30隊，約100人以上が出動	00　設備状況を発表 45　第一原発の状況を発表．周辺環境の影響なしと報告	20時台　気仙沼市危機管理課，ツイッターに6件投稿 30　相馬市立谷中市長，姉妹都市の千葉県流山市へ支援要請 50　福島県災害対策本部が福島第一原子力発電所1号機の半径2km以内の住人に避難指示
	00　文科省，地震調査研究推進本部地震調査委員会（臨時会）を開催 14　経産省池田副大臣，福島第一原子力発電所の原子力災害現地対策本部入りのため，防衛省をヘリコプターにて出発 30　原子力安全・保安院，地震被害状況通知⑥ 55　原子力安全・保安院，東京電力の報告を発表．第一原子力発電所の運転状態が不明であり，原子炉水位が確認できないと発表	00　設備状況を発表	00　岩手県，第3回災害対策本部員会議開催 21時台　気仙沼市危機管理課，ツイッターに2件投稿
20　北海道，警視庁，山形，埼玉，千葉，秋田の各県警の広域緊急援助隊（刑事部隊）に出動指示	00　原子力安全・保安院，福島第一原発2号機の今後のプラント状況の評価結果を発表 30　経産省池田副大臣，大滝根分屯基地に到着	00　第一原発の状況を発表．周辺環境に影響なしと発表／第一原発の半径3km以内の住人に対して，国より避難指示が出されていることを報告／電源車が到着したが，プラグとケーブルが合わないことが判明	22時台　気仙沼市危機管理課，ツイッターに6件投稿
41　警視庁（増強），新潟，長野，静岡，群馬の各県警の広域緊急援助隊（刑事部隊）に出動指示	00　原子力安全・保安院，地震被害状況通知⑦	00　設備状況を報告 10　第一原発の状況を報告．周辺環境に影響なしと報告	00　茨城県，第2回災害対策本部会議 03　福島県内堀副知事，原子力センターに到着

第3章　分析の準備　81

誌記事で虚偽の報道がなされて名誉が毀損されたとして訴訟沙汰になることも多い．日表を作成し，自分なりの政策過程に関する解釈をした場合には，全体の流れを変えるような形で週刊誌情報を使わないことが安全であろう．

たとえば，古い話だが 1993 年 12 月に決まったコメの市場開放の政策過程において新生党（当時）の小沢代表幹事が重要な役割を果たしたという指摘が当時あった．雑誌『中央公論』に掲載された黒河小太郎による小説「決断！ コメ・マフィアたちの X デー」である（田勢，1996a に再録）．黒河は田勢康弘が日本経済新聞の政治部記者時代のペンネームである．細部の事実関係も含め，相当程度信憑性が高いと評判になった作品だが，私がインタビューした政策過程の全般にわたって主要な役割を果たした農水省 OB は，小沢の影は「絶対になかった」と断言する．結局，小沢へ確認する手だてがない以上，この解釈を私はとらなかった．

雑誌記事や単行本のなかには事例研究として手がけようと思っているテーマに関して，ジャーナリストや研究者が既に作品を完成させている例も少なくない．最近のものだけに限っても，2005 年に実現した郵政民営化については朝日新聞記者の山脇岳志による『郵政攻防』があり，小泉内閣の役割全体については読売新聞政治部が『自民党を壊した男―小泉政権 1500 日の真実』を書き，民主党鳩山，菅内閣の外交，経済を含む各種政策の過程についても読売新聞政治部が『亡国の宰相―官邸機能停止の 180 日』を出版している（山脇，2005；読売新聞政治部，2005；読売新聞政治部，2011）．私も 06 年の秋から 07 年のはじめにかけてメディアを賑わした政府の金融機関の統廃合問題について国際協力銀行に焦点を当てた一作を著した．『解体―国際協力銀行の政治学』である（草野，2006b）．菅内閣と原発事故に関してはノンフィクション作家の柳田邦男がより広い視点から『「想定外」の罠―大震災と原発』を出版している（柳田，2011）．こうした質の高いノンフィクションは教室では次のように利用可能である．これらの作品に溢れた豊富な情報を，後に紹介する「アリソンの第二モデルで説明するとどうなるか」など，学生への質問として使うのである．

ところで，そうした資料を効率よく収集するにはどのような方法があるのだろうか．雑誌記事索引で検索した上で，公共図書館に出向き，コピーをするというのが以前のやり方だった．しかし，現在では，ネットからとれるものも多

い．探している論文等がどこで入手可能か事前に十分調べておきたい．ただし古い時代の週刊誌記事は，私の知る限り，雑誌記事をジャーナリストや研究者向けに公開している大宅壮一文庫しかない．しばしば利用した経験がある．各種の専門図書館，たとえば東京港区大門の自動車図書館，日本経団連レファレンスライブラリーなども問題によっては重要なアクセスポイントである．意外な一次資料がみつかることもある．この水準になると，学生の期末レポートの要求水準を越えており，卒論や修士論文，学会誌，紀要，その他雑誌用論文執筆の際の資料検索である．

一次資料

　官庁資料をはじめ，新聞に報道されない情報は多い．前述のように官僚がマスメディアに配布する情報の多くは取捨選択されたものであり，その内の一部が新聞や放送を通じて国民の目に届く．関係諸機関をまわって，ジャーナリストと同様の手法で，より重要な，秘匿度の高い資料を収集することも大切である．ただし，情報公開請求を行う手間を厭わなければ，5年，10年などの保存期間を過ぎていなければ一次資料が入手できる．もっとも，政策決定を行った証拠となるような肝心要の情報は，なかなかお目にかかれない．どのように目的の文書を探してよいかわからない場合は，政府の省庁横断的な文書検索である「電子政府の総合窓口 e-Gov」(http://www.e-gov.go.jp/)にアクセスし，およその文書を特定し，各省庁の情報公開窓口に出かけるかウェブで申し込めばよい．申し込みを行った場合，探している文書がどのようなものか申請者に電話で聞いてくる場合もある．以前に比べるとずいぶん各省庁も親切になった．利益団体の情報は，市場開放にかかわる TPP など，特定の業界が既得権益を奪われる可能性や，別の業界にとり新たな利益の可能性のある問題では，資料が比較的容易に出てくる傾向にある．私の業績としては初期に属する『大店法　経済規制の構造―行政指導の功罪を問う』(草野，1992)の取材過程では，商店街の役員に何度か足を運び，信頼関係を築いた上で，出店側と反対する商店街の話し合いに関する議事録を全てコピーさせてもらった．もう時効だろうから記すが，私の修士論文では，どうしても知りたかった台湾側の動向について，1958年当時中華民国大使館の書記官を務めていた外務省 OB に，外交文書を

確認してもらったということもあった．山一証券への日銀特別融資問題でも，取材過程で日銀による，事の顚末を細部にわたり記した資料を入手できた．情報入手の要諦は粘りというのが私の結論である．

　当事者へのインタビューも可能であれば行いたい．とりわけ，古い問題では新聞報道そのものが少ない場合もあり必要になる．新しい問題では，面会を断られる場合も少なくないが，これも熱意を示すことが肝要である．運良く会えたならば，次に面会すべき人に紹介を頼む手もある．実際に誰に会うかであるが，これはすでに作成された日表で確認するのが第一である．人物を特定できない場合には，私がよく利用した方法だが，取材した新聞記者にインタビューするのである．記者はすでに終わった問題だから，丁寧に教えてくれるはずである．しかし，当事者はもちろん，記者とのインタビューでも重要なことは，事前にその問題の概略は把握していることである．できれば日表が完成していることが望ましい．それでなければインタビューは必ずといってよいほど失敗に終わる．それは，何より，的確な質問ができないということだし，相手もこちらが勉強していると思えば，いい加減なことは言いにくくなるからである．インタビューで話を聞けたと思って有頂天になってはいけない．メモを振り返り，インタビューの中身の検証は怠るべきではない．都合のよいこと，自慢話しか聞かせてくれないことも多いからだ．なお，録音は相手の同意を得てからというのが鉄則だ．

　インタビュー同様の限界があるのが当事者の回想録である．政治家が選挙民向けに，いかに政府や国会で活躍したかを記した回想録に辟易した記憶がある．保阪正康が『政治家と回想録―読み直し語りつぐ戦後史』（保阪，2006）で対象にしたような回想録がもっと出てほしい．

　なお当事者へのインタビューの方法論などについては，オーラル・ヒストリーを書名に冠した数多くの書籍が入手可能だ．専門の学会もあり興味のある方はネットで検索するとよいだろう．

第4章　分析の手法(その1)

モデルのイメージ

　ここからは分析に使用するモデルについて説明しよう．注意しなければならないのは，自然科学とは異なり，厳密な意味でのモデルではないということである．どちらかといえば，政策過程を分析する際の枠組みといった性格が強い．たとえていえば，同じ物体が違って見えるサングラスや，カラーのコンタクトレンズ，望遠鏡を想像すればよい．あるいはしばしば「様々な見る角度によって景色は違って見える」という言い方をする場合の，「様々な角度」がここでいうモデル，分析枠組みあるいは仮説と考えればイメージが湧くかもしれない．

細谷モデル

　具体的にどのようなものをモデルと呼んでいるのか，比較的わかりやすい例から説明しよう．日本の対外政策過程の構造上の特徴について，戦前については円錐台システム，戦後については三脚柱システムを提唱した細谷千博によるモデルがある．つまり，数多く決定され，実施されてきた日本の対外政策の過程上の特徴は，どれについてもおおよそそうしたモデルが包含する仮説によって説明できるというのである．

　細谷はシベリア出兵，満州事変といった限定的な武力行使のケース，また日独伊三国軍事同盟の締結といったケースなど戦前の日本の外交政策過程の分析を重ねた結果，軍部，外務省の中堅層の決定システム内部での牽引力の強さが極めて強かったことを発見した．明示的には述べていないが，繰り返し中堅層の影響力の強い政策決定がなされたというのである．つまりここでの経験的仮説は「戦前の日本の対外政策決定システムでは，トップの政策決定権能が弱く，

ミドルとくに軍部のミドルのそれが，相対的に強いという，かなり特異な構造パタンが見られ」るということになる（細谷，1977，4頁）．言い換えれば，戦前の日本においては，外交問題について，政治的なリーダーシップを発揮したり，政府内部の多元的な意思を調整・統合する能力を備えた政策決定者をトップに持ち得ないシステムがあったということになる．そのようなシステムを細谷は円錐台になぞらえて，円錐台システムと呼んだ．

　そうした状況がうまれたのは，満州事変以降急増した軍事費などを背景とした軍部の発言権の強まりの結果であり，統帥権の独立と現役武官大臣制がそれを補強した．加えて，陸軍，海軍さらには外務省の中堅層が強硬姿勢で結束を固めており，しかも意思決定に重要な役割を果たしていたからであった．

　これに対して，1951年に講和条約を結び，再独立を果たした日本の対外政策過程の構造上の特徴について細谷はどのように変化したと見ているのであろうか．しばしば日本の政治構造を説明する際に用いられる，政府・与党指導者，官僚上層部，財界（経済界）指導者が大きな影響力を発揮するといういわゆる三位一体モデル（細谷は《トロイカ・システム》モデルと呼んでいる）では，不十分だとする．代わって「自民党，官僚，財界の三つのエリート集団は，首相を中核とする政策決定単位に対して，補佐，助言者集団を構成し，いわば三本の「支柱」としての位置をしめている」と見るほうがより説明能力が高いとしている（同上，5頁）．

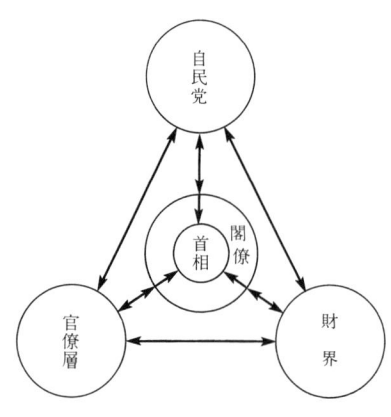

　これを三脚柱システムと細谷は名付け，自民党，官僚層，財界（経済界）の三集団の間には，いわば水平的な相互作用があり，これらと最終的な決定単位との間には垂直的な相互作用があるとする（図4）．実質的な最終決定単位はイシューの種類と重要性によって異なるが，首相と有力閣僚，それに場合によって高級官僚，あるいは与党指導者を加えて構成されるとしている．

図4　三脚柱システム

　戦前の円錐台システムが三脚柱シス

テムに変化したのはどのような理由によるのであろうか．細谷によれば，戦後になって，外交案件の処理は行政府に委ねられ，首相にも戦前と異なり国務大臣の罷免権も与えられたことが大きい．こうした制度的変化に加え，国際政治と国内政治の境界の不分明状況は，外務省や外務大臣に専ら外交を委ねることを困難にし，首脳外交に見られるように，首相のリーダーシップを必要とする事態を多く生み出すことになったという．さらに，イシュー自体も複雑化・多様化し，そのために対外政策決定過程で活動するアクターも増加したため，首相の統合・調整能力の必要性をさらに高めるに至ったとしている．

　細谷は三脚柱のそれぞれについても，説明を加えている．まず与党自民党（当時）であるが，自民党の役割は一般論としては，「官庁の提供する情報や助言にほとんど全面的に依存」せざるを得ないほど弱い．しかしイシューの性質によっては，具体的にはイシューが政治化の度合いを大きくするにつれて，政策決定過程における自民党の役割は増大する．政治化されたイシューとは，関心層のみならず一般大衆の関心をも惹起しているイシュー，国会での激しい与野党間の対立・緊張を産み，国内的議論の対象ともなっているイシュー，国民の日常生活との関連が極めて緊密なイシュー，党内の派閥抗争，資金調達との関わりが大きいイシューを指すとしている．細谷がこのモデルを提唱して十数年が過ぎた1990年代初頭，国連平和維持活動（PKO）への自衛隊参加の問題，コメの市場開放問題が日本外交の争点として，国民的論議をよんだ．そして，たしかにこれらの問題では，与党の役割は大きかった．以上のような政権与党の役割は，2009年9月の政権交代でも変わらなかった．政治主導を標榜した民主党政権は結局，官僚からの情報なしに政策を立案，決定することは困難であったが，その一方，環太平洋戦略的経済連携協定（TPP）の問題が典型例であるように国内的議論の対象となっているイシューについては，自民党時代のコメの市場開放問題と同様に，農業団体や医師会などの利益団体の陳情を受けた民主党の役割が大きかった．国連PKOへの自衛隊の参加に拒否反応が少なくなった2011年12月には南スーダンへの陸上自衛隊施設部隊の派遣が野田政権で閣議決定されている．菅内閣では，北沢防衛相が東日本大震災やハイチPKOへの派遣で人員が割けず自衛隊の施設部隊の派遣は困難と8月9日に潘基文(バン・ギムン)国連事務総長に慎重姿勢を示した（危険な南スーダンへの派遣に防衛省はそもそも

第4章　分析の手法（その1）　87

消極的であった)．これに対して，野田内閣では，首相自身が，また与党民主党の前原政策調査会長が積極的である一方，防衛問題については「素人」と自ら認めた一川保夫防衛大臣には定見がなかった．結果として，与党が防衛省を押し切った形となった．そう考えれば，与党は民主党政権下においても，自民党政権と同様の役割を果たしているといえよう．

　官僚機構の中で対外問題について首相への公的助言者の位置を占めるのは外務省であり，日常的な対外問題であれば，外務省の機構内で，担当の局・課が，先例・規則にしたがってこれを処理する．また非日常的であっても非政治的な問題であれば，多くは関係部課間の協議や，幹部会での意見交換を通じて合意形成がなされてゆく．しかし問題の政治化の度合いが進むにつれて，外務省の役割は後退し，首相の指示を直接受けたり，与党の介入が増え，問題の合理的処理が困難になる．さらに経済的なイシューであれば通産省(経産省)，大蔵省(財務省)，農林省(農林水産省)，運輸省と建設省(国土交通省)など他の官僚機構がアクターとして参加してくる．そしてこれらの各省庁の間で，意見の対立・調整をめぐる官僚政治が展開される．

　外務省の思惑通りには進まないという意味で，以下の例は細谷の指摘とも合致する．政権交代直後の2009年9月22日に，鳩山由紀夫首相は国連総会で演説し，温室効果ガスを1990年比で2020年までに25%削減することを目指すと表明した．それは，国際的な要請に敏感な外務省が，省益増進の好機ととらえた環境省とともに，消極的な経産省や経済界を説得してまとめた旧政権の方針を大きく逸脱するものであった．当然，日本の経済界からは反発が，国際社会からは賛同が寄せられた．鳩山首相の強いこだわりで外務省や環境省との十分な調整なしに演説が行われたこともあり，その後，実現のための法的措置を急ぎとるべきとの声はあがることはなかった．

　与党の意向が外務省の背中を押した例もある．慎重，消極的といわれた外務省を政権与党だった自民党がリードしたのは2005年3月の小泉内閣による08年4月以降の対中国円借款の新規供与停止の決定である．経済発展を遂げた核保有国に対してなぜ政府開発援助(ODA)を行う必要があるのか．小泉内閣以前から自民党内にはこうした批判が燻っていた．そこに首相の靖国神社参拝に端を発する中国の反日デモが起こり，世論の反中感情は一気に高まり，その余

波は対中ODAとりわけ巨額の資金を貸しつける円借款に押し寄せたのである．こうした中国批判に対して，円借款は日中関係の象徴であり，中身も環境案件にシフトしつつあると，外務省や党内親中国派は防戦一方であった．しかし，04年に外務大臣が親中的とはいえない町村信孝に代わり流れが変わった．外相就任直後に開かれた日比谷公会堂での小泉内閣のタウンミーティング（04年10月3日）で，有人宇宙飛行を行う中国に対して援助を行う必要があるかとの会場からの質問に対して，町村は日本にとってもプラスだと述べる一方，「いつまでも中国に対して援助し続けていくとは考えられない．いずれ中国が日本のODAから卒業する日がくるものと予想される」と述べたことを同席していた筆者はよく記憶している．世論を背景に与党の意向が官僚ベースの外交政策に強く反映された例といえよう．

　財界（経済界）について細谷は，公的な政策決定機構外の集団として影響力を発揮する，政策決定者の「国内環境」ととらえており，それが機能するのは政治資金と人的結びつきがあるからだと説明する．また経済摩擦のような場合でも個別利益の実現を図ろうとして行動する業界とは異なり，むしろ利害の相剋する特定業界間の利害調節をその任務とし，裁決者的な役割も演じると見る．しかし，与党，官僚に比べて，個々の外交案件への直接の関与度ははるかに少なく，政策決定過程でのアクターとしての行動力は相対的に弱いとしている．

　日本の外交政策の過程上の特徴を簡潔に，しかもわかりやすく説明したという意味では，この細谷モデルは説得力は高いであろう．とりわけ戦前のそれについては，円錐台システムによる解釈は定説である．もっとも戦後に関しては，あるべき姿として，三つのアクターはあくまで首相の助言者としての役割を果たすと期待されたとしても，実際には外務省以外の省庁（経済外交においては経産省）や与党が突出する場合もあったことは既に述べたとおりである．現在では，さらに国際間で議論される事柄も多様化，複雑化しており，たとえば金融外交を財務省に代わって外務省が担えるとはとても思えない．とはいえ細谷のモデルが前提とする，官僚，外務省が助言者としての役割を忠実に果たした最近の事例もある．国連安全保障理事会常任理事国入り問題における外務省の真剣さがそれである．国連分担金，PKO分担金など安保理常任理事国に比べて多額の負担をしているにもかかわらず，政策決定に直接たずさわれず，情報

も少ない．日本は時折まわってくる非常任理事国どまりである．これを何とかしたい．国連で安保理改革の議論が高まった2005年にはドイツやブラジルとともに懸命に集票工作を行ったが，改革論議がそもそもまとまらず，悲願の達成はならなかった．中国，韓国が反対である以上，その実現可能性は極めて低く，政党もメディアも世論もあまり関心がないことが外務省の積極さを際だたせた．歴代の首相がこの問題に政治生命をかけたと聞いたことはなく，外務省は助言者としての役割を逸脱したと批判することもできよう．

　外交が経済的な相互依存関係の進展に伴い複雑化し，国内のアクターも増加したため，首相の調整・統合能力が必要となったとの指摘は現在においても正しい．しかし歴代の首相の多くは，既得権益を維持しようという業界や族議員の壁に阻まれてその力を発揮できなかったという点も見逃すわけにはいかない．あれほど就任の記者会見や所信表明演説でTPP参加への強い意欲を示した野田首相も，党内調整に自ら乗り出すことはなく，最終的には反対派に考慮し「交渉参加に向けて関係国との協議に入る」(11月11日記者会見)，「何が何でも，国益を損ねてまで参加することはない」(11月15日参院予算委員会)とトーンダウンしてしまったのである．もっとも，与党と合意した「交渉参加に向けて」との文言は，交渉参加と何ら変わりはなく，野田首相のしたたかさを表したものとの見方もある．

　田中首相の日中国交回復や，中曽根首相の対米外交など，首相のリーダーシップが発揮された1970年代，80年代とは政策過程における情報環境一つとっても，大きく異なっている．テレビ，インターネット等を通じた情報提供により，政府や政治家が独占していた情報を一般の人々が容易に入手できるようになり，首相を含めた政府に対する監視の目は格段に厳しくなった．もちろん首相に「正しい」政策を実行する覚悟があれば，その目的に向かったリーダーシップ発揮は可能である．それでも一般論としては首相のリーダーシップが発揮できる余地は，小さくなっているともいえよう．2002年9月の小泉首相の北朝鮮訪問による日朝平壌宣言は条件が重なった例外である．

　拉致被害者5名の帰国を実現した小泉首相の北朝鮮訪問は，事実上の小泉の特使(田中均外務省アジア大洋州局長)が北朝鮮側と極秘裏に接触を重ねた結果であった．国交がなく核開発を進める北朝鮮訪問は事前に公になれば，党内は

勿論，国内から厳しい批判を招くことは明らかだった．首脳会談で金正日国防委員長は公に日本人拉致を認め，間接的ながらも謝罪した．調印された日朝平壌宣言では，地域の平和と安定のためにも，両国が懸案事項を解決し政治，経済，文化関係を樹立することが必要だと述べていた．敵対的な関係から友好的な関係へ．日本国民を驚かせた小泉訪朝は米国には違和感が残った．直前の日本からの通告に対して，慎重な行動を求めたといわれる．以上のように小泉訪朝は首相の指導力が明白にみてとられた最近では珍しいケースだといってよい．

残念ながら前述の情報環境に加え首相の指導力を阻む状況が生まれている．衆参両院の多数会派が異なるねじれ国会の下では，小泉首相のような指導力を発揮しようとしても難しい．衆議院で内閣不信任案を可決できるだけの数を野党会派が揃えることはよほどのことがない限り難しいが(与党が分裂すれば別)，参議院では多数会派が，法的拘束力はないものの政治的意味をもつ首相や他の閣僚に対する問責決議案を提出し可決することは可能である．政権交代の起きる前の安倍晋三内閣以来，問責決議案可決が常態化している．可決されれば，内閣は著しく弱体化し，法案審議は与党の考えるようには進まなくなる．こうして，与党内で次の首相候補選びがはじまる．首相の在任期間がますます短くなりつつあるのは，選挙に勝てる看板が欲しい議員心理に加えそうした理由からも説明できる．森喜朗，小泉純一郎，安倍晋三，福田康夫，麻生太郎，鳩山由紀夫，菅直人，野田佳彦と，2001年以降の10年間で，日本の首相は8名を数える．そのうち小泉首相が5年半務めていることを考えれば，如何にその他の首相の在任期間が短いかは敢えて述べるまでもない．これでは首相が指導力を発揮しようにも発揮できる状況にはないといってよいであろう．

財界(経済界)の役割については，前述のように三脚柱の中では弱いと細谷は指摘したが，その後，さらに影響力は低下しているように思われる．たとえば，前述の対中円借款問題で，日本全体の経済的利益を考えれば断固継続すべき，といった公式な見解は聞かれなかった．それには，産業構造の変化による鉄鋼，電機，電力など主要産業の影響力の低下といったことも関連があるのかもしれない．政権交代で民主党政権が誕生した際には，企業からの献金の原則禁止を掲げた民主党と経済界の関係はぎくしゃくしたものとなった．自民党政権の場合，大企業を中心とした経済界が日本経団連(旧経団連)として支援してきたの

と比べて違いが目立つ．もっとも，グローバル化した現在の世界では，民間企業は政府の政策の強い支援を受けずともビジネスは出来ると考えている．もちろん政府の政策変更を求める場合もある．国際的にみて高すぎる法人税率を引き下げなければ諸外国とはとても太刀打ちできないというのが企業側の主張であり，平成23年度からの実効税率5％引き下げを実現させた（東日本大震災復興関連で事実上凍結）．

　細谷のいう三脚柱システムのモデルがどの程度説得力があるか，事例を用いて実証的に説明を試みることは十分可能である．その結果，今でも十分にこのモデルは通用するということになるかもしれない．たとえば，ある外交政策の決定をめぐり，首相を中心にして，三つのアクターが細谷の言うような関係にあったか，あるいは与党，官僚，財界（企業）の間の水平的な相互作用は見られたのかどうかなどを検証するのである．水平的な相互作用というが，それは官僚機構から企業への天下りのような構造的なものをさしているのか，そうではなくて個別具体的な事例において，問題解決のために両者の間に情報交換が密接であるという意味なのかなど，仮説を再定義し，検証してみる価値もある．

　以上のように分析にあたり既存のモデル，枠組みを利用することは，出来事を時系列に単に並べ特徴を整理するのとは異なり，構造上の特徴についてあらかじめ「目安」（この場合仮説）をつけて観察するという演繹的な手法となる．もちろん，そうした方法に代えて，帰納法による分析を行っても一向に構わない．

福井モデル

　政策過程に関するモデルは，本来国内政治に関する制度論的アプローチを批判した行動論者が提唱したものであったが（宮川，1995，6章），ここでは，そこまで戻っては議論しない．政治を学び始めた人々にイメージをつかんでもらうために，細谷モデルが扱った日本の戦後の外交政策過程に関して，さらに別の研究者によるモデルを紹介したい．

　政策決定過程モデルには日常型，危機型の相違がある．日常型というのは，細谷モデルでも触れられていた，日常的に行われる非政治的なイシューに関する決定の過程である．例えば，外務省における国際協力業務の大半は，通常，

事務官レベルで対処可能な業務であることから非政治的なイシューとして位置づけられる．領事業務，対外広報，諸外国の内政に関する情報収集などもそうした日常的に行われる非政治的イシューに関する決定といえよう．

そうした日常型モデルの仮説は次のようなものである．決定を行うまでの手持ち時間は比較的あり，問題はおおよそ予測のつく範囲内のものであり，決定を仮に先送りしたとしても（直ちに決定を行わなくとも），国家にとり，重大な事態が発生するとは考えられないような問題についての決定過程のタイプである．一般的にいって，そうした問題は官僚の日常業務の大半を占めている．もちろん，問題によっては，その種の決定であっても，早急な決定を行う必要のあるものもある．

日常型モデルの対極に位置するのは危機型モデルである．つまり，決定を急がなければ国家に重大な支障をきたすおそれがある（脅威認識）．またその出来事は予測し得なかったか，予測が極めて困難であり（意外性），決定者に与えられた手持ちの時間は少ない（緊急性）といった点がその特徴である（Hermann ed., 1972）．そして，ポイントの一つであるが，日常型では決定に携わる人数は多く，他方，危機型では少数である．

福井治弘が提唱する非常時型モデルとは，日常型と危機型の中間に位置し，戦後日本の「特異な政治的環境の中で，特定の外交問題をめぐって生じた極度に激しい論争と緊張の状況下で見られた一つの決定パターンを抽象化し，一般化したもの」であり，決定参加者のパターン，参加者の行動パターンの類型化を中心としているが，以下にそのポイントを箇条書きにしてみよう（福井，1975）．

① 一方で，問題をめぐる一般的論争に政党，ある種の圧力団体，マスコミ，市民グループなどが広範に巻き込まれる．
② 政府部内における決定過程の参加者の数は非常に少数であり，首相が中心的な人物として，論争における一方（積極派）の旗頭となる．
③ 首相の助言者集団は与党の有力者など少数の政治家，官房長官，外務大臣，外務官僚などの高級官僚だが，時として問題になった特定の政策のみにマスコミや学者，野党議員など不特定な個人やグループが参加する．
④ 非常時型のパターンの特徴は，論争の決定外縁における関心と参加の拡

散であり，同時に決定中心においては，最高政治指導者とその助言者からなる小グループによる集権的支配と統制である．
⑤ 決定参加人数が少ないため，また参加者間関係の非制度的で個人的な性格のために，決定者集団は高度の柔軟性と状況適応性を発揮する．
⑥ 日常型決定は，制度化された硬直性，保守主義，明白な選択の回避，全会一致の原則の尊重，手続き上の妥当性の重視によって特徴づけられるが，⑤で見たように，特定政策ごとに成立する一時的な小決定者集団の行動を中心として展開する非常時型の決定過程はそれとは正反対である．積極的行動性，革新性，標準事務処理手続き（SOP）の無視，恣意的で上から押しつけられた決定の受諾，明確な責任の帰属などがその特徴である．
⑦ 非常時型では，主要な決定は一般に首相が発するために，日常型に比べて，はるかに明確かつ効果的な権力序列と命令系統が示される．
⑧ 参加者が少ないために，決定過程における首相をはじめとした人物の個人的価値観，目的，利害，スタイルといった要素が重要となる．したがって非常時型決定の過程は，少数の政治指導者の個性と個性とのぶつかり合いの関数であるといってよい．

以上のような仮説からなる福井モデルは，戦後の日本の外交政策決定過程のいくつかの実例に基づいた経験的なモデルだとしており，その例として，1951年のサンフランシスコ講和条約，1956年の日ソ国交回復，1960年の日米安保条約改定，1972年の日中国交正常化などをあげている．いずれも現状変更を求める動きが少なくとも象徴的には首相からはじまり，そうした上からの圧力が少数の政治家，高級官僚などの手で政策化され，実施されてきたとみる．佐藤内閣によって実現された沖縄返還に至る過程も同様の特徴を示していたという．

たしかに，1970年代までの主要な外交案件の処理過程を振り返ると，福井モデルがかなりの説得力を有していることがわかる．問題はその後の外交政策の決定過程において，こうしたモデルが想定する仮説に合致する特徴が見られたかどうかである．

第一に，日本の国際的地位が，この福井論文が発表されて以降，大きく変化

し，福井モデルが主として念頭においた国交正常化などの外交案件は北朝鮮との関係を除けば実質的に片づいたこと．つまり非常時型のいう「特定の外交問題をめぐって生じた極度に激しい論争と緊張の状況」が，湾岸戦争を契機とした国連PKO参加をめぐる問題以外に，そもそもほとんどなかったことが指摘できる．

　第二に，第一とも関連するが，TPP問題など自由貿易協定が一例であるように，外交政策において関係者が多数にのぼる経済問題が増加し，福井のいう非常時型が想定する少人数の利害関係者の参加とトップダウンの決定，指導が難しくなったこと．つまり，論争は外縁で行われ政権中枢に与える影響は間接的なものに過ぎなかった以前とは異なり，利益団体がカメラのある前で活発に政権や与党議員に働きかけることが珍しくなくなったことが指摘できる．

　第三に，仮に非常時型の前提とする状況が存在したとしても，中曽根首相のように外交問題に関心があって，指導力もあり，周到な準備を重ねて首相の座にのぼりつめた人物がいなかったことがあげられよう．1980年代以降の首相の多くはどちらかといえば調整型，あるいは指導力の必要性は感じつつも発揮できずに終わったパフォーマンス型であった．以下の事例はどうであろうか．

　1992年6月，日本の国際平和協力の歴史でターニングポイントとなる出来事があった．国連のPKOに自衛隊等が参加する法案が可決されたのである（国際平和協力法）．その前年，イラクのクウェート侵攻に端を発する湾岸戦争に，海部俊樹内閣は自衛隊の参加を模索したが，反対の声が強く実現には至らず，多国籍軍への財政支援に留まった．当時，野党はもちろん自民党内にも自衛隊の海外派遣に根強い慎重論があり，こうした選択肢しかなかった．ところが総額130億ドルにのぼる日本の財政支援に対する国際的な評価は低かった．湾岸戦争後，クウェートが米国紙に掲載した感謝広告に日本の名はなかったことにそれが表れていた．海部内閣に続く宮沢喜一内閣はこうした状況を踏まえ，社会党が牛歩戦術をとり反対するなか，法案可決にこぎつけるのである．実は宮沢自身，自衛隊の海外派遣を積極的に推進してきた過去があるわけではなかった．どちらかといえば，後藤田正晴元官房長官ほどでないにせよ慎重論であった．しかし宮沢内閣としては，国際的要請や，日本の国際的地位も考え，この法案を成立させようとしたのである．こうした経緯を考えれば，福井のいう外

縁では反対論を含め多数の関心を呼んではいたものの，モデルの想定する首相の強いリーダーシップはみられず，むしろ宮沢は周囲の状況から総合的に判断して自衛隊の海外派遣にゴーサインを出したとみるべきであろう．

　一般論として言えば，政策過程におけるメディアの果たす役割が大きい現在では，一般的な関心が高く，他方，政策決定者は少ないという福井モデルの前提は想定しにくい．とはいえ福井モデルが全く説明力を失っているわけではない．仮説のセットが細谷モデルに比べると複雑だが，丹念に探せば，このモデルに合致する事例はあるはずだ．また，外交案件に限らず，国内問題にまで視野を広げれば，その可能性はさらに高まるであろう．

　実は，小泉内閣が 2005 年に実現させた郵政民営化法案成立の過程は，積極的行動性，革新性，標準事務処理手続き（SOP）の無視，恣意的で上から押しつけられた決定の受諾，明確な責任の帰属など，福井モデルの非常時型の特徴を明白に示していた．小泉首相が何より積極的だったし，与党自民党の政策決定の慣例であった全会一致方式を無視して多数決とし，反対派を除名処分にまでしている．

　以上のように，細谷，福井の二人のモデルは，政策過程に誰が参加するのか，参加者はどのように行動するのか，参加者間の関係はどのようなものかなどに焦点を当てて類型化したものであった．しかも外交政策過程という対象領域を限定したモデルであった．しかし，外交政策は公共政策の一分野であり，その他の国内政策についても同じモデルで説明できることは，郵政民営化の説明から明らかであろう．民主党政権において実現されるのかどうか注目が集まる消費税率の引き上げ，社会保障と税の一体改革などは，果たして福井モデルで説明可能であろうか．

　政策過程モデルというものの内容はおおよそこの二つのモデルを学ぶことで理解できたのではないだろうか．そこで次のようなことを是非試して頂きたい．比較的詳しく政策過程が描かれている事例研究を探し，読み終えた後に，構造上の特徴を整理してみるのである．教室では鈴木内閣に始まり，中曽根内閣で実現が具体的に決まった国鉄の分割，民営化について私が書いた『国鉄改革―政策決定ゲームの主役たち』（文庫化に際して『国鉄解体―JR は行政改革の手

本となるのか?』に改題)を利用した(草野,1989a).いささか古い事例のように思えるかもしれない.しかし,既得権益を解体することが如何に困難かは公務員制度改革の停滞を思い起こせば明らかであり,その意味では,既得権益の解体を実現した国鉄分割民営化の過程分析から学ぶところは多い.

政策事例3

事実上の破産状態にあり,労使の対立関係も深刻化していた国鉄の改革は,1981年3月,鈴木内閣の下に発足した第二次臨時行政調査会(審議会)の議論に始まる.後に首相となる中曽根は行政管理庁長官として,この改革のための議論を見守る立場にあった.82年7月には,臨調は国鉄の分割,民営化の基本方針を固め発表するが,こうした大胆な方針決定には,自民党運輸族,国鉄内部,臨調事務局内の改革派の結束が大きな影響をもった.中曽根内閣は,分割,民営化の答申を受けて,それを実行するための組織,国鉄再建監理委員会(八条委員会としての審議会)を設置し,具体案をまとめさせた.85年7月には答申がまとまり,現在のJR6社体制が事実上決まる.

すでにここまでの過程で,当初否定的であったマスメディアの大半,それに世論は改革の必要性に賛成し,自民党内の国鉄応援団もやむを得ないと考え始めていた.最後まで抵抗した国鉄内の現状維持派もこうして後ろ盾を失った.中曽根首相が改革の実現に消極的と見た総裁を更迭したこともおおきかった.元来,国鉄改革反対の急先鋒であった国鉄労働組合の内,動力車労働組合(動労)が,民営化必至として,改革派に転じたことも重要な要因であった.したがって,本来立法府としてこの議論の中心的役割を果たすべきであった国会では,たいした抵抗もなく法案が成立した.87年4月,改革の議論を始めてから6年余りで国鉄の分割,民営化は実現した.

極めてラフなスケッチだが,国鉄改革の政策過程の事実関係は以上のようなものであった.これを頭の隅において,私の『国鉄改革』を読んだ学生のレポートに目を通して頂きたい.細谷モデルや福井モデルと同様に,政策過程への参加者,参加者の行動パターン,参加者が議論を行ったアリーナ(場)について整理している.このレポートでは,学生自身が別の機会に調べたパイロット自治体制度の政策過程の特徴と比較して論じている点も興味深い.

─── 学生の読後感 ───
『国鉄改革』を読んで

1　政策決定過程の整理
私は「国鉄改革」における政策決定過程を以下の段階に分けて整理した．
1. 改革すべき問題として捉える（内閣，臨時行政調査会を発足させる）
2. 現状での弊害，改革の必要性を指摘，それを認知させる（第二特別部会）
3. 現状を変えることについての意志決定（臨調第三次答申）
4. 改革は，どこが主体となって進めるのかについての意志決定（国鉄再建監理委員会設置法案）
5. 改革の内容についての意志決定（国鉄改革法案）

2　4つの視点
私は『国鉄改革』から，「アクター」，「アクター間の力関係」，「非公式協議，非公式情報の重要性」，「宣伝力の重要性」という4つの点をポイントにして，政策過程に関する仮説をまとめてみることにした．
- アクター
  —— あることを改革すべき問題として捉える最初の働きをするのは，世論である．（審議会をそもそも発足させるのは，内閣の意向によるものだが，これは，遠隔的にだが世論による問題意識というものが働いている．内閣内や官僚内からいきなり問題意識がでてきた訳ではない．）
  —— 審議会のメンバーの顔ぶれにより，審議会のもたらす成果は大きく影響を受ける．
  （内閣や議員，官僚といった既にポジションに固定されている政府の人間と違い，審議会のメンバーはいわば新規採用であり，また，かなりの自由裁量に基づいた選び方ができる．このメンバーの選定の自由度が，政治にダイナミズムを与え，最終的なアウトプットとしての政策にも大きく影響を与える．）
  —— 審議会メンバーだけに限らず，審議会に関わる官僚，政治家の，この問題に対する態度，姿勢は重要．
  —— 世論の果たす役割は大きい．
  （政治家は世論の動向を気にするので世論に対立するような主張は自粛されがちになる．）
- アクター間の力の関係
  —— 政策決定ゲームの中に絶対的な主役はいない．

（この人さえ通しておけば後は心配ないといったような，絶対的なリーダーはいない．自民党内，あるいは内閣，審議会，官僚といった組織のどの中にも，全ての組織を超越し，政策決定を牛耳るようなリーダーはおらず，また，自民党内においては，族議員，派閥ごとにそれぞれのポリシーをある程度自由に持てていたといえる．従って，政治の外の人間が政策へ影響を与えたい場合，自民党内の多数のチャンネルを利用することができる．）

・非公式協議，非公式な情報の重要性

（臨調や部会内部のコンセンサスや関係者への説得は，公式な場所ではなく，事前の非公式な場で行われ，また，各アクター間を流れる情報も，公式なルートをとらず，個人的情報として特定のアクター間に流れるケースがよくあった．）

・宣伝力の重要性

（この国鉄改革のプロセスにみられるように，世論を味方につけることは，非常に重要で，そのためには，政策決定アクター達がマスコミというメディアを通じていかに自分の主張の正当性をアピールできるか，ということにかかっている．加藤寛氏や屋山［太郎］氏がマスコミ各紙で国鉄改革の必要性を訴えたことは大きな意味があった．）

3　補足・パイロット自治体制度導入と国鉄改革の比較

私は，以前，他の授業で，地方自治推進に向けた重要な制度として注目されたパイロット自治体制度がどのようなプロセスを経て生みだされたのかについて調べたことがある．この制度も，審議会という組織によって提案されたものだが，こちらの制度導入は，改革者の立場からみて，国鉄改革のような成功は収められなかった．昨年［1994 年］亡くなられた鈴木永二第三行革審会長もこの点について苦心されていた．国鉄改革と比較して，なぜ，この制度導入が難しかったのか，その要因を以下の2つにまとめた．

・官僚の抵抗が国鉄改革と比べて非常に強かった．

国鉄改革に対して一番抵抗するはずの運輸省は，実は国鉄に対してコンプレックスまであったという．国鉄は，いわば官僚の外部であるので，この改革は，官僚にとっては内部改革の痛みがほとんどなかったといえるのではないだろうか．それに対して，パイロット自治体制度導入の目的は，地方自治を推進し，中央の影響力を少なくするというものであったので，各官庁は，国鉄改革の時に比べて，改革に抵抗する強いインセンティヴがあったといえよう．

・世論の盛り上がりがあまりなかった．

国鉄改革の時には，機を同じくして，国鉄の不祥事が起き，また，審議会に携

わる人々の投稿記事などもマスコミを賑わしていたのに比べて，パイロット自治体等の地方自治を巡る改革については，それほどまとまった世論のうねりというものはなかったといえるのではないだろうか．

また，一般市民にとって，現在の中央集権体制の弊害や，地方自治強化の必要性ということは，日常生活に密着していた国鉄の問題より疎遠であり，分かりづらいということもあるであろう．また，地方自治を推進する上での受け皿の問題も含めて，地方自治推進の複雑さ難しさを理解した上での現実派もかなりいたかもしれない．

第 5 章　分析の手法(その 2)

モデルの基礎

　前章で紹介した二つのモデルは，それぞれ対外政策の決定過程に多くの参加者が見られることを前提にしたモデルであった．しかも政府外のアクター（細谷モデルでいえば財界（経済界）を三脚柱の一つとしてみていたし，福井モデルではマスコミや学者なども視野に入れていた）はもちろんのこと，政府内のアクターにも多様な意見が存在することを前提にした多元的社会を想定していた．ところが，実際の状況は別にして，本章で扱う合理的行為者モデルでは，複雑な構成要素をもった政府をあたかもひとつの統一された意志をもって行動するアクターとみる．この点は前述のモデルとの最大の相違である．

　つまり合理的行為者モデルは，「政府は，整合的な目的を持ち，その目的を達成するために，すべての選択肢を考え，それらの選択肢の中からもっとも適切なものを選択する」と考える，政府を擬人化したモデルである．しかし後述するアリソンなど多くの研究者が，合理的行為者モデルでは実際の政策過程を十分に説明できないとして，新たなモデルの提示やモデル修正を試みてきた．その意味では政策過程を議論する場合の出発点となる基本的モデルである．基本概念は以下の通りである（山本，1990 を参考にした）．

① 決定者はあらかじめ何を達成するかについて目標を有している．
② 決定者は目的を達成するための選択肢をリストアップし，特定の選択肢を選択した場合の結果を考え，そのプラス，マイナスを検討する．
③ 合理的行為者としての決定者は，それらの選択肢の中から，最も望ましい結果が得られる選択肢を選ぶ．つまり，この場合，合理的選択とは，価

値極大化的選択である．

　ひとまず国家や政府ということを忘れて考えてみよう．自分自身がこうした経緯を経て，物事を決めているかは別にして，次のような傾向にはないだろうか．他人がある特定の行動をとったときに，特にその行為が自分にとって望ましくない場合には，合理的行為者として前述の手続きを経て決定したと考える傾向である．
　仮に毎日の生活にも困るＡという人物が近所にいると仮定しよう．しばしば物乞いをするぐらいに貧しく，しかも窃盗の前科もあった．そのために周りからは嫌われ者であった．そのＡは，たまたま拾った宝くじが当たり，100万円を手にすることになった．Ａはその事実を黙っていたが（説明したとしてもわかってもらえないと思って），とたんに羽振りのよくなったＡに近所のひとびとは疑惑の目を向けた．きっと泥棒でもしたに違いないと．つまり，カネに困っているＡは，とにかくカネを手に入れるという目標を立て，泥棒に入るという「合理的な」行動をとるに至ったと近所の人の多くはみたのである．しかし，実際の経緯はそうした解釈とは全く異なるものであった．
　このように，人は常に合理的行為者モデルに沿って行動すると解釈することは誤りである．政府レベルの決定に関しても，とりわけ外国政府の行動を合理的行為者モデルで説明する傾向がある．それは自国政府については一人の人物に擬人化できないほど情報が豊富である一方，外国政府についてはそうではないからである．日本政府の決定・行動は，野田佳彦首相がとか政府首脳がというように特定の人物名で具体的に説明されることが多く，他方，外国については欧米やロシア，中国など日本にとって主要な国を除いて，人物名を特定して説明することは少ない．ということは，そのような外国政府の行動に関しては，合理的行為者モデルに沿って行動したと解釈しやすい．
　しかし，決定者がここでいう合理的行動をとることは決して容易ではない．なぜならば合理的行動には次のような困難さが伴うからである．
　第一に，選択可能な選択肢を全て検討し得るのかどうかである．そのためには十分な情報と時間がなければならないが，おそらくそれはコスト的にも，時間の制約の上からも不可能に近い．

第二に，決定者は決定に当たり，全ての選択肢から予測される結果を目標と照らし合わせて検討するというが，結果は実際にその選択肢を採用してみないとわからない場合も多いはずである．

　第三に，このモデルでは人間が合理的である限り，どのような状況の下であっても，同じ結果になると仮定しているが，決定者によって価値観も異なり，したがって目指す目標も違うのである．前述のカネに困っていたAとは違って，同じくカネに困っていたBの場合，カネを手に入れるという目標を立て，泥棒に入るという「合理的な」行動をとったかもしれない．もっとも，ある特定の状況下では（危機が襲った場合など），ほぼ同じ目標を複数の決定者がもつことはあり得る．

　一般的にいえば，決定に参加する人々がそれぞれ異なる目標にしたがい「合理的な」行動をとった場合には，全体としては合理的行為者モデルでは説明できない結果が生じる可能性が高い．また決定者は常に価値最大化を達成しようとして行動するとは限らない．過去よりもある程度前進することが保証される実現可能な選択肢が見つかれば，それで満足してしまうという傾向もある．さらに，いくつかの選択肢を便益（benefit），費用（cost）の観点から分析し，他の如何なる選択肢よりも便益が費用を上回る選択肢を探すということは，極めて困難な作業である．

　以上のように，批判は容易だが，しかしある国がとった決定に関して，どのような選択肢を検討したかを，その中身と効果という観点から考察する意味はある．それに，合理的行為者モデルの想定する仮説は，それ以外のモデルにも含まれることが少なくない．事例に即して考えてみるとその限界も，より具体的に理解できるであろう．まず次のような設問を，合理的行為者モデルで説明するとどのようになるであろうか．この設問は，国というよりも個人の決定を扱っているために比較的このモデルで説明しやすい．

───**政策事例 4**───
質問：菅直人首相は東日本大震災から4カ月経った2011年7月13日の記者会見で，「計画的，段階的に原発依存度を下げ，将来は原発がなくてもきちんとやっていける社会を実現していく」との方針を明らかにした．すでに，静岡県の浜岡原発の全面停止

の意向が5月6日に表明されており，その伏線はあった．しかし，脱原発となると影響ははるかに大きい．案の定，電気事業連合会（電力10社）の八木誠会長（関西電力社長）は，菅首相の脱原発発言の同日「国のエネルギー政策の大幅な見直しは，わが国の将来の根幹にかかわる極めて重要な問題であり，方向を誤れば大きな禍根を残すことになる」と批判した．メディアの評価はわかれ，朝日，毎日社説（7月14日）は具体策に注文をつけながらも基本的に評価，支持すると述べる一方，読売社説（7月14日）は，「代替電力の展望もないまま原発からの脱却ばかりを強調するのは，あまりにも非現実的だ」と書いた．菅首相はなぜ，この時点で脱原発政策を打ち出したのであろうか？（この1カ月半後に首相は退陣し，続く同じ民主党の野田首相は，脱原発を口にしなくなった．）

以下二つの目標を考慮したとみる．
目標（1）　東日本大震災による福島原発事故の発生を背景にしたエネルギー政策の見直し論議に首相として強い影響力を与える．
目標（2）　内閣支持率が低迷するなか，国会に提出された内閣不信任案は否決されたものの，収まらない党内からの菅おろしに抵抗し，内閣の求心力を維持するために世論の支持を得る政策を打ち出す．

目標達成のための選択肢は以下のとおり．
選択肢①　これまでどおりの原発政策を継続し，点検のために停止中の原発もストレステストなど検査を経たうえで再開．
（メリット）あまりなし．敢えていえば電力業界は歓迎．政権浮揚にもつながるメリットはなさそうに思える．
（デメリット）原発事故による汚染や，内部被曝等の状況が連日報道されるなか，世論の支持は得られず，政治的なデメリットは大きい．エネルギー政策の見直しが求められているのに現状維持では矛盾するとの批判を受ける可能性が高い．
選択肢②　原発の比率を徐々に下げ再生可能エネルギーに転換を進める．
（メリット）30％近い原発比率のなか現実的な解決策であり，数字や期間を明示しないことで，相当長期に原発を残せる一方，代替エネルギーの開発にも力を入れられる．同時に，民主党がインフラ輸出の目玉としてきた原発輸出を継続できる．
（デメリット）世論は脱原発に傾きつつあり，現実的なこの選択肢を支持するかどうかは明らかではない．メリットの裏返しで，原発依存率引き下げの工程表がなければ，支持を得にくい．
選択肢③　脱原発を進める．

> （メリット）自公政権を引き継ぐ形でエネルギー政策を進めてきた民主党政権の原発政策を，菅首相の指導力で転換できたとアピールできる．世論の熱い支持が得られる．それにより党内の菅おろしにくさびを打ち，首相辞任の時期について主導権を確保できる．
> （デメリット）ベトナムへの原発輸出成功を1月の施政方針演説で強調した菅首相が，東日本大震災があったとはいえ，一気に脱原発にまで突っ走るのは政治的思惑があるのではと疑われる．原発輸出を可能にするヨルダンなどとの原子力協定の批准はどうなるかなど疑問を投げかけられる．

　おそらく菅首相はこうした選択肢（これ以外のものもあったかもしれないが）を側近らと検討の上，最終的に選択肢③を選んだと思われる．伏線として指摘したように，浜岡原発の全面停止の段階で，脱原発しかないと菅首相は判断していたのかもしれない．ただし，原発輸出に積極的だった菅首相にとり，その旗を降ろすという政治的リスクを冒してまでも，脱原発を打ち出すには積極的理由が必要であった．次のような政治的背景が関係していよう．
　5月には民主党内の菅おろしが急速に進み，6月2日に提出された内閣不信任案は小沢グループ等を中心に賛成票が投じられ可決されるとみられた．ところが直前に開かれた民主党代議士会で菅は，「一定のめどがついた段階で，若い世代の皆さんに色々な責任を引き継いでいただきたい」と述べたために，賛成にまわるとみられた議員の大半が反対し，不信任案は否決された．この背景には菅おろしの先頭に立っていた鳩山前首相が，代議士会前に菅首相との間にかわした文書の存在があった．(1)民主党を壊さない，(2)自民党政権に逆戻りさせない，(3)東日本大震災の復興並びに被災者の救済に責任を持つとの辞任を前提とした（鳩山はこう主張するが菅は明言を回避）合意文書である．鳩山はこの文書を根拠に，菅の早期辞任を確信し，不信任案否決に転じたという．ところが，その後菅首相は，一向に辞める気配をみせず，それどころか「一定のめどがついた段階」の具体的時期をめぐり曖昧な発言を繰り返した．このために，一度は鉾を納めた鳩山が早期の退陣を迫り，岡田克也幹事長ら首相を支える執行部も菅の対応に苦慮し党内の混迷は深まるばかりだった．結果的に内閣の求心力は低下し，6月には21.9%あった内閣支持率は7月には12.5%にま

で低下した(時事通信調べ).

　こうした状況の下での脱原発発言である.最も世論の関心の高い原発の今後についての首相発言は,否が応でも注目されるに違いない.二つの目標を達成できるという意味でも,菅に,これ以外の選択肢はなかった.首相をいずれ辞めるにしても,原発政策の転換を明らかにしたという意味で歴史に名を残すことができる.世論の大半は脱原発に賛成するに違いない(実際,菅首相の脱原発発言に対しては,「賛成」もしくは「どちらかといえば賛成」が70.3％をしめた(7月24日共同通信)).この場合,菅内閣の閣議決定ではなく,首相の記者会見であることが重要である.あくまでも,首相個人の考えである.もちろん,首相の公の場での発言であり重みはあるとはいえ,正確には菅首相の意欲を表したにすぎない.仮に,より政府としての姿勢を明確にすることになる新エネルギー政策検討の場で首相が強い指示を出していたとしたら,経済界の意向を反映した経産省などからの議論が噴出し,まとまることはなかったであろう.その意味で逆説的だが,菅首相の個人的意欲の表明であるために合理的行為者モデルによる,この政策過程の説明には説得力がある.ということは政府や企業など,トップ個人の意向が反映されやすい独裁,ワンマン体制を敷いた組織の政策過程の分析には,合理的行為者モデルが比較的有効であろう.

　他方,政府は実際には複数の利益の異なる組織から成り立つ.菅首相の脱原発発言のように,はじめから目標も選択肢も同じと考えるには無理がある.たとえば,2009年6月10日,麻生太郎首相は,温室効果ガス削減の中期目標について,05年比で15％削減することを明らかにした.温暖化対策の国際交渉に臨む日本政府の方針である.決定までには,政府の地球温暖化問題に関する懇談会は1990年比で7％増から25％減とする6案を示し議論が重ねられた.企業にとり受け入れられやすい6％増と4％減の2案は,経済産業省の意向を反映し,削減幅の大きい残る4案は国連気候変動枠組み条約第15回締約国会議(COP15)で議論されていた数字といわれ,公明党が大臣を出す環境省の見解が反映されていた.公明党は地球温暖化問題には熱心に取り組んできた経緯がある.日本経団連の主張も尊重せざるを得ない経産省との溝は大きく調整は容易ではなかった.しかも,首相の指示による意見集約では,どちらが主導権を握るかも問題となった(朝日新聞,2009年2月13日).政府関係者が「経済と

国際貢献の両立は難しい」と語ったように，政策過程に参加した経産省と環境省では目標が異なったとまでは言えないまでも，二つの目標のバランスは大いに異なったのである．したがって，合理的行為者モデルが想定する，目標があり，その目標を最も効率よく達成する選択肢を選ぶという道筋を経て，90年比15％削減が決まったわけではないことがわかる．

以上のように地球環境問題やTPPのような通商問題の場合，政策過程での各省庁の問題に対する認識が異なるケースは多く，合理的行為者モデルによる説明は多くの場合適当ではない．他方，安全保障政策では，事情が異なる．経済大国中国の軍事的脅威から，近年，日本の対中認識は政府部内で以前よりも一致している．中国に対して厳しく当たるという点においてである．核保有国となり，日常的に日本への脅威となった北朝鮮に対する政策でも同様のことがいえる．このような場合には，政府を一枚岩として扱うことができ，合理的な行動をとると考え得る条件を満たしたということになる．合理的行為者モデルを批判して，新たなモデルを提唱したアリソンも，「国家の安全保障上の利益が支配的であって，国家の安全保障上の要請について合意をもたらす共通の価値が存在し，決定から直接的に行為が導き出されるような行為を説明するのに第一モデル［合理的行為者モデル］は有効である」と述べている（アリソン，1977，320–321頁）．

合理的行為者モデル

合理的行為者モデルや政府内政治モデル（官僚政治モデル）といえば，政策過程論の研究者にとり，グレアム・アリソンの名前がすぐに思い浮かぶに違いない．発表されたのは1971年と古いが，国際政治研究においてハンス・モーゲンソーが忘れられないのと同様の意味で，今後も折りに触れ，話題にのぼるであろう．冷戦が終わり，当時のソ連側資料が公開された結果，アリソンの前提としていた状況とは事実は異なっていたことが明らかになった点もある．モデルそのものについても批判は繰り返されている．しかし注目されたからこそ論議をよんだわけで，重要な作品である．アリソンは改編版を，キューバ危機に関して明らかになった新事実をもとに1999年に発表している．しかし，ここでは，限られた資料をもとにしての推論という意味で優れていると判断した

1971年版を紹介する.

アリソンは,1962年に起きたキューバ危機をめぐるアメリカ,ソ連両国の行動を分析した.キューバ危機とは,1962年10月に世界を第三次世界大戦の瀬戸際まで追い込むほど,人々を震撼させた事件であり,ソ連がフロリダ半島沖合の社会主義国キューバにミサイルを配備しはじめたことが発端である.国家安全保障上の危機に直面したケネディ政権は,海上封鎖により,ソ連艦隊のキューバ接近を阻むことで,最終的に,ミサイルの撤去を実現させた.この政策過程を分析したのが『決定の本質』である.まず第一モデルの合理的行為者モデルがとりあげられ,それでは不十分だとした上で,第二モデルとして組織過程モデル,第三モデルとして政府内政治モデル(官僚政治モデル)が提示されている.

具体的には三つの謎を解くという方法で,議論は構成されている.第一はなぜソ連はキューバに攻撃用ミサイルを配備することを決定したのか,第二はなぜアメリカは海上封鎖によりミサイルの展開に対応したのか,第三はなぜソ連はミサイルを撤去したのかである(アリソン,1977,4頁).

すでに合理的行為者モデル,すなわち第一モデルの仮説については説明した.そこで,ここでは次の議論に進むための最低限の説明に止めたい.

ソ連がキューバに攻撃用ミサイルを配備した理由について,アリソンは五つの仮説を提示している.(1)トルコに配備されていたアメリカのミサイルに対抗するためにとられた措置である.(2)もしアメリカがキューバに過剰に反応するなら,国内外の世論はアメリカ政府を批判する.アメリカ国内がそれにより混乱している間に,ソ連はベルリン(当時,ベルリンの扱いをめぐり,東西両陣営がしのぎを削っていた)に強い手を打てる.(3)ソ連はキューバにおけるアメリカの侵略の脅威を抑止し,キューバを防衛するためにミサイルを配備した.(4)ミサイル配備に対するアメリカの対応が甘ければ(外交手段に訴える程度の対応をとれば),ソ連は冷戦を有利に展開できるようになる.(5)ミサイル競争の劣勢を脱却するには,ICBM(大陸間弾道ミサイル)と潜水艦発射用ミサイルを調達するより,IRBM(中距離弾道ミサイル)とMRBM(同じく中距離弾道ミサイルで前者より射程が短い)をキューバに配備する方が,手っ取り早く比較的安上がりで,得策である.

アリソンはこの五つの仮説のそれぞれについて適否を検討し，(5) の解釈が最も妥当性が高いと述べている．しかし，それでも難点はあるという．たとえば，(5) の解釈を含め，それぞれの仮説は，ミサイルの建設決定に続き，実施計画が立案されたこと（すなわち合理的に行動したこと）を前提にしているが，ソ連側の行為は必ずしもそれを裏付けるものではないとする．MRBM を設置するには，攻撃を避けるために，地対空ミサイル (SAM) 防衛網が不可欠だが，実際には SAM の完成前に MRBM は設置された．またミサイルが完成し，実戦態勢に入れるのは，12 月 15 日以降にしかならなかったにもかかわらず，フルシチョフはあらかじめ 11 月後半の国連訪問を明らかにしていた．これではミサイル・ギャップを埋め，ソ連がアメリカと対等の立場に立てるはずのミサイル配備を国際社会にアピールすることは不可能である．さらに，ソ連がキューバのミサイル建設現場でのカムフラージュを怠っていた（だからアメリカに発見された）のはなぜか，アメリカがミサイル基地建設を発見するきっかけとなった偵察機 U2 型機のキューバ上空飛来をなぜ計算に入れなかったのか等々，解けない謎は沢山あると指摘する(同上，51–68 頁)．

組織過程モデル
　こうした問題点を解くには，政府が独自の組織原理をもったいくつかの部門からなる緩やかな連合体であると考えればよいとアリソンは主張する．政府の指導者は連合体の頂点に位置するにしかすぎない．政府が問題を感知し，選択肢を検討するのは組織を通じてであり，その組織は，組織がもつ情報処理に従っている．つまり政府の行動として捉えられるものは，あらかじめ決められた手続きに従ってその組織が行動した結果である．政府の行動は，意図的な選択の結果というよりも，標準的な行動パターン，つまりルティーンに従って機能する大規模組織のアウトプットとして理解されるのである．
　政府内の組織は特定の問題と業務に責任をもつように区分されているので，その管轄の範囲内においては半ば独立している．各組織は標準事務処理手続き (SOP) をもとに行動しており，したがって特定の問題の対処方針も，組織の行動は，それ以前に確立されている SOP によって決定される．つまり，政府が今日，あるパターンの行動をしたとすれば，その政府を構成する組織は，今日

の行為とほんのわずかしか違わない行為を昨日していたに違いないと推理するのである (宮川, 1995, 188–189 頁；アリソン, 1977, 81–82・102–103 頁).

　政府を独自の行動原理をもった複数の組織からなる連合体と考えれば，合理的行為者モデルでは説明できなかったことのいくつかは解釈できるとアリソンは考えた．第一にミサイルの配備を最終的に決定したのはソ連共産党常任幹部会であったのに対して，細目（ミサイルをどのように運搬するかとか，いつ運搬するべきかといったこと）については，それぞれ該当する組織が担当した．この問題では，輸送は陸軍情報機関（GRU），キューバの港や基地から秘密保持のためにキューバ人を締め出す役割を担ったのはソ連情報局（KGB），基地建設は地対空ミサイル（SAM）部隊，攻撃用ミサイルの管理は戦略ロケット軍という分担になっていた．

　こうしたことを念頭において考えれば，ソ連兵士が上陸後，民間人の服装に着替えて移動した（カムフラージュのため）にもかかわらず，軍人特有の縦列行進をしていたとか，ミサイル建設がカムフラージュなしに行われていた（ソ連国内での建設経験しか，SAM 部隊にはなかった）などの謎はわかる．つまり，各組織がソ連国内での通常の行動様式に従って行動したために，アメリカからすれば極めて不可解で非合理的な事実が多数見受けられたのである（アリソン, 1977, 123–131 頁）.

　このような政府を構成する組織の SOP が，政策過程に影響を与えたのはソ連側だけではなかった．第二の問い，すなわち，なぜアメリカは海上封鎖でミサイルの展開に対応したのかという謎を解くには，アメリカ側でもソ連と同様の組織上の問題点があったことに注目しなければならない．第一に，ミサイルが陸揚げされているとの情報は，キューバ内のスパイにより，政府内でこの問題を検討する以前に得られていた．しかし，当時，ワシントンまで報告があがるには通常 10 日間かかった．第二に，偵察機 U2 の飛行ルートである．9 月初旬から 10 月 14 日にミサイルが発見されるまで U2 は計 7 回飛行しているが，ミサイルを建設している西部上空は発見される日までルート外であった．

　以上のように，最高政策決定者である大統領が選択肢を検討するに当たって必要な情報は，最も重要な段階で到着していなかった．実際には，組織の長に知らされていない情報が「システム内」に存在したのである．もし，ミサイル

建設の情報が，9月の早い段階で，大統領に寄せられていたら，より穏やかな外交努力という形で問題は解決されたかもしれないと考えることはあながち誤りではなかろう．せっかくの情報が組織のヒエラルキーを上っていく各段階でふるいにかけられ，最高政策決定者まで到達しなかったために問題となるケースは，政府に限らず，民間企業を含め全ての組織に該当する(同上，137–139頁)．

ここで組織過程モデルをよりよく理解するために，しばらくキューバ危機の例から離れる．このモデルは，意外に，自分はわかったつもりでも他人に説明するのは難しいからである．組織過程モデルの第一の仮説は，組織はそれぞれ独自の目的，行動原理をもち，そのために，複数の組織が参加する政策過程では，いわゆる縦割りが弊害となって，合理的な決定を行いにくい，仮に妥協の産物としての解決策にたどりつくとしても，時間がかかるというものである．それを理解するには次の事例がわかりやすい．

東日本大震災では，東北三県の漁港が壊滅的な打撃を受けたことはよく知られている．漁業，水産加工で生計をたてている人々がこの地域に多いことを考えれば，港湾等の早期復旧，復興は喫緊の課題であった．ところが，ことは期待どおりには進まなかった．港湾施設の復興には複数の省庁が関係し，調整が必要だったからだ．水質問題は環境省が，漁業・水産政策は水産庁が，そして海岸政策は国土交通省河川局と港湾局が，水揚げした魚の水産加工施設は中小企業庁がそれぞれに管轄し，発言権がある(「平成22年度　森川海の一体的な管理に関する調査研究報告書」，海洋政策研究財団，2011年3月ほか)．支援組織を抱えた省庁間の協議，調整を考えるだけで気が遠くなる作業である．こうした問題点は復旧，復興の遅れの原因としてたびたび国会でもとりあげられた．

この漁港の事例は，なにも特別ではない．瓦礫処理，仮設住宅建設など東日本大震災の復興対策には，常につきまとってきた問題であった．こうした縦割り行政の弊害をなくし，より総合的な視野から，早期の決定，実施を目指したのが2011年秋の臨時国会で成立した復興庁設置法案であった．復興庁は内閣の下に置かれ(設置法2条)，東日本大震災(福島第一原子力発電所事故による災害も含む)からの復興に関する内閣の事務を内閣官房とともに助けること，主体的かつ一体的に行うべき東日本大震災からの復興に関する行政事務の円滑かつ迅速な遂行を図ることを目的とする(設置法3条)としている．つまり複数省

庁にまたがる復興事業には総合的視野が不可欠であり，それを実現するために復興庁を設置したのである．復興庁は，本部を東京に置き，出先機関の「復興局」を盛岡，仙台，福島の3市に設置している．

　東日本大震災を離れた一般論として以下を確認しておこう．政府を構成する各府省庁は，独自の行動原理を有している．農林水産省が農業生産者，経済産業省が自動車，電機，化学，機械，情報など所轄の業界の利益を基本的に守ろうとして行動する．市場開放問題などでは，外務省が国際社会の要求を背景に，積極的であるのに対して，どちらかといえば，国内の利益を重視してきたのが，農水省であり経産省であった．もっとも，これは歴史的な流れを単純化した説明であり，過去20年間，経産省は基本的に，市場開放積極派，国際派に転じてきた．一つの官庁の中でも，経済局など，対外的な交渉を担当する部局の方が，原局と呼ばれる直接業界に関連する部門よりも，国際的な要求に敏感である．内政では財務省と地方行政と関わりの深い総務省とが，消費税の配分比率をはじめ対立することが多い．

　しかし組織間の対立は，何も政策をめぐり生じるとは限らない．特定の問題について共有する認識をもっているかどうかではなく，どちらがその問題を優先的に扱うかなど，権限をめぐり，複数の組織が対立することがしばしばある．外務省と財務省，経産省など他省との縄張り争いはその古典的な事例である．その背景には，戦前の日本外交が外務省と軍部の二元外交によって妨げられたことへの反省から，外務省が外交の一元化を強調したことや，財務省，経産省には，扱う問題が専門的で複雑な知識が必要となり，外務省を介してではなく，相手国のカウンターパートと直接交渉したいとの思いがあるなど様々な事情がからんでいる．ただし，民主党政権におけるインフラ輸出が典型であるように経済外交に関しては，経産省，財務省などが，安全保障政策では，防衛省が主導権を握るというのが今では一般的である．外務省と他省との縄張り争いの背景には，外務省職員の他省庁の職員に対する格上意識もあったとされており，それは国家公務員試験とは別枠で，外交官試験が行われていたことに象徴されていた．しかし，外交官試験は2001年に廃止され，国家公務員試験に統合され，外務省は他省庁と同列に並ぶこととなった．

　こうした歴史的にみた縄張り争いが，どの程度日本の外交政策の立案，実施

にマイナスの影響(プラス面もあろうが)を与えてきたかは，それこそ事例研究によって検証するしかないが，こうした組織間の対立があり，潜在的に，合理的な政策決定の阻害要因となっていることは念頭に置く必要がある．毎年，政策過程論の授業の履修生の多くが，こうした省庁間の対立が政策の決定や実現に障害となっていることに驚く．

　ところで，こうした政府内の縦割り行政の是正の試みは東日本大震災の復興庁にはじまるわけではない．内閣官房の機能強化は，1986年中曽根内閣で実施され，首相の補佐機構を整理，拡充し，内閣内政審議室，外政審議室，安全保障室，情報調査室を設置した．しかし，各室長は，調整，統合という機能から，各省庁ににらみの利く，次官OBクラスを起用するはずであったが，内閣官房が各省庁よりも格上になることは，各省庁が権限を奪われることにもなり，当初案はつぶれた(現在も状況は変わらず)．その後，内閣官房長官のもとに，官房副長官3人(内1人が官僚)，その下に，副長官補3人(内政，外政，安全保障・危機管理，いずれも官僚)が置かれ，それとは別に，官房副長官レベルに，危機管理監(官僚)が設けられた．目的は内閣の庶務，内閣の重要政策の企画立案・総合調整，情報の収集調査などとあり，まさに必要とされる縦割り是正の機能である．つまり，形式的には，総合調整の仕組みは整えられたが，実際には，東日本大震災への対応にみられたように，十分には機能していないのである．

　もっとも小泉内閣(2001年から2006年)の経済財政諮問会議のように予算の策定過程で新機軸を打ち出し，縦割り行政の弊害と財務省の肥大化阻止の二つの目的を，部分的にせよ達成したこともあった．予算編成における財務省，言い換えれば官僚主導から政治主導への転換を図るために，2001年1月に内閣総理大臣を議長とする経済財政諮問会議が設置された．財務，経産，経済財政担当，官房長官等主要閣僚に加え，日銀総裁，経済界，有識者が委員となった同会議では，毎年6月に経済政策・財政政策の柱となる「骨太の方針」と呼ばれた基本方針を答申し最終的には閣議決定された．従来は，政治の意思が不明確なままに，査定官庁としての財務省(旧大蔵省)が各省の個別の利害を調整してきた経緯がある．結果として，総合性に欠け，各省の重複事業等，縦割りの弊害は残ったままであった．経済財政諮問会議では首相が主導して04年度

まで，成長なしの集中調整期間の方針を決め，各省庁の予算要求を抑えた．各省側も，政治の意思が明確な以上，無駄の排除に努めざるを得なかった．小泉内閣最後の骨太の方針では，果たせなかったものの 2011 年度における国・地方のプライマリーバランスの黒字化を決めている．

　なぜ，各省庁は，そこまで個別の組織利益に固執するのであろう．政府を構成する各省庁には政策に基づく事業に必要な予算が割り当てられる．ということは自省の政策に基づく事業が，一体化，総合性の名の下に他省の事業と統合されれば予算は減らされる可能性が高い．省としての権限も減る．したがって，各省は，たとえ不要になったと周囲が判断する事業でも，整理・統合したり，人員を削減することに消極的である．他省についても，自分の所属省庁への跳ね返りを恐れて，口を挟まないというのが，官僚の基本的行動様式である．こうした行動様式からすれば，横並びの各省庁に，一体化，総合性の積極的意識は生まれにくい．別途，復興庁のような組織を作り，上から指示するという発想がここから生まれてくる．

　組織過程モデルが想定する第二の仮説は，組織は標準事務処理手続き (SOP)，いわゆるマニュアルをもとに行動しており，したがって特定の問題に対してとった行動は，それ以前に確立されている SOP に基づくというものである．マニュアルには，どのような時に，どのように対処すべきか，あらかじめ指示されている．ファストフードの店に行くと，元気よい「いらっしゃいませ，こんにちは」の声につづき，「こちらでおめしあがりですか」と声をかけてくる．いつ行っても，誰が接客を担当していようが，全く同じである．オーダーを聞いて，ポテトが含まれていないと「ポテトはいかがですか」というのも同じ．多少の変化があっても良さそうだが，全国どこでも，そのチェーン店であれば一語一句変わらない．マニュアルが想定していない返事をして，どのような反応をみせるか試してみたらよい．

　中身の適否は別にして，ここでのポイントは，各省庁，企業を含めた組織は，このような独自の行動様式・原理をもっているということである．企業の社員の服務規程もそうであろうが，本書が主題とする政策過程で特に問題となるのは，官僚機構の文書主義，形式主義，前例主義であろう．手続きの必要以上の尊重もある．こうした官僚の行動様式はファストフードのマニュアルの場合よ

りははるかに問題を秘めている．

　前述したキューバ危機でも，情報がワシントンに到達するのに10日間かかったことが，政策決定の内容を左右したとされるが，似たような事例，すなわち，決められた手続きに従って行動した結果，必要な時に，必要な情報が政策決定者の手許にないということは大いにあり得るであろう．

　また，官僚機構（企業も組織が硬直化し，悪しき官僚機構化しているところも多い）では，情報がしばしば下から上に階段を上る形で伝えられていくために，その段の途中で，本来ならばトップが必要としている情報が捨象されることがある．日本の官僚機構では（省により名称は異なるが，事実上同様）事務官，課長補佐，課長，参事官，局審議官，局長，省審議官，事務次官の順に情報が上がることが多いが（重要な情報ではいきなり課長から局長，事務次官に上がるケースもある），その過程で，それぞれの担当官が自己の裁量に基づき，上に伝達しないという場合もある．大半は，そうすることによって問題が大きくなることはないが，例えば，次のようなことはあり得る．

　2008年2月19日早暁に海上自衛隊イージス艦あたごと千葉県勝浦漁協所属の漁船清徳丸とが千葉県野島崎沖で衝突し，2人の行方不明者を出した事故にみられた情報伝達のマニュアル軽視，無視の問題である．

　事故発生は午前4時7分．しかし，事故の一報を受けた海上幕僚監部や統合幕僚監部は緊急連絡を定めた内規（危機対応のマニュアルに基づく「発生から1時間以内の防衛大臣側への連絡」）に違反し，石破茂防衛大臣への報告は約1時間半後の5時40分，福田康夫首相へは約2時間後の6時となった．もし，小型船が漁船を装ったテロ攻撃を目的としたものであったら，この通報の遅れは深刻な問題であったに違いない．内規は2004年11月の中国原子力潜水艦による領海侵犯事件後の翌年9月に定められたもので，重大な事件・事故が発生した場合は，自衛隊の各担当部署が防衛大臣と副大臣の各秘書官に発生1時間以内をめどに第一報を伝えることを義務づけていた．今回，自衛隊統合幕僚監部のオペレーションルームは事故の41分後に連絡を受けたにもかかわらず，大臣，副大臣各秘書官に伝えず，事故後1時間して，内規とは違う防衛省の運用支援課に伝え，そこから大臣に通知されたという（朝日新聞，2008年2月20日）．情報伝達のマニュアルは全く機能しなかった．

漁船の第一発見者であるイージス艦あたごの当直グループの担当者が，交代の際に次の担当者への引き継ぎを行わなかったマニュアル違反も明らかになっている．当直の甲板上の見張り員は事故発生 12 分前の 19 日午前 3 時 55 分に前方に赤色の灯火を発見，漁船の存在を視認したものの「危険性はない」と判断して，当直士官やレーダー員に的確な報告をしなかったという．結果として，午前 4 時の当直交代時間と重なったために，交代の担当者に引き継がれることはなかった．交代の際には，申し送り事項として，担当時に起きた出来事を後任に伝えるというのは，どの職場でも最も基本的なルールであり，これではマニュアルの意味がない．しかも，漁船の灯火を視認したのは衝突の 2 分前と当初発表したにもかかわらず，実は 12 分前だったことが，事故の翌日，防衛省から明らかにされた．12 分前であれば衝突は避けられたかもしれないとの批判をかわすために，2 分前と当初発表したのではないかと疑われてしまう．

　この場合は SOP，すなわちマニュアルはあったが守られなかったケースである．しばしば，マニュアルが要求する報告，連絡など点検作業は退屈で，時として省略が日常化することがある．1999 年 9 月 30 日に発生した東海村 JCO 核臨界事故では，煩雑なマニュアルを無視してバケツで核燃料を運搬していたことが，その原因であった（草野，2001a，第 1 章 3）．イージス艦衝突事故の場合，当直の見張り員による漁船視認が，交代要員に引き継がれなかったことも，日頃から，見張り員の裁量で，報告事項が決められていたと疑うに十分である．これは，アリソンのいう，下から上にあがっていくにつれ，情報は担当者の「ふるい」にかけられてしまうという組織過程モデルの仮説に一致する．

　マニュアル違反というにはあまりに深刻な事態だったのは，海難事故の場合，一義的に捜査権は海上保安庁にあるにもかかわらず，防衛省，海上自衛隊が独自に調査を行ったことであった．午前 8 時半に，海上自衛隊幕僚長があたごに出向き，関係者に事情聴取を行ったうえ，航海長を防衛省に呼んでいる．事前には石破大臣の了承なしにである．しかも海上保安庁には，航海長の呼び出しについて，けが人が発生したと虚偽の報告を行ったとされる（読売新聞，2008 年 2 月 29 日）．海上自衛隊の誇る新造船の事故だったために，海上保安庁の捜査の前に防衛省内で関係者の意思統一を図っておきたいとの思いがあったのかもしれない．少なくともそう疑われてもやむを得ない重大なルール違反であった．

政府内政治モデル

アリソンの第三モデル（政府内政治モデル）は官僚政治モデルとも呼ばれるが，実際には官僚だけではなく，政治的に任命されたトップの人々，すなわち閣僚などもふくむより広いゲームを想定している．なぜアリソンは組織過程モデルに満足しなかったのであろうか．アリソンは次のように述べる．

「政府の行為は，統一された指導者グループによって部分的に調整された組織的出力であるという第二モデルの理解のしかたは，政府の行動を，単一の政策決定者の選択として理解する古典モデル［第一モデル］を補完するものである．しかし，第二モデルによる分析のすばらしさに魅惑されるあまり，もう一つの分析のレベルがあることを見失ってはならない．組織の上の座を占める「指導者」は一元的なグループではない．このグループの個々人は，自ら中枢の競争的ゲームのプレーヤーなのである．それは政治という名のゲーム，すなわち，規則的な経路を通じて行なわれる，階層的に位置づけられているプレーヤー間のかけひき，である」（アリソン，1977，167頁）．

つまり，政府は合理的行為者モデルが想定したような意思の統一された組織ではなく，ゲームに参加するプレーヤーが複数存在している．彼らは，立場によって特定の問題に対する優先順位も，認識も違うという意味で別個の利害をもっている．したがってそれぞれ独自の観点から行動する可能性が高く，共通した戦略目標などをもつことは難しい．政府の決定は，得られる情報も異なり，ものの見方も違うプレーヤーのゲームの結果なのであり，単一のプレーヤーによる合理的な選択の結果などではないのである．この結果，政府の最終的決定が，どのプレーヤーが意図したものとも違ってしまうということもあり得る．

それでは各プレーヤーのとる立場を決めるのは何か．アリソンは国家安全保障上の利益，国内的利益，組織的利益，個人的利益などをあげている．同時に，時間的制約を付け加えている．政府の多忙なプレーヤーは，いつまでに決断しなければならないかによってとるべき選択肢が広がったり，狭まったりするというのである．

そして，プレーヤーがゲームにどのようなインパクトを与えるかは，プレーヤーの力，すなわち地位など駆け引き上の利点と説得力などの技量および意志

を，他のプレーヤーがどのように認知するかによって決まるとしている(同上，193-195頁)．

実際にこのモデルでは何が説明できるのであろうか．ここではキューバ危機においてアメリカ政府が，なぜ海上封鎖を選んだのかというアリソンの第二番目の問いを再び取り上げる(同上，第6章)．

ケネディ政権内部では，この問題をめぐる主要なプレーヤーたちは次のように対処すべきと考えていた．

① マクナマラ国防長官　　　　　何もしない → 海上封鎖
② バンディ大統領特別補佐官　　　外交努力
③ ロバート・ケネディ司法長官　　空爆に反対 → 海上封鎖
④ ラスク国務長官　　　　　　　　空爆
⑤ アチソン元国務長官　　　　　　空爆
⑥ 統合参謀本部　　　　　　　　　侵攻

ミサイルが発見されたのは10月14日，その2日後の16日から21日までの6日間，上記のプレーヤーたちは，とるべき選択肢をめぐり激しい議論を重ねたのであった．結局，当初，空爆に踏み切るかと思われた大統領は，より慎重策ともいえる海上封鎖を採用した．

ケネディ大統領はなぜこうした決定を行ったのか．アリソンは第一に，ケネディ大統領が核戦争の危機に直面した国家の最高指導者として極めて重い責任感を感じていたからだとする．つまり，最高指導者としての責任感が，空爆などの強硬策を退けたとみる．第二に，中間選挙という国内的要因である．民主党大統領ケネディは，共和党など右派から批判されており，キューバに対して外交努力という宥和策をとることは難しかった．こうして核戦争を引き起こす可能性もあるとの批判があった海上封鎖を選択したのである．

政府内政治モデル批判において，海上封鎖を選択するまでのこの事例では，政府内政治モデルが想定するプレーヤー間の駆け引きが十分には見られないとしばしば指摘される．たしかにそうである．大嶽秀夫も述べるように，この部分は何度繰り返し読んでも，ケネディ大統領のリーダーシップに印象づけられ

るのである（大嶽，1990，36頁）．もっとも，プレーヤー間の駆け引きは十分に見られなかったが，マクナマラやロバート・ケネディの説得が，当初空爆に傾いていた大統領に海上封鎖を決断させる一定の効果をもったこともたしかであった．他方，大統領の助言者集団へのリーダーシップが功を奏したのも，そもそも助言者集団は大統領が選んだわけで，その地位を賭けてでも大統領の決定に異を唱えるような人々は存在しなかったからでもあろう．しかし，最終的には大統領に決定の権限があるとその他のプレーヤーが理解していたことも，リーダーシップを高めたのかもしれない．それにすでに触れたが，決定を短時日の内に迫られていたこと，問題が国家の安全保障にかかわっていたことなど，危機的な状況のもとでの決断であったことも大統領のリーダーシップを浮かび上がらせる結果となった．

　政府内政治モデルが想定する仮説がひとつひとつ，この事例で実証できるかというと，今の大統領のリーダーシップの例からも明らかなように，必ずしも保証の限りではない．このモデルの核心部分である，組織上の地位が，プレーヤーの政策的立場を決めるという点も，大統領と軍部を除けば明白ではない．それに大統領とプレーヤーたちの間には，取引，説得といったゲームはみられたものの，プレーヤー間ではさほど顕著にはみられなかった．

　しかし，政府内政治モデルが有用性を欠いているわけではない．アリソンがこの研究を発表した時に意図していたのは，研究者や政府の人々があまりにも外国政府の行為を，合理的に行動した結果として説明することへの批判であり，そうした批判の正しさについてはすでに述べた．

　ただしアリソン自身，このモデルが，合理的行為者モデル，組織過程モデルに代わって，全ての政策過程を説明できると考えているわけではない．合理的行為者モデルは国内において共有された価値意識，原則，イメージなどに着目するのであり，そうしたコンテクストのもとで展開される具体的な政府の行動は組織過程モデルや政府内政治モデルが説明しうるというのである．アリソンは「大きな組織が遂行する政府の行為の具体的な特徴を説明するには，第二モデルが最も有効である．最高レベルの政府内部の討議から生まれる決定は第三モデルが最適である」としている（アリソン，1977，321頁）．

　たしかにこういう「レベルの使い分け」を自覚していないと，このモデルに

はスムーズに理解できないようなところがある．たとえば，第一の問いはソ連はなぜミサイルをキューバに配備したのかという決定に関するものであったが，それに対する組織過程モデルの記述の大半は，政府を構成するそれぞれの組織がSOPに従い行動したために，配備が首尾よく行われなかったという実施にかかわるものであった．これはそれぞれのモデルで最もよく説明できる分野（ここでいえば，決定までと，決定後の実施）が異なるからである．

また政府内政治モデルに対しては，合理的行為者モデルと違って決定された内容が目標を十分に実現できる（価値を極大化できる）ものかどうか十分に吟味されていないとの批判もある．しかし，政府内政治モデルはそもそもそうした点を目的としていない．このモデルでは，いかなる決定が成されるかではなく，決定がいかに作成されるか，何が起こったかではなく，なぜそれが起こったか，内容ではなくプロセスに焦点が当てられるのである（大河原，1990，74頁）．その点はアリソンがなぜこのようなモデルを提唱するに至ったかを再確認すれば明らかであろう．

「現代のほとんどの分析者（一般人はもちろん）は，国際的事件の説明を試みる際に，ほとんどの場合に暗黙裡にではあるが圧倒的にこの枠組［合理的行為者モデル］を用いる．実際，対外問題における出来事は国家の行為である，という前提はこの種の問題を考える際にあまりにも基本的なものになっているため，その根底にあるモデルが認識されることは稀である」（アリソン，1977，17頁）．

次にこの政府内政治モデルで分析を行おうとする，政治を学び始めた人々のために，これまでの記述との重複はあるがパラダイムの概略をあげておこう（同上，188–207頁）．

I 分析の基本的単位——政治的な派生結果としての政府行動

政府の決定と行為は，国内の政治から派生する結果である．派生結果というのは，決定と行為はある問題に対する解決策として選択されるのではなく，多様な利益と不平等な影響力を有する公職者の譲歩，紛争，混乱から結果するという意味においてである．

II 整理概念

このパラダイムの整理概念は次の四つである．

A プレーするのは誰か．

すなわち誰の利益と行為が政府の決定と行為に重要な影響を及ぼすかである．各プレーヤー（以下のプレーヤーという言葉はアクターに置き換えても意味は変わらない）がどういう利点とハンディキャップをもって様々なゲームに入り，プレーするかは，そのプレーヤーの地位が決める．つまりそのプレーヤーがしていいこと，いけないことは地位に依拠する．同時にプレーヤーも人間なのでパーソナリティや作業スタイルも重要である．

B 各プレーヤーの立場を決定するのは何か．プレーヤーが特定の立場をとる際の認知と利益を決定するのは何か．

（1） 偏狭な優先順位と認知

（2） 目標と利益（国家安全保障上の利益，組織的利益，国内的利益，個人的利益）

（3） 利害関係と立場（プレーヤー同士の）

（4） 最終期限と問題の様相

C 各プレーヤーが結果にどういうインパクトを与えるかを決めるのは何か．

（1） 力（政府の決定と行動に対する効果的な影響力）

力は少なくとも次の三つ，すなわち，駆け引き上の利点，これらの利点を利用する技量と意志，以上の二点に対する他のプレーヤーの認知を混ぜ合わせたとらえどころのないものである．

D ゲームとは何か．プレーヤーの立場，影響力，手段はどのように組み合わされて政府の決定と行為を生み出すか．

（1） 行為経路

行為経路とは，ある特定の種類の問題に関して政府が行動するための規則化された手段である．たとえばアメリカによる軍事介入であれば，相手国駐在のアメリカ大使からの報告，現地司令官による評価，統合参謀による勧告，情報関係者による評価，国務，国防両長官による評価，大統領による介入決定などの経路である．行為経路によってゲームに参加する主たるプレーヤーが決まる．

（2） ゲームのルール

ルールは憲法，法律，判例，行政命令などに由来するが，明示的なもの，非明示的なものいろいろである．ルールは地位，地位に接近する方法，各地位の力，行為経路を設定する．またルールは政府の受諾可能な決定と行為の範囲を狭める．

（3） 政治的派生結果としての行為

政府の決定と行為は，力は共有されているが重要な選択に関して判断は異なっている各プレーヤー同士の押し合い引き合いで決まる．

III　支配的な推理パターン

国がある行為を遂行したとすれば，その行為は政府内の個人やグループ間の駆け引きから派生した結果である．

IV　一般的命題

アウトカム（結果）に関して一般的命題を形成することは難しい．例えばポーカーのアウトカムについて説明しようとすると，①ゲームのルール，②プレーヤーの様々な特徴，③特定の持ち札の有利な点・不利な点，④個々のプレーヤーが何を目指しているのか（単純に強いカードで勝つのか，こけおどしで勝とうとしているのか），などという点について見なければならない．ましてや官僚政治は，より複雑であり，より大きな困難が伴う．しかしいくつかの分析に関する要因を見つけだすことはできるし，十分な資料を得ることも可能である．

　A　政治的な派生結果

個々のプレーヤーの選好は政治の行為に影響を及ぼす．各プレーヤーの有利・不利な点は行為経路によって異なる．また，決定の後にも行為経路の途中で変わることもある．

　B　行為と意図

政府の行為は，一部のグループや個人の意図がそのまま反映されることはまれである．むしろ異なった意図をもつプレーヤーが政府の行為に部分的に作用するのである．

　C　問題と解決策

冷静な第三者的な分析者が「解決策」を決めるのではない．各プレーヤーが

焦点を当てるのは戦略ではなく，今日明日にもしなくてはならない決定である．政府の行為の変更を要求する決定は，解決策を求めるチーフ（大統領，国務長官など各省庁の長）と，問題を求めるインディアン（各省庁の長官以外の幹部職員）が同時に存在していることを示す．

D　プレーヤーの立場は地位に依拠する

予算などの大きな問題に関して，特定のプレーヤーの姿勢は，その地位にあるが故に得られる情報によって，予測可能である．

E　チーフとインディアン

「立場は地位に依拠する」という命題は横にも縦にも適用できる．チーフ，インディアンに対する要求は，政策形成，実施の場合ともに区別される．チーフが対処する対外政策問題は処理すべき案件の多さのために制限され，チーフは最も新しい問題に対処する．他方，問題に対する選択肢の提示は専らインディアンの役割である．インディアンにとって重要なのは如何にチーフの注意を引くか，問題を行為経路に乗せるかである．したがって政策形成においては，上から見れば問題は選択である（不確実性が除去されるまでいかにして選択の自由を保持するかということ）が，横から見れば問題はコミットメントである（いかに他のプレーヤーを自分のもとに引き込むかということ）．下から見れば問題は自信である（なすべきことをなす自信を上司に与えること）．

F　51対49の原則

プレーヤーは，数多くの難しい政策の選択を滞りなく行わなければならず，また他のプレーヤーと競い合わなければならないため，非常に強く論じざるを得なくなるが，これにはゲームの条件が影響を与えている．

G　国際・国内関係

何らかの国際的な目的を達しようとするプレーヤーは，その国内のゲームにおいて，同じような目的を唱道する他の国のプレーヤーを利するようなアウトカム（結果）を得る必要がある．

H　地位によって問題の様相は異なる

プレーヤーの地位は，問題の認知や立場に対して影響を与える．

I　誤認

ゲームは必ずしも完全な情報が存在する状況で行われているわけではなく，

ある程度の誤認は通常存在する．ある意味で誤認は，意見の対立している人々の間の協力を可能にする潤滑油のようなものである．

　J　誤った期待

ゲームは同時に複数行われているので，各ゲームへの注意は限定され，優先順位の高いゲームに集中することが要求される．優先順位が低いゲームにおいては，プレーヤーが詳細な情報をもっていない場合がある．その場合，他の誰かが自分の問題について助けてくれるという誤った期待をすることが生じる．

　K　ミスコミュニケーション

決定を早く行わなければならないために，コミュニケーションは簡略化される傾向がある．騒音の中でプレーヤーは，他人が実際に感じるよりも強く明確に話したと考える．

　L　寡黙

各プレーヤーは複数のゲームに関わっているので，黙っていることの効果は絶大である．たとえば黙っていることで，優先順位の高い他のゲームにおいて，自らが不利になる（情報の）漏洩を防ぐことができる．

　M　プレーのスタイル

文官や軍人を含めた職業官僚，横すべり組，政治的任命者（アメリカの各省庁の幹部職員は，大統領による任命職である）の三者の行動には，各々の長期的な期待があって，重要な相違がある．例えば，官僚は政権・人事の交替を生き延びるために順応する必要があるが，横すべり組と政治的任命者は臨時雇用である場合が多く，政策に関心をもち，問題を短期的に考える傾向がある．

以上で政府内政治モデルの概要がつかめたとして，次に以下のようなグループワークを行ってほしい．各アクターを決め，それぞれの組織的利益と，政治家としての野心を整理し，問題にとりくんでみよう．

　　政策過程論ゲーム

　行政改革，財政改革を掲げる内閣は2013年度予算（架空の話であり年度に具体的な意味はない）を決めるにあたり公共事業の扱いをめぐり閣内で対立が生じています．世論調査では2015年4月からの消費税率10％への引き上げを控えて，予算の無駄遣

い，とりわけ車の走っていない地方の道路など公共事業予算を削るべきだとの意見が強まっています．メディアも総じて同様の方向です．しかし，この10年ほどの間に公共事業批判が繰り返し行われた結果，2011度予算では，ピーク時の約5割減の4.9兆円までに減っています（歳出に占める割合は5.4%，防衛費は5.2%）．このことは，公共事業以外の有力な事業がない地方の現状を無視したものだと地方選出の国会議員は繰り返し陳情を受けています．衆議院議員の任期満了まで2年を切ったA党の閣僚にも，そうした地方の悲鳴が聞こえてきます．公共事業は，国土交通省，農林水産省管轄の事業が大半ですが，それぞれ過去においては，B党を中心とした族議員が後ろに控えていました．政権交代後も，族議員ほど専門性は高くないものの，A党の国会議員を通じた陳情は極めて活発です．他方，各大臣は一方では内閣の行財政改革の目標を実現すべく努力したいと願い，実際，無駄の削減を訴えたA党のマニフェストが支持を受けて政権交代が実現したことはよく知っています．しかし，政権を担ってみると，地方の雇用を確保するには，公共事業が重要であることが理解できたというのが実情です．A党の失策として，B党は，公共事業の大幅削減を批判しています．

　首相は行財政改革を実現することこそが，A党が政権交代を果たした最大の意義であり，それなしに，政権を降りることはできないと言っています．グループ内には，雇用の維持拡大を不安視する議員も数多く，それは地方の土木業者，地方のA党の支持者からの公共事業予算の増額要求となって首相の所にも届いています．しかし，一度決めたら必ずやりとげるという首相は，反対する閣僚，政府を支える与党を説得すると強い決意を示しています．

　財務大臣は，次期党首をめざし，首相への野心をもつ政治家です．ゼネコンの支援も選挙では威力を発揮しています．しかし，財政再建の観点から公共事業を削減し，目標に近づけば，党内はもとより世間的な評価は高くなります．首相が党首選に再出馬すればライバルということになります．財務大臣を支持するグループは党内で40名程度にとどまり，首相のグループよりも20名ほど少ないのが現状です．しかし行財政改革でグループ内が一致しているわけではありません．これは各グループに共通した点です．

　国土交通大臣は，唯一連立政権のC党からの入閣で，予算増額を強く主張しています．元はB党の議員として，公共事業の采配で力をふるってきた人物です．大型のダム建設を含め，彼の了解がなければ，実現は不可能であったとの永田町の評判です．B党を批判して登場したA党政権が，公共事業予算の増額を主張するB党所属だった議員と手を組み，しかも国土交通大臣に起用するとはどういう神経なのか，世論やメディアの評判はよくありませんでした．しかし，B党の利権をよく知る，反B党のC党議員を取り込むことで，A党にとり，B党に打撃を与えることができると期待し

た人事でした．問題は，C党が連立を解消すると，A党は衆議院では引き続き安定多数を維持できるものの，参議院では現在のねじれが一層，野党に有利となり，予算以外の法案の成立は困難となることでした．

　農林水産大臣は，A党の強力な支持基盤でもある農村関連の公共事業は大切にしたいと考えています．とりわけ，同じ選挙区からB党の新人有力候補が出馬するといわれ，そのことを考えればここは前年よりも増やしたいのが本音です．

　こう考えると，首相と財務大臣以外の，公共事業関連の大臣は皆，予算増額を主張しているかにみえます．財務大臣のグループも内部で一致しているわけではなく，党内全体としても，選挙が近づくにつれ公共事業予算の増額要求は高まるばかりです．

　さて，閣議の決定はどのような内容になったでしょうか．その過程を含めグループ内で決めた首相が発表してください．政府内政治モデルに沿って，各閣僚の政策的立場，その立場を決めた理由，最終決定に至る閣僚間の駆け引き，主として指導力を発揮し，議論をまとめたのは誰か，その人物が指導力を発揮できたのはなぜか，他の閣僚が，その最終決定に従った理由はなにかなどについて留意しつつ説明してください．なお，予算編成は年内にどうしても終えねばならないことになっています．あと残りは4日間です．

　授業ではアリソンのモデルとりわけ政府内政治モデル（官僚政治モデル）を詳しく説明するためか，数多くの学生がこのモデルを使い事例研究に挑戦する．これまでの記述から明らかなように政府内政治モデルでは参加者間のゲームのルールについて，多くの仮説を立てており，そうした参加者間のゲームの態様が，ある程度普遍的に，どの政策過程にも見られるものとすれば，政府内政治モデルを身につける意味は大きい．しかし，実際には，学生の期末レポートで，組織過程モデルや政府内政治モデルを十分に駆使した事例研究を行うことは難しいようである．

　したがって取り組む学生の数の割には，優れたものは少ない．これは政策過程分析の最大のポイントである情報収集が困難であるということにもよっている．たしかに2カ月では関係者へのインタビューを行うことや，新聞，雑誌以上の情報を集めることは容易ではない．しかし，すでに何度か触れたが，外交，国内問題を問わず，最近の主要な事件に関しては，ノンフィクションをはじめとした記述的作品が数多く手に入る．そうした材料の二次加工でも構わない．

是非，臆することなく，政府内政治モデルに挑戦してほしい．

　以下に紹介する学生のレポートは，第一モデル（合理的行為者モデル）及び第二モデル（組織過程モデル），第三モデル（政府内政治モデル）を用いて，菅内閣が直面した尖閣諸島中国漁船衝突事件の政策過程を分析している．政策過程が発生から終結まで比較的短かったことを考えても，三つのモデルを適用した意欲は買いたい．合理的行為者モデルによる分析では，それぞれの選択肢のメリット，デメリットを日本政府の立場に立ち，丁寧に分析している．また，組織過程モデルを用いた分析では，モデルの一部，省庁間対立に焦点を当てるのが一般的だが，情報が不足がちな標準事務処理手続き（SOP）を用いて説明している点が野心的である．政府内政治モデルによる分析は正直に言ってもの足りない．主なプレーヤーとして挙げた人物のうち，菅首相と民主党元代表の小沢一郎の関係だけにしか焦点が当たっていないし，このモデルの真骨頂である，プレーヤー間の駆け引き，説得，妥協などが描かれていない．報道された新聞記事をもう少し丁寧に読み込めば仙谷由人官房長官など，他のプレーヤーの動向も把握できたはずである．おそらく，時間切れになったのだろうと思いながら読んでいたところ，「4. すべての分析を終えて」に，その点が書かれていた．しかし，学部1年生のレポートとしてはよくできているし，尖閣諸島中国漁船衝突事件を多面的な角度から理解しようとした点は大いに買いたい．

分析事例3

　私は今回，中国漁船衝突事件発生から中国人船長の釈放までを日表として整理した．その過程で，私は1つの疑問に直面した．この疑問について，私はアリソンの第一モデルと第二モデル，第三モデルを使いながら説明していきたい．

　疑問 → なぜ日本政府は中国人船長を釈放したのか

1　アリソン第一モデルを用いた分析

　今回日表［本書では省略］を整理する中で生まれた疑問は，なぜ日本政府は中国人船長を釈放したのかということである．日本の司法と政治が独立していることは常識であり，中国人船長釈放までの政策過程を日本政府の1つの意向として捉えるのは難しい．しかし，2004年3月に中国人活動家7人が尖閣諸島に上陸を強行・逮捕された際，当時の小泉首相が高度な政治判断によって勾留することなく強制送還処分とした

という前例がある以上，何らかの政治的影響がこの事件の際にもあったと考えれば，アリソン第一モデルによる分析も無駄ではない．実際に，新聞各社をはじめとするマスメディアでは，中国人船長釈放の裏に政治介入があったとする見方が一般的である．また，事件の流れや経過を知っておくためにもまずはアリソン第一モデルによる分析をしておきたい．

1.1 アリソン第一モデルの整理概念
1.1.1 行為者
行為者は本分析においては，日本政府である．官邸や外務省，海上保安庁を行為者とみなしても分析はできるが，分析の量が増えるので，行為者は日本政府とする．

1.1.2 行為者の目標
中国は近年，急激な経済成長や軍備の増強によって世界の中でも存在感を増してきている．中でも，東シナ海における中国の海洋権益の拡大によって，日本も脅威にさらされ始めていた．今回の事件はそのような背景のもとで起こった事件である．日本政府としては，中国人船長を起訴して国内法で裁くことで，中国側に尖閣諸島が日本固有の領土であるということを主張したかった．また，中国だけでなく東南アジア諸国，欧州諸国や米国に対しても，日本が中国側の圧力には屈さない強固な法治国家であるということを示したかった．それと同時に，日に日に悪化していく中国との関係を修復したいという思惑もあった．

1.1.3 戦略的選択
当時の日本政府の選択として，5つの選択肢があったと考えられる．また，それぞれの選択肢のメリット，デメリットについても整理した．
1. 中国人船長を処分保留とし釈放する
（メリット）日中関係のさらなる悪化を防げる可能性がある．フジタの社員4人が解放されることが期待できる．中国の日本に対する様々な対抗措置（レアアースの輸出禁止，航空路線増便をめぐる交渉の中止，日中石炭関係総合会議の延期，日中間の閣僚級以上の交流の停止）が緩和されることが期待できる．
（デメリット）日本国民の大きな反感を呼ぶことになる．東南アジア諸国に不信感を与えることになる．日本は中国の外交圧力に簡単に屈してしまうという印象を世界に与えてしまうことになる．日本の法治国家としての威信が崩れてしまう可能性がある．今後，中国の漁船が日本の領海に積極的に入ってくる可能性が高くなる．
2. 超法規的な措置として中国人船長を釈放する

（メリット）日中関係のさらなる悪化を防げる可能性がある．フジタの社員4人が解放されることが期待できる．中国の日本に対する様々な対抗措置（レアアースの輸出禁止，航空路線増便をめぐる交渉の中止，日中石炭関係総合会議の延期，日中間の閣僚級以上の交流の停止）が大きく緩和されることが期待できる．

（デメリット）日本国民のより大きな反感を呼ぶことになる．東南アジア諸国に大きな不信感を与えることになる．日本は中国の外交圧力に簡単に屈してしまうという印象を強く世界に与えてしまうことになる．日本の法治国家としての威信が崩れてしまう可能性がより高くなる．今後，中国の漁船が日本の領海に積極的に入ってくる可能性がより高くなる．

3．中国人船長を期限ギリギリまで勾留する

（メリット）日本政府としての決断を遅らせることができ，より良い判断を熟慮して下せる可能性がある．アメリカが日中両国間の仲裁に入るということを期待して，時間を稼ぐことができる．

（デメリット）日中関係をさらに悪化させる可能性がある．フジタの社員4人に対して中国が報復措置を取る可能性がある．中国の日本に対する対抗措置がさらに激化する可能性がある．

4．中国人船長を起訴して国内法に基づいて処理する

（メリット）日本の法治国家としての姿勢を貫き，日本は強固な法治国家であるということを世界に示すことができる．海洋権益の拡大を狙う中国に対し，強い牽制をすることができる．中国に対し，尖閣諸島は日本の領土であるというメッセージを強く伝えることができる．

（デメリット）日中関係をさらに悪化させ，国交断絶までいく可能性もある．中国の日本に対する対抗措置がさらに激化する可能性がある．フジタの社員4人に対して中国が報復措置を取る可能性がある．

5．アメリカに仲裁に入ってもらい，事態の収拾を図る

（メリット）日中関係の悪化を防げる可能性がある．アメリカは尖閣諸島に日米安保条約5条が適用されることを表明しており，アメリカが仲裁に入るとすれば日本に有利な和解条件が決まることが予想される．

（デメリット）和解条件によっては，日中関係がさらに悪化する可能性もある．

・結果

以上が当時の日本政府にとって考え得る選択肢と，そのメリット，デメリットである．これら5つの選択肢を吟味したうえで，それぞれの選択肢を選択した場合に生まれる結果について考察していきたい．

1．「中国人船長を処分保留とし釈放する」を選択した結果

デメリットは多いが，この選択肢を選択した場合，あくまで中国人船長の釈放は那覇地検の判断であり，表向きは政治が介入していないということになるので，選択肢2よりもそのデメリットの影響を受ける部分は少なくて済む．

2. 「超法規的な措置として中国人船長を釈放する」を選択した結果
基本的には選択肢1を選択した場合と結果は変わらない．何が変わるかと言えば，1の選択肢よりもデメリットの影響をより大きく受けるということである．なぜなら，1の選択肢の場合は表向きではあっても，法治国家としての手続きを取った上での船長釈放であるのに対し，2の選択肢は法治国家としての手続きを取らずに行われる船長釈放だからである．日本の法治国家としての威信がより大きく揺らぐことになってしまい，世界に日本は中国の外交圧力にいとも簡単に屈してしまうという印象を与えることになったはずである．しかし，この選択肢を選択すれば，中国の対応は1を選択した時よりも柔軟なものになっていたはずである．

3. 「中国人船長を期限ギリギリまで勾留する」を選択した結果
この選択肢を選択した場合，基本的にメリットの部分はあまりないと考えてよい．なぜなら，今回のケースでは時間の経過とともに中国の日本に対する制裁が厳しさを増していっており，一刻も早く何らかの行動を日本政府が起こす必要があったからである．中国人船長を期限ギリギリまで勾留し，最善の選択肢を検討したとしても，中国政府は日本に対する対抗措置を強めるだけで，最悪の場合国交断絶もあり得たであろう．ただ，アメリカが仲裁に入る可能性もゼロではなかったため，この選択肢もあり得なくはなかった．

4. 「中国人船長を起訴して国内法に基づいて処理する」を選択した結果
中国人船長を日本の国内法にのっとって粛々と裁くということは，日本が強固な法治国家であるということを世界に示すことになる．また，近年海洋権益の拡大を狙う中国を牽制することも可能となる．尖閣諸島は日本の固有の領土であるというメッセージも無言のうちに伝えることができる点もメリットであろう．しかし，この選択肢を選択した場合，日中関係のさらなる悪化は避けられなかったはずだ．中国政府は一貫して，中国人船長に対して日本が行っている司法手続きは，国際法と国際常識に違反しており，無効，違反であるという主張をしてきた．もし，日本政府が中国人船長を起訴して国内法で裁くということになれば，中国政府の主張を真っ向から無視したことになってしまう．だとすれば，最悪の場合国交断絶もあり得たであろう．

5. 「アメリカに仲裁に入ってもらい，事態の収拾を図る」を選択した結果
当時の日本政府としては，中国政府との外交手段が手詰まりのような状況であった．中国政府は強硬姿勢を崩す気配が全くなく，中国人船長の即時解放を求めて

おり，対抗措置として様々な対応を取ってきていた．そのため，他国の力を利用してこの対立を収めるという考えも当時の日本政府の中にはあったはずである．唯一2か国間の対立を仲裁できる国があるとしたら，それはアメリカだ．ただ，アメリカはこの2か国間の対立には介入しないということを表明しており，さらに9月の23日にはクリントン国務長官が，「尖閣諸島には（日本への防衛義務を定めた）日米安保条約5条が適用される．日中2か国間の問題で，東シナ海に領土問題はない．外交問題として，大局的な見地からしっかりと取り組む」というコメントを発表しており，事実上2か国間の仲裁は難しかったと考えられる．

・選択

結果からいえば，当時の日本政府が選択した選択肢は，1の「中国人船長を処分保留とし釈放する」であった．なぜ，日本政府はこの選択肢を選択したのであろうか．その理由は2つである．

まず1つ目は，日本政府が，日中関係をこれ以上悪化させることは危険であると判断したためである．中国政府は日本に対して強烈な対抗措置を取ってきていた．例えば，レアアースの禁輸措置がその一例である．レアアースは，自動車の排ガス浄化装置やハイブリッド車・電気自動車の強力モーター，デジタルカメラのレンズ，高性能照明，軍事用レーザーなどハイテク製品づくりに欠かすことのできない物資である．これを禁輸するということは，ハイテク分野が得意分野である日本にとっては致命的な問題になり得た．また，中国政府はこのレアアースの禁輸措置だけでなく，日本への広範な経済制裁措置を検討していた．日本経済は中国と密接なかかわりを持っており，このような措置を中国にとられれば，日本の経済は大打撃を受けていただろう．

2つ目は，フジタの社員4人の人命を考慮したということである．9月23日に河北省石家荘市の国家安全当局が，同省内の軍事管理区域に侵入し，不法に「軍事目標」をビデオ撮影していたとして，フジタの社員4人を拘束し取り調べを続けていた．その人命を救助するべく無難な1の選択肢を選択したともいえるだろう．万が一，中国政府がフジタの社員4人を中国国内法にのっとって裁き，4人に死刑が言い渡されるようなことがあれば，日本政府に対する批判はとても強くなっていたはずである．

以上が日本政府が選択肢1の「中国人船長を処分保留とし釈放する」を選択した理由である［実際に菅内閣がとった選択肢は，この五つの選択肢を前提にすれば，1と2の間，すなわち超法規的な観点から船長の釈放を決める一方，政府は弱腰だとの批判を恐れて那覇地検の判断として処分保留，釈放したとみられる．草野注］．

1.2　アリソン第一モデルでの分析を終えて

今回の「なぜ日本政府は中国人船長を釈放したのか」という疑問は，少々難しいも

のであった．なぜなら，先にものべたように日本の司法と政治が独立していることは常識であり，中国人船長釈放までの政策過程を日本政府の1つの意向として捉えるのは難しいからである．アリソン第一モデルを使ったことによって事件の概要や大筋の流れはつかむことができたはずだ．しかし，これではまだまだ不十分であるといえる．中国人船長を釈放したのは，アリソン第二モデルの観点からいえば海上保安庁や那覇地検石垣支部が組織の標準事務処理手続き（SOP）を元に行動した結果だともいえるであろうし，アリソン第三モデルの観点からいえば菅首相が9月14日の任期満了に伴う民主党代表選挙をにらんで，より無難な行動を選択したともいえるだろう．つまり，アリソン第一モデルだけでは，十分とは言えないのである．

2 アリソン第二モデルを用いた分析

先にも述べたように，「なぜ日本政府は中国人船長を釈放したのか」という疑問に答えるためには，アリソン第一モデルによる分析だけでは不十分である．そこで，ここからはアリソン第二モデルを用いて分析を行っていきたい．

2.1 那覇地検石垣支部が行った中国人船長の勾留延長申請

中国人船長は，なぜあのタイミングで処分保留となり釈放されたのであろうか．日中関係が悪化する前に，ことを穏便に処理することもできたはずである．この一連の事件にはいくつかのターニングポイントがあるだろうが，その1つのポイントとして見られるのが，那覇地検石垣支部が中国人船長の勾留延長を申請したことである．2004年3月に中国人活動家7人が尖閣諸島に上陸を強行・逮捕された際，当時，靖国神社公式参拝で中国側と冷却関係にあった小泉首相が高度な政治判断によって勾留することなく強制送還処分としたという前例がある．だとすれば，今回も日本政府は小泉元首相が行ったような対応ができたはずである．なぜ，事態が大事になる前に中国人船長を強制送還しなかったのであろうか．その理由としては，海上保安庁と那覇地検石垣支部がSOPをもとに行動していたことがあげられる．近年，中国漁船が日本の領海に入って違法操業をする事件が多くなってきている．その度に海上保安庁の保安官は，違法操業の船を摘発し，自らの命を賭して仕事をしてきた．そんな中で，今回の衝突事件が発生したのである．しかも，今回の事件は極めて悪質で，中国漁船は明らかに意図的に海上保安庁の巡視船にぶつかってきている．これほどの違法行為をした中国人船長を起訴もせずに，釈放してしまっては，現場の保安官の士気が下がってしまう．このような懸念が海上保安庁や那覇地検石垣支部にはあったはずだ．だとすれば，海上保安庁や那覇地検石垣支部は日本政府からの圧力があったとしても，各々の組織のSOPに従って粛々と処理をしていたはずである．これが，中国人船長を強制

送還できずに，勾留延長を申請した理由の1つではないだろうか．実際海上保安庁は，船長を公務執行妨害で逮捕し，那覇地検石垣支部は国内法に基づき起訴する司法手続きに入った．アリソン第一モデル的な観点からいえば，中国人船長の勾留を延長したのは，日本政府が中国政府の圧力に屈したという印象を世界に与えたくなかったからであろう．これも理由の1つである．

2.2 アリソン第二モデルでの分析を終えて

今回のアリソン第二モデルでの分析を終えて分かったことは，日本政府という大きな1つの組織の中の小さな組織の間で対立が生じているということである．今回の事件であれば官邸と海上保安庁，那覇地検石垣支部が対立していたといえる．今までは，日本政府という1つの大きな組織が1つの目標に向かって，各省庁がまとまりながら政策決定などを行っていくという風に考えていたが，現実はそんなに単純なものではなかった．それを，今回の事件の官邸と海上保安庁，那覇地検石垣支部の対立が示しているといっていいだろう．あと1つ私が検証したかったのは，例えば外務省と官邸，外務省と財務省，外務省と経済産業省の縄張り争いによる対立が与えた，今回の事件への影響である．なぜこのような縄張り争いがあるかと言えば，第一に外交官試験を経た外務省職員には一般公務員とは別という意識があること，第二に，戦前の日本外交が外務省と軍部の二元外交によって妨げられたことへの反省から外交の一元化を強調し，そのため，たとえば他省庁が要求する在米駐日大使館員の増員を認めていないこと，第三に，財務省，経済産業省にすれば問題が複雑になり専門的な知識が必要であり，外務省を通すよりも相手国のカウンターパートと直接交渉したいとの思いがあること，第四に各省独自の情報ルートを構築し，外務省を通さずに情報の収集を行っていることなどがあげられる．特に今回の事件は，外交が重要な役割を果たしている事件であり，外務省の役割も非常に重要なものがあった．今回の事件の日表を作る際に，各社の新聞記事から情報を収集したが，上記に見られるような外務省と官邸や財務省，経済産業省による対立というものは見られなかった．おそらく，新聞だけでは圧倒的に情報量が足りず，より詳しく調べるためには各省庁へのインタビューなどが必要になってくるだろう．新聞記事になっていないだけで，必ず各省庁や官邸との対立はあったはずである．そのような小さな対立が，政策決定を変えかねないだけにしっかりと調べたかったというのが本音だ．このレポートを提出した後に個人的に調べていきたい．

3 アリソン第三モデルを用いた分析

ここまで，「なぜ日本政府は中国人船長を釈放したのか」という疑問についてアリソ

ン第一モデルとアリソン第二モデルを用いて説明してきた．しかし，これでもまだ分析は不十分だといえるだろう．そこで，ここからはアリソン第三モデルを用いた分析を行っていきたい．ただ，第三モデルを用いた分析には，莫大な量の資料，各プレーヤーに近い人物からの資料が必要となる．しかし，今回はそのような資料を用意することはできなかった．

　主なプレーヤー：菅直人（総理大臣），仙谷由人（官房長官），岡田克也（2010年9月17日以前は外務大臣，2010年9月17日以後は民主党幹事長），前原誠司（2010年9月17日以前は国土交通大臣，2010年9月17日以後は外務大臣），丹羽宇一郎（駐中国大使），鈴木亨（那覇地検次席検事），小沢一郎

3.1　中国人船長勾留延長の裏にあった各プレーヤーの駆け引き

　中国漁船衝突事件が発生したのは，2010年9月7日のことであるが，その一週間後に任期満了に伴う民主党代表選挙が控えていた．つまり，各プレーヤー，特に菅首相は民主党代表選挙を意識した政策決定を迫られていたことは想像に難くない．選挙での再選は政治家の第一目標である．そのため，時には自分の信念を貫くよりも，再選をより意識して政策決定を行う政治家も多い．今回のケースはその一例と言ってもいいだろう．では，どのようなことを意識して菅首相をはじめとしたプレーヤーは，政策決定を行っていったのであろうか．

　まず，特筆しておきたいのは，菅首相が民主党代表選挙が行われる 2010 年 9 月 14 日まで，中国漁船衝突事件に関するコメントを発表していないということである．新聞各社が菅首相のコメントを取り上げなかっただけなのかもしれないが，慎重を期して行動していたのは間違いないであろう．また，民主党代表選挙は普通の選挙とは違い，党内での選挙である．よって，自分のグループの民主党議員の意向に沿った，あるいは反発がない程度の政策決定をしていたと考えられる．その代表的な例が，中国人船長の勾留を延長したことであろう．民主党内には，中国に対して厳しい態度で外交を進めていくべきという議員が少なからず存在していた．逆に中国との協調路線を強調していたのが，民主党代表選挙での対立候補筆頭となる小沢一郎だった．小沢一郎は，過去に小沢訪中団を率いて中国を訪問した経験を持つ．小沢訪中団とは，小沢一郎民主党幹事長（当時）を名誉団長とする民主党議員 143 名と一般参加者など 483 名で構成され，2009 年 12 月 10 日から 12 月 13 日までの 4 日間の日程で中華人民共和国を訪問した訪中団のことである．日中国交正常化を成し遂げた田中角栄に連なる小沢は中国との強力なパイプを持っており，中国に対して格別，友好的な議員の一人である．つまり，菅首相は小沢との対抗意識から，この問題に対して曖昧な姿勢をとらざるをえなかったとも考えられる．そのことが，中国人船長の勾留延長を行ったも

のの，結局は処分保留，釈放という決定につながったのではないか．先にも述べたように，2004年3月に中国人活動家7人が尖閣諸島に上陸を強行・逮捕された際，当時，靖国神社公式参拝で中国側と冷却関係にあった小泉首相が高度な政治判断によって勾留することなく強制送還処分としたという前例がある以上，菅首相もそのような選択肢を選択することもできたはずだ．だが，あえてそれをしなかったのは，民主党代表選挙を見据えて，選挙前に中国人船長を釈放し，党内から強烈な批判を浴びてしまっては選挙に勝てなくなるという思惑があったのではないだろうか．実際に2010年9月24日に中国人船長が釈放された際に，民主党内からも厳しい批判が数多く聞かれた．例えば民主党の金子洋一参院議員は，同僚議員4人（中津川博郷衆院議員，松原仁衆院議員，石関貴史衆院議員，長尾敬衆院議員）と連名で「中国人船長の処分保留と釈放に抗議する」と題した声明を発表している．「容疑者の行動は，これまでの地検による捜査状況に鑑み，わが国の法律を犯したものであることは明白である．捜査の継続を放棄し，容疑者を釈放することは，わが国の法秩序を蹂躙するものであり，将来の建設的なわが国と中華人民共和国の関係樹立の観点からもとうてい容認できない」として政府の対応を批判した．船長を釈放すれば，このような批判が民主党内から出てくることを予想して，菅首相は中国人船長を勾留したままにして代表選（9月14日）を終え，その後，勾留延長（9月19日）を行うと中国側が閣僚級の往来の停止などの報復措置をとったために，処分保留とし，釈放したのである．

3.2　日中間のパイプが細かったことが事態を拡大した原因に

　民主党代表選挙で小沢一郎を破って再選を果たした菅直人は，ある程度自分の意思で政策決定ができるようになっていたといえる．しかし，今回の事件が混迷を深めた一つの原因として菅の中国とのパイプの細さがあげられる．当時の菅政権には様々な対応策が寄せられていた．この問題を日中関係冷却のきっかけにしてはならないとの親日派の立場から，政治レベルでの水面下の交渉を進めるべきといった意見，中国政府が「日本の国内法適用を認めない」と中国国民に説明できる余地を残す形で決着させるべきだといった極端な親中派の意見，さらには，中国と領有権を争う東南アジア諸国が日本の対応を注視しているといった意見など色々であった．しかし，そのいずれを採用するにしても，必要なことは中国政府がどのように考えているかであった．それが十分明らかでない以上，具体的な行動にはなりえなかった．菅のパイプの細さを民主党内で補うことのできる人物がいたとすれば，先に述べた中国と強いつながりを持つ小沢一郎であった．しかし，菅首相は，小沢を起用するわけにはいかなかった．なぜなら，先の民主党代表選挙で小沢を打ち破ったばかりであったからだ．菅首相はこの時点で中国とのパイプを失ってしまったのである．これが，今回の一連の事件を

深刻化させた一つの原因になったと考えられる．

3.3 アリソン第三モデルでの分析を終えて

今回は「なぜ日本政府は中国人船長を釈放したのか」という疑問を解決するために，アリソン第三モデルを使って分析を行ってきた．率直な印象としては，アリソン第三モデル的な分析を行うために資料の量，質ともに全く足りなかったということを感じている．したがって，この疑問を十分に解決できたとは言い難いだろう．しかし，この第三モデルの分析で疑問が少しばかりは解決したと私は考える．

［外交に必ずしも強いとは言えない菅と，中国とは太いパイプを持つ小沢を対比させた点は興味深い．代表選を前に，親中派の多い小沢グループに配慮して当初，曖昧な措置（勾留）をとらざるを得なかったとの解釈にも一理ある．しかし，9月14日に行われた代表選では菅が圧勝し，この問題で，小沢要因を考慮する必要がなくなったにもかかわらず，レポートにあるように9月19日には勾留延長を那覇地検は決めている．とすれば，小沢要因がどこまで菅のこの問題への対処に影響を与えたのか，このレポートにおける第三モデルでの分析は十分な説得力があるとはいえない．仙谷由人官房長官の役割について言及がないのももの足りない．草野注］．

4　すべての分析を終えて

今回，「なぜ日本政府は中国人船長を釈放したのか」という疑問を解決するにあたって，アリソン第一，第二，第三モデルを使って分析してきた．第一モデルでは，日本政府が当時世界に対して，日本が強固な法治国家であるということを示したかったという結論が見えてきたし，第二モデルでは官邸と海上保安庁・那覇地検石垣支部の組織間の対立が政策決定に大きく関係したことが明らかになった．第三モデルでは，菅首相が民主党代表選挙の当選を目指す中で，政策決定を行っていたことが明らかになった．このような様々な分析を行ってきた中で，「なぜ日本政府は中国人船長を釈放したのか」という疑問が少しずつ解けてきたように思う．ただ残念なのは第三モデルのための資料の量，質ともに足りなかったということだ．この第三モデルの分析を本格的に行えていれば，よりこの疑問をすっきりと解決できたように思う．今後しっかりとこの事件をアリソン第三モデルを用いて分析し，「なぜ日本政府は中国人船長を釈放したのか」という最大の疑問を解決できるように励みたい．今後も興味のある事件や事故が起きた際にはアリソンのモデルを用いて，政策過程を分析したい．

第 6 章　分析の手法(その 3)

増分主義モデル

　アリソンが合理的行為者モデルを批判したように，その他の研究者も，政府を一つの意思をもった統一体とみなし，あらゆる選択肢について費用便益計算を行ったうえで，一つを選ぶというこのモデルの仮説を批判した．その一人がチャールズ・リンドブロムであり，彼は実際の政策決定は増分主義(インクリメンタリズム)によって行われることが多いとした(谷，1990；リンドブロム & ウッドハウス，2004)．

　この考え方では「公共政策は基本的には過去の政策の延長であり，修正は付加的，増分的なものにとどまる」と捉える．「既存の政策プログラムや支出予算は[最低限の支出，実施が保障されているという意味で]基底と考えられ，それからの増加，減少，ないしは修正だけが注目される」のである(宮川，1995，149–150 頁，下線筆者)．

　日本の予算システムでは財政赤字が急増した 1980 年代以降，シーリングが採用され，各省庁の予算の概算要求の上限は費目ごとにあるいは費目横断的に，抑えられてきた(82 年度には投資，経常費ともにゼロシーリング，83 年度以降はマイナスシーリングを実施した)．時代が変わっても，この方式は変わらない．民主党政権の菅内閣は，2012 年度予算の概算要求に際し，人件費などの義務的経費を除いた歳出を，東日本大震災からの復興に必要な費用を別枠にしたうえで，11 年度予算に比べて一律 10% 削減することを各省庁に求めることなどを決めた(11 年 8 月 20 日)．

　シーリングも一律 10% 削減も増分主義の制度化として典型的な例であろう．本来ならば，時代のニーズに応じて，予算費目の増減は大胆に行われなければならないはずだが，族議員と各省庁の抵抗によって困難を極める．そこでシー

リングを導入することによって，全体として財政赤字は減らせる，しかも減額すべき部門には，その他の部門も同時に減少させる（痛みを分かち合う）ので，我慢してほしいと説得できるなどのメリットを生かしたのである．つまり財務省（旧大蔵省）にとっても，本来の査定権を行使するよりもはるかに政治的に容易である．予算に限らず，政策の可否を決める過程でも，増分主義的な発想が官僚機構においては一般的である．つまり，仮に大半の人々には最も望ましいはずの革新的な政策が提示されたとしても，それは否定され，現状維持か，あるいは現行政策のやや改良された政策が採用されるというのが通常のパターンである．

　日本の政策過程のかなりの部分が，このモデルで説明できると考えている人は多いのではないだろうか．しかし，印象論としてはあっても，実際にある政策に関する決定が増分主義で説明できるとした事例研究はそれほど多くはない．事例研究の対象となるのが，沖縄返還や国鉄改革など大きな変化を伴うものだからでもあろう．増分主義は平時，第4章で紹介した福井治弘の言葉でいえば「日常型」モデルで説明される事例に特に適合する．

　しかし，次のような利用の仕方もできる．大きな変化を必要とするような重要な問題において，なぜ政府はうまく対処できなかったのかを解明する場合である．それは増分主義で対処したからではなかったのか．日本の構造改革を客観的にみる一つの指標は予算配分である．ところが繰り返し改革が叫ばれながら，公共事業の配分比率は比較的最近まで変化がなかった．たとえば，一般会計予算に占める公共事業費の比率は，1990年度には7.0%であったが，93年度には13.7%に急増し，その後，二桁台が続いたものの，小泉内閣の登場で流れが変わり，2002年度からは9.2%，8.3%，7.8%と減らした．つまり，公共事業費は増加したり減少したり，変動が激しかった．ところが，その分野別配分比率は，道路整備事業費でみると1998年度は28.8%，2001年度は26.6%，2003年度は25.7%で，治山治水対策事業費は同じ期間に17.5%，15.5%，15.0%と多少の変化に留まっている．予算全体の増減がある以上，必要な分野には多く，不急の分野には少なくなどの政治判断があってもよかったが，それはなかった．政府が，時代の変化に応じた政策判断を放棄したといわれても仕方がない．こうした点をより説得力をもって説明するにも事例研究の積み重ね

が必要なのである．

　なぜ政府は増分主義に偏るのであろうか．ある論者は次のように整理している．第一に，政策決定者はあらゆる代替案を検討する時間，情報，能力を有していない．第二に，新しい政策の結果については大きな不確実性が伴うので，現状維持が好まれやすい．第三に，既存のプログラムにはすでにかなりの投資がなされており，そのために根本的な変化が妨げられる傾向にある．第四に，増分主義は政治的に受け入れられやすい．これまでの政策を部分的な修正で継続させる一方，新しいプログラムは徐々に導入することで，政治的コンフリクトを回避できる．前述したように予算要求におけるシーリングの発想はまさにそこにある．第五に，人間のもつ特性も増分主義に合致したものである．人間はすべての価値を極大化するように行動することはほとんどなく，何らかの特定の要求を満足させるために行動するのが普通である．ある程度のところで満足してしまい，本来ならば，達成しなければならない目標を絶対実現するという行動を一般的にはとらないのである(宮川，1995，150–151頁).

　前述の日本の予算を含め，行政改革，規制改革など，この増分主義で説明される事例は多いであろう．ということは，政策決定のあり方としては，保守的という批判があり得る．とりわけ，総合的，包括的，抜本的な改革を目指す人々からすれば，現状を肯定する安直な手段ということになる．

　しかし，増分主義を主張したリンドブロムの真意は，より細部にわたり彼の議論を観察しなければわからない．人間の限界を重視した，極めて現実的な考え方とも言えるからである．以下はリンドブロムの増分主義について谷聖美の論じたポイントをさらに整理したものである(谷，1990)．リンドブロムは個人の意思決定と，集合的・政治的決定とに分けて論じている．

　合理的行為が困難である以上，個人はそれぞれの意思決定に関して戦略をもたねばならないとしてリンドブロムは以下の四つを提案する．

　①　単純化

　決定を行う際には情報収集費用や時間コストが重要である．大きな変化をもたらす選択肢，既存の手段では達成不可能な目標といったものは，意識的に考慮の対象から外す．

　②　限界的変化の重視

現状を大きく変化させるような選択肢は排除され，現状からの限界的な変化，小さな変化のみが追求される．それは大きな変化の結果が予測不可能だからである．

③　手段先導型目標設定

現実的な決定を行おうとする者は，既存の，あるいは実現可能性のある手段に照らして意味があるような目的を選ぶ．合理的行為者モデルが想定する，目標を固定化し，選択肢を検討するという方法とは全く逆の発想である．

④　連続的決定

合理的行為者モデルが，決定は一回限りのものと想定しているのに対して，増分主義モデルでは，政策決定は連鎖的に続けられる諸決定であり，一つ一つの決定はそれだけで目的を達成し，問題を解決するものではないとされる．小さな変化に関する決定も，それを繰り返すことによって大きな変化につながり，あるいは複雑な問題状況に対処しうるというのである．

増分主義では，前述したように政策決定はあくまで参加する具体的諸個人の意思決定を出発点として行われるが，その諸個人のあいだで行われる相互作用は「そこに完全には還元し尽くせない」独自の論理展開をしているはずであり，それが政策過程固有の性格であるとされる．そして，その固有の性格を生み出す最も根本的な要因は社会の政治的統合が絶対的に必要だという認識である．

それを前提にして集合的・政治的決定に関しては次のように整理できる．

① 通常，政策過程に参加する人々は，政治家，官僚，利益団体の代表，有力ジャーナリストなど限定的である．彼らは一枚岩ではない．

② 政策過程は基本的には個人として主体的に行動する実質的参加者たちの間のゲームとして展開する．具体的政策が生まれる過程で政治的統合が達成される．

③ 統合が達成されるのは，第一に人々の間に明確な上下関係があって，上位者の意向が最終的には下位者の意思を圧服するというケースである．第二に，誰が考えてもそこに到達するという共通の解を発見することである．しかし共通の解の前には共通の問題がなければならず，それに関して価値観も異なるゲームの参加者が一致することは難しい．そこで，「諸々の問題を解決する (solve) ための戦略ではなく，色々な問題を処理する (cope

with)ための戦略を開発する」ことこそが重要であるとリンドブロムは指摘する．
④　政治的統合としての政策決定とは，影響力ないし権力という点では大同小異の人々が，相互に事実認識や価値判断などの対立がある場合でも，自分たち自身で，何とかそれを調整していくことであり，必要なのは調整を実現するための方法である．
⑤　調整の必要性を小さくする最も効果的な方法は政策過程の断片化である．たとえば予算を全体として扱うのではなく，農政や教育，国防といった事項にわけて，それぞれを別々の決定単位に任せるという方式が考え出される．このような断片化は，議会や省庁といった政治機構の内部においてのみ考えられているわけではない．利益団体や政党幹部，ジャーナリストなど政策過程に参加している人々を想定し，特定の政策ごとに異なった参加者を登場させ，彼らに問題の処理を任せるという方法をとる．彼らは他の政策領域には口出しをせず，他の政策決定者たちも影響が自分たちに及ばない限り無関心を保つ．
⑥　断片化は単に調整の必要性を減じるという消極的意味だけでなく，もっと積極的な意義ももつ．それはどのような動機や関心によるものであれ，政策問題にかかわろうとする多様な人々が広く分布しているなら，それだけ多様な問題が取り扱われるチャンスは大きくなり，また一部の政策決定者が見逃したりうまく対処できなかった問題が，別の参加者によって取り上げられる可能性も大きくなるということである．
⑦　増分主義においては政策過程とは，一部の政治家や官僚，利益団体代表たちのみが参加して，他の問題との関係はもとより，社会全体のなかでの位置づけすらさして考慮せずに行われる個別的・部分的決定そのもの，ないしその堆積である．そしてそれで大きな問題が起きない限り，政治的統合は達成されているのである．

たしかにこのモデルにはある種の説得力がある一方，議論の余地もある．日本の政策過程については極めて説明能力は高い．他方，その根底にある考え方に関しては疑問がある．リンドブロムは，個人の能力には限界があり最善の決定などということはあり得ない，だから与えられた条件の中で，価値観の異な

る多数の人々が，ある程度満足するには，相互に妥協しなければならず，それには小さな変化を目指すほうがよいというのである．しかし，最後に触れているように，このモデルでは個別の利益が政策過程に反映されることはあっても，個別ニーズの優先順位を誰が決めるのか，個別ニーズの前提となる全体のニーズを誰がとらえるのかなどは，十分にはわからない．その意味では，現状の維持が望ましい社会においては，尊重されるモデルなのであろう．

国内政治モデル

合理的行為者モデルを批判してアリソンが新たなモデルを提示したように，アリソンのモデルに対しても様々な批判があることはすでに述べた．その中で，操作可能なモデルを新たに提起したのは，ステファン・コーエンである．

アリソンが分析したのはキューバ危機であったが，国家の安全保障にかかわるイシューであり，しかも大統領は早急な決断をせまられていた．日に日に，核戦争の可能性が高まっていたからである．しかし，よく考えれば，政策過程の構造上の問題が問われるケースは，危機の場合が多いことはたしかであるとしても，政府が直面する決定は，このような危機型決定とは限らない．

その場合，アリソンが政府内政治モデル（官僚政治モデル）で想定したよりは，はるかに多くのアクターが政策過程に登場するのではないか．つまりアリソンが少数の助言者と大統領の間の駆け引きで決まったと考えたこの事例は，あくまで例外的ではないかとの指摘もあり得よう．すなわち，政策過程に参加するアクターの問題である．参加するアクターの人数は政策過程の構造をある程度決めてしまう．たとえば参加人数が多ければ多いほど，利害は錯綜するはずであり，小グループよりは，調整が困難となって，決定までに時間がかかるということは，常識的に考えられる．したがって，誰が政策過程に参加しているかを特定することは，考える以上に重要である．

第4章で紹介した福井は，日本の戦後外交政策決定過程に関して，危機型と日常型の二つのモデルの中間モデルとして非常時型モデルを提唱した．このモデルでは，少数の政治家，高級官僚に加えて，特定の政策について，官房長官，外務大臣，外務官僚，場合によっては新聞記者，学者，野党の国会議員がアクターに含まれるとされていた．アリソンの政府内政治モデルよりは参加者が多

彩である．

　国内政策のうち経済問題としては大きな政治的関心を呼んだ環太平洋戦略的経済連携協定（TPP）交渉の場合は，参加したアクターの顔ぶれは賑やかであった．首相，経産大臣，農水大臣，与党民主党幹部，官僚，農業団体，日本医師会などの業界，有力経済学者，それぞれの業界の意を受けた与野党議員が主要なアクターであり，加えて参加の議論の過程においては，米国からの参加要請が聞こえてきた．さらにメディアが，後述するコメの市場開放問題以上に，参加の必要性を論じた．このように，国内的に関心の高い，しかも，公の場で政府要人の発言が繰り返されるような問題の場合，アリソンの政府内政治モデルが想定するよりも参加者は多い．もっとも，だからといってアリソンの第三モデルが，こうした非常時の政策過程分析に適用不可能というわけではない．実は，政府内政治モデルはアクターに焦点を当て，アクターの影響力，アクター間のゲームに注目したモデルだが，そのアクターを政府の中心から同心円の外縁に広げていき，そのアクター間でゲームが展開されると考えることもできる．もちろん，中心から離れたアクターは，直接的には政策決定にはかかわらないことが多く，政府内政治モデルが想定するほどアクター間の駆け引きは均等ではないかもしれない．

　第4章で紹介した細谷千博も，アリソンよりも広い範囲のアクター間のゲームに着目している．日本の戦後の外交政策過程を三脚柱システム，すなわち，首相を中心として，外務省，与党（自民党），財界（経済界）が助言者集団を形成するものと捉え，イシューにより，その他のアクターが参加すると説いた．

　コーエンは『アメリカの国際経済政策』の中で，アクターに焦点を当てて，いくつかの特徴的な政策過程を明らかにしている（Cohen, 1988；山本，1990，24–25頁）．紹介された事例は古いが，比較的新しい日本の事例もまじえつつ，この古典的ともいえる整理の仕方を紹介しておきたい．

　① 大統領が強いリーダーシップを発揮する場合

　コーエンは1971年8月15日，ニクソン米国大統領が，金とドルの交換停止を発表し，世界を一時的にせよ混乱に陥れたニクソン・ショックを例にあげている．米国経済の立て直しという意味でも，日本を含む各国が，自国通貨の対ドル切り上げを余儀なくされたという意味でも，ニクソンは強引とも思われ

る手法で，米国の難局を乗り切った．同じニクソンは，その1カ月前には，国交のない中国への訪問を突如発表している．米国政治における大統領は，議院内閣制の首相よりは制度的にリーダーシップが発揮しやすいという点を考慮にいれたとしても，ニクソンのそれは図抜けていた．

　日本では1996年4月に，橋本龍太郎首相がクリントン大統領から沖縄の普天間基地全面返還の約束をとりつけた例も同様といってよい．防衛庁（現防衛省），外務省の事務当局のシナリオには全くなかった全面返還であり，もし，首相が事務当局のお膳立てにしたがって行動していたならば，全面返還の約束とりつけはありえなかった．しかし，この日米合意は，2012年現在，実現に至っていない．自公政権が地元名護市の了解をとりつけ一度は辺野古沖への移設が決まったものの，09年発足の民主党政権，鳩山首相が，「最低でも県外移設」と発言し，全ては振り出しに戻ったからだ．しかも県外移設の可能性を探ったものの果たせず，結局は自公政権時代の合意を追認する形となった．

　国内問題で考えてみよう．その功罪はともかく，小泉純一郎首相（2001年4月に就任）が郵政民営化の過程で見せたリーダーシップも歴史に残る．第5章で紹介したように，小泉は政治的指導力発揮のための枠組みとして経済財政諮問会議を発足させ，自ら議長に就き郵政改革をはじめ財政構造改革を押し進めた．しかも，与党自民党内の反発が強いとみるや，総務会の全会一致の慣例を無視し，多数決で郵政民営化の方針を決め，民営化に反対する議員を離党においやった．これ以上のリーダーシップはあり得ないと思わせるほどであった．もっとも，政権交代を結果的に導いたという意味で「負のリーダーシップ」だったかもしれない．小泉首相自身が「自民党をぶっ壊す」（既得権益を壊すという意味で）と述べ，その通りになったからだ．

　大統領や首相といった最高政策決定者のリーダーシップは，一般論としては，どんな問題，領域であっても，最高政策決定者の強い意思や問題に対する関心度，理解度の高さ，決定後の実施を支える側近の存在などの条件が重なれば発揮できる．もっとも，日本の場合，2007年，安倍内閣で行われた参院選で与党自民党が大敗し，国会でいわゆるねじれ現象が生じたことはリーダーシップ発揮に影響を与えている．衆院では与党が圧倒的多数を占めるものの，参院では過半数に満たないというケースである．予算以外の法案は予算関連法案を含

め通りにくくなり，法的拘束力はないものの参議院で閣僚に対する問責決議案が通りやすくなった．法案が通らなければ，内閣は早晩行き詰まる．リーダーシップの発揮どころではない状況が2007年以降の日本政治の特徴である．

② 国内政治モデル（コーエンのいう民主政治モデル）

政府の意思決定にあたり，単に官僚の長だけでなく，政党（議会），および様々な利益団体が参加するケースである．

日本の場合，特に経済問題で以下のような多彩なアクターが登場する．農産物（農水）を筆頭に半導体（経産），電気通信事業（経産，総務），自動車・同部品（経産），建設（国土交通），医薬品（厚生労働），木材（林野庁），弁護士（法務），航空（経産），ガラス（経産），流通（経産），金融（財務），保険（財務），フィルム（経産）等々で，利益団体が開放に反対ないし慎重の立場から，監督官庁に働きかけるとともに，国会議員の応援も得て目的を達成しようとするのである．

実際の政策過程には加わらないが，問題によってはマスメディアが，一方の立場の旗振り役をつとめ，世論形成に影響を与える．一般に，既得権益を守ろうとして市場の開放に反対するアクターを説得することは政治的にも困難なので（とりわけ農産物で），日本国内で開放側を支持するアクターは，大局的な立場から議論するメディアなどに強く期待する．監督官庁ですら，みずから市場開放の先頭に立つことは，事実上，既得権益の抵抗に遭い困難を伴うので，メディアに強く期待する傾向がある．日米摩擦の場合，こうした事情を知って，アメリカ側は日本のメディアにも積極的に働きかけた．こうした国内の主要アクターの大半が政策過程に登場することを前提にしたモデルを一般に国内政治モデルと呼ぶ．

③ アリソンのいう政府内政治モデル

官僚組織の長を中心に，大統領補佐官など政府内の限られた人々が，それぞれの所属する組織の利益や個人的利益をぶつけあい，綱引きをし，連合形成を行い，最終的には，大きな連合が支持する（あるいはコンセンサスの得られた）選択肢が採用される．

アリソンの政府内政治モデル（官僚政治モデル）は，上述のように官僚の幹部よりも幅の広いアクターの参加を前提としていたが，ここでは日本が議院内閣制であることを考慮して，政府与党の幹部がこのモデルの参加候補者であると

しよう．

　そのように考えると，各アクターが，それぞれの組織の利益，個人的な利益を抱え，駆け引きを行い，最終的に落としどころに収まったという意味では，1993年の12月のコメ市場の開放が最適な例である．些か古い例と思われるかもしれないが，「失敗の本質」として太平洋戦争の日本の敗戦がしばしばとりあげられるように，コメの市場開放は，実質的には部分的な自由化に留まったとはいえ，日本政府が従来の方針を大きく変えた歴史的な出来事と言ってよい．ある人々はコメの市場開放は，細川連立政権が誕生し，元来，開放論者であった細川首相が強い指導力を発揮した結果と見る（見たい）．ところが，政策過程は極めて長期にわたり，ガット・ウルグアイ・ラウンド開始時期から考えれば，8年あまりにわたる．そこに注目すれば，また異なる特徴が見えてくる．

　アメリカの強い圧力があったことはよく知られているし，首脳会談でもたびたび話題になった．そうした流れからすると，この政策過程は，当初，「一粒たりとも入れない」と開放に断固反対していた，農業生産者の票を頼りに当選してきた，自民党議員はじめ国会議員が，自由貿易の促進という国際的な流れ，日米関係の重要性を認識し，部分的に，限定的に開放せざるを得ないと諦める過程とみるほうがより説得力がある．

　またこの政策過程においては，すでに第2章で触れたように，国内ゲーム，日米二国間のゲーム，さらにはウルグアイ・ラウンドという多国間（国際機関，国際フォーラム）のゲームという三つのレベルのゲームが混在していた．そこに視点を置き，問題がどのように解決されたのかという点に焦点を当てれば，また別の見方があり得る．

　④　コーエンが共有されたイメージとパーセプション（認識）と呼んだもの

　政府の意思決定に様々な省庁からの参加者があるものの，彼らの間で，基本的なイメージが共有されているため，省庁間に対立が起きず，問題がルティーン的に処理されるケースにあたる．

　アメリカでは対外投資政策によくみられるもので，市場メカニズムと自由な投資システムというイメージが国務省，財務省などの間で共有されているとされる．

　政策過程の参加アクターのイメージが共有されているという意味でわかりや

すいのは，第一に二国間関係でいえばスイス，カナダ，豪州（捕鯨問題で多少の軋轢はあるが二国間関係に障害となるほどではない）のように，日本との間で大きな政治的懸案事項がない国との文化交流，投資といった分野であろう．査証も，提出書類などに問題がなければ手続きは事務的に行われる．

　第二は政策分野において既得権益がまだ存在していないようなケースである．新たな問題として外交課題になり国内各府省とも内容を十分に理解していないようなケースといってもよい．最初にこの問題に関心を示した省のイニシアティブで，淡々と物事は進むことになる．結果として各府省のイメージは共有される．現在では，環境省や経産省の主要な関心事である地球環境問題も，1990年代半ばに，日米両国の酸性雨，オゾン層対策などについて積極的な協力を謳った村山・クリントン会談，橋本・クリントン会談に向けた国内の政策過程では，各省とも省益を前面に押し出すことはなかった．未だ，議論が，どの省も反対できない総論に留まっていたからであろう．

　⑤　多元的な擁護モデル

　ある問題について省庁間にはげしい対立がおきるが，それにコミットしない，中立的な，そして大統領の見解に忠実なマネージャーが存在し，彼がそのような対立を調整するようなケースにあたる．

　アメリカではこのマネージャーは通常，大統領補佐官が務める．コーエンがあげているのは，1974年通商法の草案作成過程である．国務省や通商特別代表（STR，現通商代表部（USTR））はリベラルな内容を，財務，商務両省は保護主義的なものを，さらに農務省は農業貿易の自由化を望んで対立した時，シュルツ財務長官が大統領の意向を受けて調整した．

　日本でも，中曽根首相が決断した対米武器技術供与の例がある．この問題に関して政府内で賛否が分かれるなか（外務省，防衛庁は対米関係を考慮して推進，通産省と内閣法制局は佐藤内閣が決めた武器輸出三原則を盾に強く反対），首相から依頼された後藤田官房長官の調整で政府内はまとまったのである．

　2011年1月，菅第二次改造内閣が発足した際に，経済財政政策担当大臣に，自民党を離党し，たちあがれ日本に移った与謝野馨が任命されたのも，社会保障と税の一体改革で，財務大臣や経済財政担当大臣の職を歴任した与謝野に菅首相が野党自民党とのパイプ役を期待したからであった．その期待は，自民党

が与謝野の民主党政権入りに反発したことで，敢えなく潰えた．ねじれ国会の下，後藤田よりもはるかに難しい立場だったとはいえ，菅内閣のマネージャー役は与謝野にはつとまらなかったことになる．もっとも，社会保障と税の一体改革のその後の議論をみると，民主党内の消費税率引き上げ容認派の考え方は，ほとんど自民党と変わらなくなり，その意味で与謝野の貢献は大きかったともいえよう．社会保障と税の一体改革を議論する「集中検討会議」に，自民党時代に与謝野の盟友であり，金融再生担当大臣を務めた柳沢伯夫が参加したことも大きい．

⑥　コーエンがパーソナリティ・ファクターと呼んだもの

ある分野において，強いパーソナリティをもった意思決定者が登場して，政府内で確立された決定の方法を無視したような強い力を発揮するケースである．ニクソン・ショックの後，為替レートが大きく変動したのを見て，コナリー財務長官が，その強い個性で対外経済政策を支配し，他の先進国に平価切り上げを強く求めた例をコーエンはあげている．

日本の場合，既に触れた，郵政改革を政治家としての最大の目標とした小泉純一郎がまさにその典型であろう．空回りに終わり，ほとんど成果を上げられなかったが，世間的にはその指導力に注目が集まったのが，第一次小泉内閣で外務大臣を務めた田中真紀子であり，民主党鳩山政権で厚生労働大臣を務めた長妻昭であった．就任当時，彼らの率いる両省ともに，人々の関心を呼ぶ問題を抱えていた．外務省は機密費流用，厚労省は年金記録であった．これらの問題に鋭く切り込むはずと期待された人事であったが，強引にすぎる官僚への対応が問題視され，田中外相については，不規則発言も問題視された．結局，田中は更迭され，長妻も菅内閣での留任はなかった．

首相まで上り詰めた菅直人がはじめて大臣の座を射止めたのは橋本内閣であった．その菅が薬害エイズ問題で厚生省の責任を大臣として認め，謝罪した一件は，このパーソナリティ・ファクターの好例であろう．それまで，この問題に関する厚生省の立場は，一貫して責任はないというものであり，それは自民党一党支配が崩れ，社会党の厚生大臣が誕生しても変わることはなかった．事務当局の説明を了とし，指導力を発揮しようとしなかったからである．市民運動の経験をもち，厚生省への抗議行動も経験している菅の場合，薬害エイズ問題

についても，事務当局と議論できる知識は備えていた．事務方のファイル探索の不備を指摘し，自ら10年前の加熱製剤に関する省内の議論を再現するように先頭に立ったのである．当時菅が所属していた新党さきがけ自身，この問題に熱心にとり組んできており，バックアップ体制も十分であった．パーソナリティ・ファクターとコーエンが呼ぶ政策過程を実現することができたのである．

　以上から明らかなように，コーエンによるアクターに焦点を当てた政策過程モデルは多岐にわたる．特定の政策過程が具体的にどれに当てはまるかは，問題の内容や性質，意思決定者のイメージの共通性，パーソナリティなど，様々な要因によって決まることになる．事例研究を試み，そこでみられる特徴が，以上のようなコーエンが提示したいくつかのモデルのどれに当たるか考えてみることをお勧めしたい．

　さて，いわゆるアクターに焦点を当てるという限定的なモデルでも，これだけでは十分ではない．そこで以下に二つのモデル（これまで紹介したモデルほど厳密ではないが）をあげておきたい．

非正式接触者モデル

　非正式接触者モデルは，政府関係者，国会議員，利益団体など，一般に考えられる参加者とは別に，政府幹部と同様の影響力を行使する民間人が登場し，政策過程において重要な役割を果たす場合を想定している．時として，一部のジャーナリストや学者が政策過程に参加すると指摘した福井の非常時型モデルとも通じるところはあるが，このモデルでは，非正式接触者という名称からもわかるように，より人物の秘匿性が高い．情報は必要だが，公式なチャネルは介したくない，そもそも公式なチャネルがないというような時に非正式接触者が登場する（『国際政治』第77号，1983年）．

　1941年アメリカと開戦直前に，日本の陸軍省の岩畔豪雄大佐と近衛文麿首相に近い井川忠夫とが，アメリカ人牧師ウォルシュとドラウトとの間で日米交渉の下準備を行った例が典型的であろう（池井，1973，213頁）．戦後においても，日本と中華民国（台湾）の間では，国策研究会の矢次一夫がパイプ役を務めたのをはじめ，経済的利権もからみ政府との橋渡しを行おうとする民間人は多かっ

た (草野, 1980). 沖縄返還の際の「核抜き本土並」決着の背後では, 佐藤首相の信の厚かった, 若泉敬京都産業大学教授が大きな役割を果たしたことは, キッシンジャーのメモアールからも確認できる (キッシンジャー, 1979; 若泉, 2009; 後藤, 2010). また日中国交回復の過程で, 民間人ではないが, 当時野党であった公明党の竹入委員長が, 首相の田中の意向を受けて, 事前に中国側と接触し, 事実上の国交回復のための条件に関して合意作りを行っている (田中, 1991).

こうした非正式接触者が日本外交において重要な役割を果たしてきたのは国交が樹立されていない場合や, 沖縄返還交渉のように内容が複雑で, 秘匿性を求められる場合である. 今後の日本外交においても, そうした非正式接触者を必要とする可能性がないわけではない. たとえば, 日朝関係において, 両国の貿易関係者が国交正常化を促進する役割を果たす可能性はある. しかし, 国交関係がない場合でも, 外交官が非公式な形で, 先方と事前折衝する可能性のほうが高いであろう. 小泉内閣時代の 2002 年 9 月に日朝首脳会談及び拉致被害者の方々の一部帰国が実現したが, これは外務省職員 (田中均アジア大洋州局長) が周囲に全く知られることなく北朝鮮の高官 (一般的にミスターXと呼ばれている) と 30 回近くにわたり事前折衝した結果であった. 1971 年 7 月のニクソン米国大統領の中国訪問発表実現が, キッシンジャー特別補佐官による中国側との秘密裏の協議の結果であったのと同様である.

しかし, 北朝鮮を除けばほぼ全ての国と国交は回復し, あえて民間人が特定の国との問題で, 政府交渉に先だって協議するという場面は少なくなっている. そもそも二元外交を避けたい外務省は, 外務省主導で事前折衝を行ってでも, 非正式接触者の行動を阻止するであろう. それでも, 日本政府がこれまで密接な関係を有せず, 人的なネットワークも十分に形成していない途上国との間で問題が発生した場合には, 当該国で長期にわたりビジネスを展開し地元にも精通している日本の民間企業が解決に一役買うといったことはあり得る.

内容が複雑で, 秘匿性を求められ, 正式な外交ルートでは解決できない場合というのも, 現在では, 起こりうる可能性は低い. 外交の透明性が求められる一方, 50 年近く前の沖縄返還交渉時とは違い, メディアの監視機能は高く, インターネットも普及しているからである.

相互浸透モデル

　政策過程に登場するアクターは誰か，どのようなゲームが展開されたのか．こうした角度から日本の政策過程を見た場合，これまで紹介したモデルだけでは不十分というのが私の解釈である．背景に，日本とアメリカが典型的であるように，国際社会の相互浸透の度合いが高まり，経済，金融，社会といった個別の政策分野だけではなく，政治，とりわけ政策過程においても，相互の浸透が著しいという認識がある．日本の政策過程に外国（この場合アメリカ）のアクターが，日本のアクターと同様に参加する状況が生まれている一方，程度の差はあれ，アメリカの政策過程に日本のアクターがアメリカのアクターと同様に参加する状況も見られるのである．

　これは1977年末から80年初めにかけて断続的に行われた，日米オレンジ交渉を分析する過程で，私が経験的仮説（その詳細は後述）として明らかにしたものである．交渉は割当制度のもと，限定的な数量で輸入されていたオレンジの市場を，完全に開放させることをアメリカ政府が日本政府に要求したことに端を発している．以下では，その政策過程分析の前提となる事実経過と相互浸透モデルの特徴を整理したい（草野，1983a）．

分析事例 4

日米オレンジ交渉の事実経過

　場面Ⅰ　4万5000トンへの輸入枠拡大・第1回合意（77年9月から78年1月前半）

　1977年9月初旬，ガット東京ラウンドの日米予備交渉で，アメリカは近く農産物の輸入拡大を求める旨，日本側の注意を喚起した．また9月中旬の日米準閣僚会議でもクーパー国務次官は貿易黒字削減策を日本側に要請した．

　こうしたアメリカ側の要請を受けて，日本政府は経済政策閣僚懇談会を9月20日に開催し，オレンジを含む残存輸入制限品目の輸入枠拡大を決定した．他方10月17日に明らかとなった77年上半期の経常収支黒字は55億8300万ドルと過去最高を記録した．こうした新たな状況のもとで，政府は翌18日，より具体的な黒字減らし対策を発表した．しかし，オレンジ，牛肉については今回は触れていなかった．同じ頃，東郷文彦駐米大使は，アメリカ側の対日要求が真剣なものであることを福田赳夫首相に連絡した．

　日本国内でも，みかん生産者を中心に次第に危機感が高まっていた．11月2日には，そうした生産者の不安を否定するかのように，鈴木善幸農林大臣は参議院農林水

産委員会で，オレンジの輸入拡大には慎重に対処すると発言した．

一連の日本側の動きに対して，カーター政権はいらだちを隠さず，11月初旬には，ウルフ STR 次席代表が日本政府を厳しく批判し，ついで 18 日には，それがポーズではないことを示すかのように，リバース STR 特別顧問が来日し，アメリカの要求を再度伝えた．日米関係の悪化を懸念した福田首相は内閣改造を機会に，東京ラウンド対策もあり，対外経済相を設置し，首相に近く外務省 OB であった牛場信彦を起用した．後から考えると，この新人事は福田内閣のカーター政権への，好意的なシグナルとも言えた．また農林大臣には，これまた福田寄りで合理的な考え方をもち農林族として頭角を現していた中川一郎を任命した．その中川は早速「オレンジなども簡単に自由化できぬが，何らかの形で洗い直しの努力をしたい」とのべ，牛場対外経済相は「大局的見地から犠牲を払ってもらう必要がある」と，絶対反対の声を牽制した．

しかし，農林族は反対で結束していた．自民党農林部会，総合農政調査会は 12 月 2 日，自由化，輸入枠拡大ともに絶対反対を決議している．そうした中，12 月 6 日には，政府は対外経済閣僚会議を開き，オレンジの輸入枠を 1 万 5000 トンから 2 万 2500 トンに拡大することを決めた．この内容に強い不満を示したアメリカ側はストラウス STR 代表の訪日を見送る一方，再度の譲歩を日本に求めた．結局，福田首相の強い指示もあり，農林部会長の訪米などを経て，78 年 1 月 12 日に現行輸入量の 3 倍，4 万 5000 トンで両政府は合意した．

場面 II　輸入割当と柑橘輸入業界・第 1 回合意に基づく輸入割当（78 年 1 月から 4 月）

この場面における事実関係の詳細は省くが，割当制度による輸入とは，特定の許可を得た業者のみがその権利を有していたことを意味する．誰もが自由に割当を利用することはできなかった．表 5 のように，一部の業者が事実上独占的な利益を得ていた．特定の業者は大物政治家にもパイプがあった．彼らにしてみれば，輸入枠の拡大や自由化は，商品としての価値が低下し，利益が減少する可能性があり，反対であった．他方，輸入権利を得たい業者が輸入拡大を求めて陳情していた．

興味深いのは，既得権を有する業者が主として，アメリカ，カリフォルニア州の業者サンキストから輸入しており，他方，新規参入を求める側は，カリフォルニアと並び，柑橘州だが，対日輸出実績のないフロリダ州の業者と連携していたことである．つまり，日本とアメリカで，国境を越えて利害を一致させるアクターが同時期に，存在したのである．結論からいえば，この段階では，新規参入希望業者への配分はなく，新規分は既得権業者に実績に基づき配分された．

表5　オレンジ割当順位　　　　　　　　　(%)

順位	1972–77年度		1978年度（調整後）	
	輸入業者	配分比率	輸入業者	配分比率
1	藤井商事	17.1308	藤井商事	15.1856
2	スマル貿易	8.9492	スマル貿易	7.9967
3	西本貿易	7.4314	西本貿易	6.6631
4	兼松江商	5.3918	兼松江商	4.8709
5	大果大阪	3.9548	大果大阪	3.6083
6	東京棉花	2.4252	日宏	3.0207
7	日宏	2.2432	東京棉花	2.2643
8	東急	1.9300	都貿易	2.0786
9	東京青果	1.9283	東急	1.8296
10	明治屋	1.8775	東京青果	1.8277
合計		58.4474		49.3455

(注) 割当業者数は，1977年度97社，1978年度91社．

場面III　8万2000トンへの輸入枠拡大・第2回合意 (78年4月から12月)

　第1回合意の後の2月10日，中川農相は，1, 2年のうちに輸入枠拡大，自由化はないと語っていたにもかかわらず，アメリカはあくまで，日本の再譲歩を求めていた．4月5日にマンスフィールド駐日米国大使は，1月の合意は不十分とのべ，日本政府もそれを認めるかのように，牛場対外経済相は「1月までの日米交渉はいわば前哨戦．これからが本番である」と発言した．5月2日には，ストラウスSTR代表が東京ラウンドの協議で，農産物の輸入枠拡大を求めた．

　再度の要求に反発した生産者は，5月中旬，輸入拡大反対の全国集会を開催し決意を新たにした．他方，7月初旬にはカーター大統領が自ら，福田首相に一層の努力を求める書簡を送るなど，アメリカの攻勢は続いた．日本の生産者も負けてはいなかった．自民党農林議員とともに訪米し，日本の国内事情を説明している．

　その後，両国の関係者の間で，活発なやりとりがあったが，9月初旬に中川農相が訪米し提示した譲歩案はアメリカの受け入れるところにはならなかった．この譲歩案では，輸入枠拡大を81年度まで凍結したのち，6月から8月の端境期に限りその後毎年10%ずつ増やすという消極的な内容であった．別途，フロリダ州の意向も考慮して，新規業者を認めることを明らかにしたが，アメリカ側は受け入れるはずもなかった．

　結局，再交渉となり，ついに12月4日，中川農相とウルフSTR次席代表との間で決着する．そこでは1983年度までに，8万2000トンまで輸入枠を拡大することで日本側がアメリカの要求に応えていた．

場面 IV　新規参入をめぐる輸入業界の争い・第2回合意に基づく輸入割当（79年1月から80年4月）

　規制緩和がなかなか進まないのは，既得権益をもつアクターがその権益を守ろうとして最大限の抵抗を示すためだが，オレンジ自由化問題における，輸入業者の行動はその典型であった．特に，この事例のように，誰も輸入柑橘などに見向きもしない時代から，市場を開拓した古参業者が，その業界を「仕切って」いる場合には，国内の力学で新規参入を認めるなどということは不可能である．結局，フロリダ州という外圧を利用した（図5をみると日本側の新規参入希望業者はフロリダ州の柑橘業者と事実上一体であることがわかる）ことで，新規参入を求めていた業者の期待は実現した．

相互浸透モデルの特徴

　日米オレンジ交渉においては，両国で程度の差はあったものの，日本の政策過程にアメリカの国内アクターが，反対にアメリカの政策過程に日本のアクターが登場し，彼らは法的にはその国の非構成員でありながら，事実上構成員であると同様な形で価値（この場合，主として輸出入市場への参入の機会）の配分に関する公的決定を自己に有利にしようとして政策過程に加わったのであった．言い換えれば，この政策過程のある部分はアリソンの言う「政府内の主要アクター間の取引」の結果というよりはむしろ「国境の内外にまたがる主要アクター間の取引」の結果である．

　なお場面IIから場面IVにかけてフロリダ州の柑橘業者シールド・スイートと日本側商社からなるフロリダ・グループは，民主党上院議員リチャード・ストーンを通じてカーター政権に，日本政府にオレンジ自由化を求めるよう働きかけ，それが実現しない場合でも，輸入の権利，すなわち割当をフロリダ・グループに与えるよう陳情した．しかし，自由化も輸入割当も，日本政府が決定権をもつことからフロリダ・グループの日本側のロビイスト（元衆院議長秘書）を通じ，日本政府に対し働きかけが繰り返し行われた．

　相手国政府に働きかけるという行動の多くは，フロリダ・グループが日本政府の決定に参与しようとしたケースであり，それと利害の対立するカリフォルニア・グループがアメリカ政府の決定に関わったケースはほとんど見当たらない．それは，この場合「価値」配分の決定を迫られているのは日本政府であり，アメリカ政府もその意味では「圧力団体」の一員に過ぎなかったという事実と関係がある．

上記の結論から導き出される仮説 (1)

　「互いに異なる国家の国内アクターが利害の一致をみて，その共通の目的の実現のた

一般的解釈（日米対立構造）

→ 圧力の方向
----- 利益の一致
── 連合

日本　　　　国境　　　アメリカ

利益集団Ⅰ　　　　　　利益集団Ⅲ

政　府　⇄　政　府

利益集団Ⅱ　　　　　　利益集団Ⅳ

オレンジ（日日・米米対立構造Ⅰ，利益集団レベル）

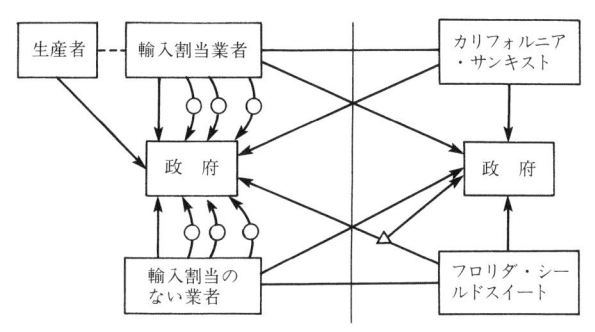

生産者 --- 輸入割当業者　　カリフォルニア・サンキスト

政　府　　　　　　政　府

輸入割当のない業者　　フロリダ・シールドスイート

○ 仲介者（日本）
　（自民党国会議員X女史）
△ 仲介者（アメリカ）
　ストーン上院議員

図5 日米オレンジ交渉の政策過程

めに自国政府ないしは,相手国政府による価値の配分をめぐる決定に加わろうとする」.

上記の結論から導き出される仮説(2)
「外交交渉をめぐる政策過程においては政府間の交渉とは別に,非政府レベルのアクターの接触を政府が促し,その場を交渉結果に反対すると予想される国内諸アクターを説得する手段として,意識的に用いる」.

　こうした相互浸透モデルが想定する状況は,オレンジの輸入拡大のような,国内政治のアクター(この場合生産者,輸入業者など)のレベルだけに生じているわけではない,政府を構成する官僚機構同士の間でも,国境を越えた連携は見られる.1981年に大きな政治的問題となった日米自動車問題で,そのような状況が見られた.日本車の対米輸出が急増し,危機感をもったアメリカ自動車産業が,連邦議員,行政府に陳情し,事態の打開を図ろうとしたケースである.結局,鈴木内閣は,事実上の対米輸出制限である輸出自主規制を行い,それまでよりも20%少ない168万台を対米向けに船積みすることで両国は合意した.この過程で,どのような国境を越えた連携が存在したのであろうか.私が観察した政策過程の状況は図6のようであった.

　日米自動車交渉の政策過程においては,オレンジ交渉と同様な意味での日日・米米対立的状況は存在しなかった.利害は共有したものの共同行動を起こすには至らなかった.日本側では政府および政府を構成する与党自民党の内部での対立が激しく,そのことは,圧力団体レベルとは異なる政府内レベルでの日日対立を促したのであった.同様に,規制反対で一致していたかにみえたアメリカ政府内も,いわれるほど一枚岩ではなかった.すなわち自動車交渉では,オレンジではみられなかった政治家を巻きこんだ省庁間対立(日日対立)および,両国政府間で一部省庁の連繋が生じたのである.

　ここでの問題は,外務省と通産省の権限争い,および政治家同士の感情的対立に端を発している.外務・通産の争いは,所轄の範囲をめぐる縄張り争いであると同時に,政策面の対立でもあった.両省を比較すれば対米協調の観点からはやや意外かもしれないが,外務省が無差別・自由競争のガットルールを重視し,他方,当時通産省はこの問題では競争より協調にひかれていた.牛場信

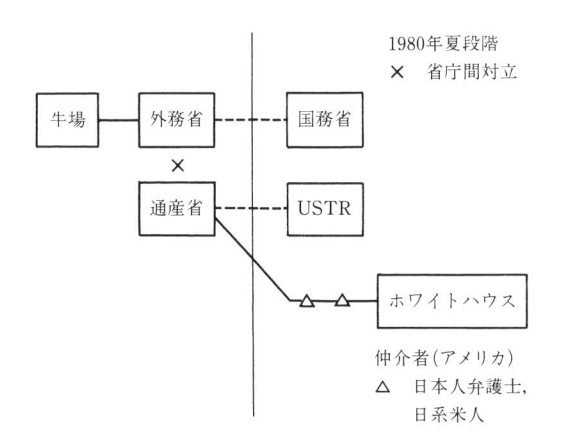

```
                          │  1980年夏段階
                          │  ×  省庁間対立
   ┌────┐   ┌────┐   ┌────┐
   │牛場│───│外務省│----│国務省│
   └────┘   └────┘   └────┘
                ×
            ┌────┐   ┌────┐
            │通産省│----│USTR│
            └────┘   └────┘
                  \
                   △─△──┌──────────┐
                        │ホワイトハウス│
                        └──────────┘
                          仲介者(アメリカ)
                          △  日本人弁護士,
                             日系米人
```

図 6　日米自動車問題の政策過程

彦は，日米賢人会議のメンバーとして，自動車問題で日本側に非はなく，自由貿易原則のままで行くべきと発言していた (80 年 2 月)．他方，アメリカ行政府は表面上，自由貿易堅持の立場から，日本車の輸入規制には反対であった．しかし，自動車業界の圧力にさらされたホワイトハウス及び USTR の本音は，日本側の自主規制により日本車の対米上陸を制限したいというものであった．カーター大統領には，80 年秋の大統領選挙で再選を確実にするには，自動車州の票が必要という目論見もあった．国務省は，たて前の主張を繰り返した．

　このように，日本側でより顕著ではあったが，行政府間で対立が生じた．また 168 万台の自主規制実現までの過程で，通産官僚とホワイトハウスのスタッフが連携しながら，独自の自主規制案を作成し，実現一歩手前で失敗している．このように，オレンジとは異なる日日・米米対立が自動車問題では生じたのだった (草野，1984)．

　以上のような激しい対立や駆け引きが生じたとはいえないが，東日本大震災による福島原発事故への対処をめぐり，危機感をもった米国政府は，相互浸透モデルが前提とするような行動をとった．米国原子力規制委員会は事故直後から頻繁に協議を重ねる一方，一部の関係者は来日して東京電力本店の会議に加わり (政府と東電の対策本部) 日本側の政策に影響を与えようとした．たとえば，原子炉の冷却方式について，明らかに必要なのは水と意見を伝えている．他方，

第 6 章　分析の手法 (その 3)

米国側が原子炉の燃料棒の露出の可能性を繰り返し指摘したのに対して，日本側の原子力委員会の委員長は認めなかったという（米国原子力規制委員会が公開した福島原発事故時の対応，朝日新聞，2012年2月23日）．

第 7 章　分析の手法(その 4)

　これまでの章では，主としてアクターを中心としたモデル，すなわち，政策過程に誰が，どの組織が主として参加するのか，それはどのような場合かなどに焦点を置いたモデルを紹介してきた．最後の章では，提示された時期は古いものの，現在でも利用価値の高い，最高政策決定者をポイントに政策過程を分析するスナイダー・モデルを主として紹介し，それを補足する形で，ごみ缶モデルないしはごみ箱モデルと呼ばれるモデル，およびその発展型である政策の窓モデルに触れよう．

スナイダー・モデル

　リチャード・スナイダーのモデルは，最高政策決定者個人の役割(後述の三つの変数のうちの一つ)を比較的強調しながら決定を説明しようとしている点で，これまで紹介してきたモデルとは大きく異なる．第 2 章で，政策決定者の心理状況にまで踏み込む研究は操作可能性という意味で難しく，本書ではとりあげないとしたが，このモデルは例外である．

　スナイダーにとって，ここで紹介するモデルは外交政策決定に関する二つ目のモデルである．1954 年，今から 50 年以上前に発表されたモデルは，42 と仮説が多すぎ，他の研究者が利用するところまでいかなかった．アメリカの朝鮮戦争介入決定という，彼らの事例研究以外にめぼしいものはない．こうした状況を踏まえて，65 年に改訂モデルが発表された(Robinson & Snyder, 1965; 花井，1974, 122-128・331-333 頁)．

　新モデルは三つの変数を考える．第一は決定の時期(occasion for decision)，第二は政策決定者個人(individual decision-maker)，第三は決定者が決定す

る組織上の環境（organizational context in which he decides）である．政策決定を分析するにはこれら三つの角度からの検討が必要だというのである．

　第一の変数である決定の時期に関して，スナイダーは次の三つの基準をあげる．予知の程度と決定に関連する先行的計画，作業の要求量に対して政策決定にかけられる時間的余裕，問題となっている価値の範囲と領域．

　第一の基準は，政策決定者にとって，決定を迫られた事柄が事前に予知でき，あらかじめ対処法を有していたかどうかである．1950年の北朝鮮の侵略は，アメリカは予測していなかった．1962年のキューバ危機も，ソ連によるミサイル配備を予測できなかったという点で同様である．

　しかし，状況がたとえ予測できたとしても，対処方針があらかじめ用意されるとは限らない．第二の基準である，決定者が決定にかけられる時間は，検討される選択肢の数を決めてしまう．対処方針があらかじめあっての決定と違って，ほとんど時間的余裕がない場合の決定では，選択肢の幅が狭まってしまう．キューバ危機の時には，重要な決定を，数日で行わなければならなかった．

　なさなければならないことの複雑さと，時間との関係が，より困難な問題を惹起する．時間があるように思える時でも，多くのことが一つの政策を実現する際に達成されなければならないほど状況は大変に複雑であるかもしれない．英国の欧州経済共同体（EEC）加盟に関する1960年から62年にかけての決定がその一例である．純粋な時間という角度からすると，2年半という時間が加盟交渉のために英国政府にはあったが，各政党の同意を得るためのデリケートな政治的議論には2年余りでは足りなかった．

　第三の基準である，ハイレベルの政策決定者によって行われる決定によって影響を受ける価値の範囲は，決定ごとに異なる．重要な価値を伴う結果に関する現代の国際的決定は，暴力的手法か非暴力的手法かの選択肢，新興諸国における経済制度と政治制度の発展，国際関係を進めるためのルールと手続きに関連する．

　危機における決定とは，不意に行わねばならない決定で，手持ち時間は短く，決定の結果の価値が著しく高いというような場合であり，緊迫の度が高ければ高いほど"最も危機的"な決定と考える．正反対のケースは，その問題は決定の機構によって十分に予知され，ある種の危機対応策があり，決定までの手持ち

時間もあり，さらに決定の結果がそれほど重大ではないというような場合である．

　第二の変数である政策決定者の性格に焦点を当てる理由は，政策決定が，決定者のイメージを通して状況が認識され，いくつかの選択肢から選択されるという行為であるからにほかならない．インテリか，想像力や権力欲，包容力はあるかといった性格が決定に影響を与え，決定者がどのような教育を受けてきたか，旅行，宗教，職業，専門領域といった過去の経験，さらには価値観のように容易には変化しないような要素が決定者の将来の決定を拘束する．

　第三の変数は政策決定者が決定を行う組織，機構である．決定者の行動が組織の特性により，制限を受けるということは想像できよう．ここでは，組織がどのようなコミュニケーションルートを有しているか，権力と権限はどのように配分されているか，組織間の対立，説得や取引など対立の調整の方法などに焦点が当てられる．スナイダーは，議会や世論を念頭に置いていないわけではないが，ホワイトハウス，国務省，国防省など行政府を主に考えている．

　以上のようにスナイダー・モデルは，決定の時期，政策決定者の個人的特性（パーソナリティ），決定が行われる組織の三つの変数から構成されている．要するに政策決定を分析するにはこの三つの角度から検討する必要があるというのである．スナイダーの関心の所在は決定の過程が結果に影響を与えたかどうか，異なる状況，個人，組織という政策決定に関する組み合わせがどのような異なる政策を生み出したのかを判断することにあるのである．

　とりわけ決定を行う必要性を生じた出来事を最高政策決定者があらかじめ予見していたかどうかなど「決定の時期」を変数の最初に位置づけていることは興味深い．ここを整理・分析することで，当該決定が，決定者にとって予見できていたかどうか，手持ち時間は短かったかどうか，決定の結果は重大な影響を与えるかどうかがわかるからである．つまり，決定者が直面した決定が危機型決定か日常型決定か，あるいは福井治弘のいう非常時型決定かがわかるのである．

　しかし，問題はその先である．この段階で，日常型あるいは日常型に近い決定と分類された場合，それ以降の変数，最高政策決定者の個人的特性や組織の特性を分析する意味はどこまであるかということである．スナイダーがあげて

いる，朝鮮戦争へのアメリカの参戦，キューバ危機へのアメリカの対応などを考えると，主として危機に近い決定を想定しているように思える．もっとも，英国の EEC 加盟問題も例としてあげているところをみると，予見されている問題でも，国家にとって重大な影響を与えるような問題に関する決定は分析の対象としているともいえそうである．

　しかし実証研究に適用する場合，切り口が明確なので，資料の収集という点では比較的容易であろう．そのことは変数に関して，前述のように詳細な説明が加えられていることと関連する．たとえば，政策決定者が，決定を行う必要性に迫られた問題を予知していたかどうか，予知していた場合にはいつ頃からかなどの点は，大きな出来事（危機型，非常時型に分類できる決定）に関する限り，比較的容易にフォロー可能である．政策決定者の特性も，どこまで詳しい情報を求めるかにもよるが，日本の首相のそれであれば，ある程度情報は入手しうる．

　この二つに比べれば組織の特性については，他のモデルの場合と同様に，資料の収集は容易ではないかもしれない．政策過程で，組織がどのように行動したかは，新聞記事に加え，インタビューなどその他の情報収集によって初めて明らかになることも多い．

　上記の点とも関連するが，このモデルの利用に当たっては，注意しなければならない二つの問題点がある．第一は最高政策決定者の個人的特性を変数として独立して取り上げているために，この部分の決定への影響力が実際よりも大きく描かれる可能性があるということである．これは他の二つの変数との関係がよくわからないこととも関係する．

　沖縄返還における佐藤首相や，日中国交回復における田中首相，ウィリアムズバーグ・サミットにおける中曽根首相，電撃訪朝の小泉首相の役割など，その個人の信念，政策観，行動様式が大きな影響を与えたという例も少なくない．しかし，決定によっては，危機型，非常時型に属するものであっても，つまり，日本全体にとっては大きな意味をもつ内容であっても，首相の名を冠して呼ぶほど，その個人的特性が，決定内容，決定のタイミングに影響を与えていないこともある．

　最近では野田首相が 2011 年 11 月 11 日，アジア・太平洋地域の貿易自由化

を目指した環太平洋戦略的経済連携協定（TPP）交渉への参加に向けて関係国との協議開始を決断した例があげられよう．既に触れているように TPP 参加を巡っては，1993 年の細川内閣が決断したコメの自由化以上に，国内の議論は二分された．政府民主党，野党自民党も，党派を超えて賛否が交錯したのである．そうした中で，野田首相は，与党内の慎重論を踏まえて，政府・民主三役会議と関係閣僚委員会のとりまとめを一日ずらして，11 日に交渉参加に向けての協議開始を表明したのだった．この決定を首相の強い指導力の結果とみるかは議論がわかれる．野田首相はもともと自由貿易主義者であり，協議開始表明を一日先送りしたのは，反対派の意見を聞いたとのアリバイづくりであり，指導力の一環だったと考える人々もいる．

　ところが全く正反対の解釈がある．首相個人の力というよりはむしろ，貿易立国日本にとり，TPP 交渉不参加の選択肢はあり得なかったとの見方である．打撃を受ける国内アクターが存在する一方，消費者をはじめ利益を得るアクターもいる．それは，より政治的な観点からも説明できる．米国の国益が強く反映された TPP であればこそ，日米同盟の当事者日本は，米国の意向に反する不参加を決断することは難しかった．とりわけ，経済大国中国を牽制する意味でも日米の結束は必要であった．こうした大状況は，農業，医療など反対する関係者も理解しており，彼らは TPP 参加による激変を政府がどのように緩和していくかに最大の関心があった．反対派を中心とした関係者の陳情や意見表明が一段落したところで，野田首相は交渉参加に向けての協議開始を表明したのである．したがって，野田首相が強力な指導力を発揮したとはいえないとみる．

　スナイダー・モデルの第二の問題点は，決定の時期，最高政策決定者の個人的特性，組織の特性に焦点を合わせているために，一つの決定に関する詳細な断面図は取り出すことができても，政策過程の流れ全体は明らかにしにくいことである．これは，本書が再三にわたり強調してきたように，政策過程は小さな決定の連続であることを考えると問題である．もちろん，一つの決定に関する構造を断面図として明らかにすることの意味が大きい場合もある．スナイダーがあげた一連の事例，すなわち，アメリカの朝鮮戦争への参加，キューバ危機へのケネディ政権の対応など国家の危機，重大問題などに関連する独立した決定などである．

前述のTPP参加問題は野田内閣発足後に急浮上したわけではない．菅内閣も2011年初頭から，参加を前提とした政府説明会を開催していた．しかし，参加者の多くが反対だったこともあり，5月10日には，参加するかどうかの判断を先送りしている．つまり，政府説明会を行うとした決定，参加判断先送りの決定と，ここまででも二つの小さな決定が含まれる．こうした政策過程の流れをスナイダー・モデルでは追いかけにくい．

　こうした問題点が指摘できるとしても，使い勝手のよいモデルであることは間違いがない．以下では，このモデルを用いた国内の政策過程の分析事例を紹介しておこう．野田内閣が2012年2月17日に閣議決定した社会保障・税一体改革大綱までの政策過程である（本書のために書き下ろした）．

分析事例5

1　野田首相の決断

　菅直人首相が，2010年6月の首相就任直後に，唐突に消費税率引き上げに言及して以来，社会保障と税の一体改革が大きな政治課題となった．菅の発言は世論の反発を招き，内閣支持率の低下，参院選での民主党の惨敗を招くことになった．しかし，問題は政治の舞台から消えたわけではなかった．菅を引き継いだ野田首相は2012年の年頭の記者会見で，ハードルは高いとしながらも一体改革に取り組むことを明言し，1月24日の施政方針演説では，早急に大綱のとりまとめを行ったうえ，2011年度末（12年3月末）までに関連法案を提出すると明言した．この演説で，野田首相は，麻生首相（当時）の演説を引用して，この問題が自公政権からの「引き継ぎ事項」であることを強調し，閣議決定前の与野党協議を呼びかけた．国会の勢力図からすれば，仮に衆議院で可決されても，与党が少数勢力の参議院では否決されてしまうからだ．結局，09年民主党マニフェストでは消費増税が謳われていなかったことを根拠に自民，公明両党は与野党協議に応ぜず，2月17日，野田内閣は，一体改革の素案（1月6日決定）をそのまま大綱（法案化への基本方針）として閣議決定した．どのような経緯を経て野田内閣はこの決定を行うに至ったのであろうか．

2　民主党政権下の議論

　民主党鳩山政権に交代後に限っても，その経緯は複雑である．いささか退屈だが実務レベルの政策過程を振り返ってみよう．

　鳩山政権下の2010年2月，3月に相次いで国家戦略室に，社会保障と税，年金制

度の検討会が設けられ，6月には年金に関する「中間まとめ」が出されている．具体的な動きは菅内閣になってからである．

　消費税率引き上げを当初前面に押し出して参院選挙で大敗した菅内閣は，表向き戦線を縮小したが，実質的な議論は全く停滞していなかった．社会保障の全体像および財源の確保を一体的に検討する場として「政府・与党社会保障改革検討本部」が10月に設けられ，検討本部の下には，有識者の検討会などが設けられ，民主党内部の「社会保障と税の抜本改革調査会」と並行して検討が進められた．有識者検討会が12月にとりまとめた「社会保障改革に関する有識者検討会報告―安心と活力への社会保障ビジョン」では，社会保障改革の三つの理念と五つの原則が示され，社会保障の機能強化と財政健全化の同時達成，安定財源としての消費税の目的税化，超党派の協議の場の設置などが提言された．

　これらを受けて，検討本部は12月10日に，「社会保障改革の推進について」をまとめ，「改革の実現に向けた工程表とあわせて平成23［2011］年半ばまでに成案を得，国民的な合意を得た上でその実現を図る」との方針を示し，同方針は12月14日に閣議決定された．2011年1月に菅第二次改造内閣が発足すると，社会保障・税一体改革担当大臣に与謝野馨が任命された．野党自民党を巻き込む戦略だったといわれるが，自民党を離党した与謝野にパイプ役を期待することは難しく，逆に反発を招く結果となった．

　もっとも，議論は東日本大震災の発生にもかかわらず停滞することはなかった．改革案の集中的・一体的な議論の場として設置された労使および学識者からなる「社会保障・税一体改革に関する集中検討会議」は，6月2日に「社会保障改革案」をまとめた．そこでは，改革の優先順位を定めた上で，「子ども・子育て」「医療・介護等」「年金」「就労促進」「それ以外の充実，重点化・効率化」の各分野について具体策，工程および費用推計を示した．そして，これこそ重要だが，消費税率の引き上げについても2015年度までに段階的に10%まで引き上げることが明記された．ここから明らかなように，2012年2月17日に閣議決定された大綱の中身は，8カ月以上も前に実質的に決まっていたのである．

　この改革案を受けて，政府・与党幹部からなる「成案決定会合」が2011年6月3日に開催され，党側の意見を参考に，「2015年度まで」が「2010年代半ばまで」と幅のある表現に変更されたほか，「経済状況の好転」や「徹底的な歳出の無駄の排除の取組み」などの条件が加えられた．これが「社会保障・税一体改革成案」として7月1日に閣議報告された（りそな銀行『企業年金ノート』No. 522, 2011年10月を参考に筆者の解釈を付記した）．

　以上のように民主党政権に絞っても政策過程は長く，野田首相の改革実現に向けた

強い意思表明は，それを受けてのことであった．

3　スナイダー・モデルによる分析
決定の時期
　政策決定者にとり重要なことは，決定を迫られた政策課題が事前に予知でき，あらかじめ対処法を用意していたかどうかである．これまで記述した民主党政権下の議論の経緯を，野田首相は手続きを含め財務副大臣，財務大臣として熟知していた．その意味では不意に日本を襲った東日本大震災のような危機時の決定とは違い，事前に予測できたし，党内の反対派，政治的な観点から政府・民主党案に反対する自民党など野党の協力を得るための方策を考える時間的余裕もあった．それは首相個人に限られるものではない．財務省，厚生労働省や民主党の税や年金に精通した議員にとっても同様であった．前述したように，政府や党の公的な手続きを経て，最終案は閣議報告に至っている．野田首相の不退転の決意表明は，閣議報告された内容を大綱としてとりまとめ，法案化するという，これまでの政策過程の延長線上で行われたのだった．

　社会保障と税の一体改革が影響を及ぼす価値の範囲は言うまでもなく広く大きい．現行の消費税率5％から2014年4月に8％，さらにその1年半後の15年10月には10％への引き上げである．所得の少ない人々には負担の大きい引き上げといってよい．そうでなくとも増税は一般的に国民の積極的支持を得ることは難しい．しかし，自公政権時代から日本が先進国では最も深刻な財政事情にあるとの認識は財務省の広報やメディアを通じて国民に広く浸透しており，世論調査によっては消費税率の引き上げはやむを得ないと考える人々が60％ほどに達していた（読売新聞が2010年6月28日に報じたところによれば，消費税率の引き上げは「必要だ」が64％，日本経済新聞が2012年3月26日に報じたところによれば，社会保障制度を維持するために消費増税が必要だが58％であった）．もっとも，引き上げの時期に関する世論の見方は，景気回復の本格化，公務員改革をはじめとする行政改革の実現などの条件つきであった．

　それでも政府・民主党（社会保障改革検討本部）は，反対の声に留意し「成案」（2011年6月30日決定）をまとめる最後の段階で，実施時期を2010年代半ばなど曖昧にしたのだった．では何のための消費増税か．「月額7万円の最低保障年金を実現します」と声高に叫んで政権を獲得した民主党である．消費増税はその財源であるはずだと考えたとしても不思議はない．ところが，両者には直接の関係はない．

　与党の了承を取り付け，「成案」を社会保障と税の一体改革「素案」として，政府が決定したのは2012年1月6日であったが，そこでも，年金制度について，自公政権から続く賦課方式を継続し，それに修正を加えることにするのか，一律7万円の最低

保障年金を導入するのかは明快には説明していない．

　目次のない50頁もある「素案」の中程16頁まで読み進み漸くわかる．そこには，最低保障年金実現のための法案を2013年度に提出する一方，新制度が実現するまでの間は，現行制度を改善しつつ継続するとある．よく考えれば，いきなり現行制度を廃止して，新制度を導入することなど無理なのだが，そうした幻想を民主党はばらまいたことになる．ならば，民主党が最低保障年金と並び実施する予定の所得比例年金の保険料（15％）の徴収はいつからはじまるのだろう．これも，「素案」からはよくわからない．

　では，何のための消費増税か．施政方針演説で野田首相は，「過去の政権は，予算編成のたびに苦しみ，様々な工夫を凝らして何とかしのいできました．しかし，世界最速の超高齢化が進み，社会保障費の自然増だけで毎年1兆円規模となる状況にある中で，毎年繰り返してきた対症療法は，もう限界です」「10％へ段階的に消費税率を引き上げることを含む「素案」を取りまとめました」と述べたのである．つまり，ここでは民主党の09年マニフェストでは全く触れていなかった消費増税が不可欠との主張に転換したことになる．

　民主党のマニフェストにはなかった増税論に野田首相はいつ頃から傾斜したのであろう．前述の民主党政権下の経緯にあるように財務大臣として出席した政府・与党社会保障改革検討本部会議（2011年6月3日）で財務省，厚生労働省の事務局が配布した社会保障改革案には，「社会保障・財政・経済の相互関係に留意し，社会保障改革と財政健全化の同時達成，社会保障改革と経済成長との好循環を実現する」と書かれていた．後述の5％引き上げの内訳まで図示されている．少なくとも，この時点では野田は消費増税についての重要性を理解していたということになろう．

　肝心の引き上げ分5％の内訳だが，6月3日案によれば，具体的には，高齢化に伴う社会保障費の自然増，基礎年金の国庫負担割合の二分の一への引き上げに伴う政府支出増，税率引き上げに伴う政府支出増，国債発行の減少分がそれぞれ1％で，残り1％が，医療や介護，年金，子育てなどの現行の社会保障制度を充実させる目的に使われると説明している．つまり，ここから明らかなことは，5％の引き上げは，民主党マニフェストが謳った最低保障年金とは無関係ということである．ならば，民主党のいう最低保障年金が実現された場合，さらにどのくらいの消費増税になるのだろう．野党はその点について民主党の見解を求めている．再三の督促で公表された試算では，2075年度には最大7.1％の引き上げが必要になる一方，多くの層で年金の受給額が減ることがわかった（朝日新聞，2012年2月7日）．

　以上から明らかなように，マニフェスト違反との批判を受けながらも，消費増税を実現し，不足分の財源を手当てしながら，社会保障との一体改革に取り組む強い決意

を野田首相は示してきたのだった．この変身の理由を，時代状況の変化によるものと野田は説明するが，一体改革の中身がどのようなものになるにせよ，法案がとおり，実施されることになれば，影響する価値の範囲は極めて大きいといってよい．

政策決定者個人の性格

前述のようにスナイダーは指導者の性格に焦点を当てる理由として，政策決定が，決定者のイメージを通して状況が認識され，いくつかの選択肢から選択されるという行為であることを挙げている．野田佳彦首相は民主党の幹部に多い松下政経塾出身の一期生である．同期の議員には自民党の逢沢一郎（前国会対策委員長）がいる．政経塾出身者を核に派閥的なグループ花斉会を主宰し，首相の座を目指してきたことからもわかるように，人の上に立ちたいとの願望は強かった．もっとも，人を押しのけてまでの権力欲はないとみられ，それが，政経塾の後輩が野田を支えてきた大きな理由といわれる．落選を経験したこともあり，同じ塾の後輩である前原誠司が野党時代の党代表，鳩山内閣では国土交通大臣に就任するなか後塵を拝した形となった．野田は政策全般に明るく，財政通として党の政策を支え，本会議で小泉内閣を代表質問で追及したこともある．鳩山民主党政権では財務副大臣への就任となった．旧大蔵省OBの藤井裕久財務大臣の強い意向だったといわれる．しかし，思わぬ形で首相への道が開かれた．財務大臣への就任である．藤井が体調不良で降板し，代わって財務大臣に就任した菅が首相に転じたからである．野田の大臣就任は，当然のごとく財務省からも歓迎された．意地悪な見方をすれば，独自の見解はなく，それだけ財務省の意見をよく聞き，理解し，その見解を代弁する政治家であった．そして日本の最高政策決定者の地位までのぼりつめた．ある新聞は，野田の首相就任について次のように書いた．

「「財政健全化はまったなしだ．ただし，私は決して財政原理主義者ではない」．野田首相は2日の就任会見で強調した．しかし，額面通りには受け取れない．首相は政権交代から2年間，副大臣，大臣としてずっと財務省にいた．財務省の悲願である消費増税に前向きで，今回の代表選でも復興増税の必要性を主張．財務官僚の間で極めて評価が高い一方，民主党内では，「財務省の組織内候補」と陰口をたたかれた」（朝日新聞，2011年9月3日）．

野田が政治家として器の大きさを示し野党の譲歩を引き出す余地はあった．民主党が，09年マニフェストに掲げた予算規模16兆8000億円にのぼる，子ども手当，高校授業料無料化，高速道路無料化などの公約が結局は果たせなかったことを率直に国民に詫びればよかったのである．しかし，そうはしなかった．党内にマニフェスト実現にこだわる議員が引き続き存在したからである．もし，消費税率の引き上げを実現することに政治生命を賭けるのであれば，与野党協議の環境を整備することを最優先

にすべきだった．党内野党を押さえ込んでまで消費税率引き上げを目指さなかったことは，野田の指導者としての物足りなさを感じさせた．

　野田が財務省そのものだったという批判は容易だが，野田自身，次のような事態を深刻に考えていたのではないか．09年マニフェストの実行は，埋蔵金や事業仕分けによる予算捻出は期待ほどではなく，結局，中途半端に終わる一方，自公政権時代の予算の抜本改革には踏み込まなかったために，民主党政権の一般会計予算は，平均，それまでよりも10兆円増加したのである．当然，その予算を補塡するために国債発行は加速化し，ついに12年度予算では44兆円にのぼることが予想された（計画では44兆2440億円，朝日新聞，2011年4月24日）．こうした状況を前に，野田はとりあえず，自公政権時代からの「引き継ぎ事項」である消費税率引き上げを，社会保障と税の一体改革をうたい文句に決断したのである．

組織の特性

　スナイダーがあげた第三の変数は政策決定者が決定を行う組織，機構である．決定者の行動は組織の特性により制限を受けるが，とりわけ，組織がどのようなコミュニケーションルートを有しているか，権力と権限はどのように配分されているか，組織間の対立，説得や取引など対立の調整の方法などに焦点が当てられる．

　社会保障と税の一体改革については言うまでもなく，政府内の省庁では財務省，厚生労働省がその事務局的機能を担う．いや，事務局的機能に留まらない．民主党政権になり本格化した社会保障と税の一体改革では，財務省と厚生労働省，とりわけ財務省主導でことが進められたというのが一般的な見方である．

　政治主導を掲げ官僚排除を目指した民主党政権だったが，鳩山内閣が倒れた後の菅内閣では事務次官会議が事実上復活し，官僚の協力なしには，政策の実現が困難であることを民主党政権自ら示したのだった．その中心に位置するのが自公政権時代同様に予算を握る財務省である．主計局次長，局長を経た大物次官勝栄二郎が野田首相を全面的に支える一方，官邸の首相補佐役である官房副長官に，勝とは旧知の間柄であり，影響力を行使しやすい竹歳誠国土交通省事務次官を据えた．国土交通省出身初の副長官であり，現職次官の起用も異例であった．前の官房副長官は総務省出身で地方税財源をめぐり財務省と対立したといわれる（朝日新聞，2011年9月3日）．財務省としては御しにくかったのであろう．官房副長官に加え，首相秘書官の人選にも，財務省の不退転の決意がみてとれる．現職の主計局次長を送り込んでいる．

　この野田首相に寄り添う財務省の消費増税にかけるすさまじいまでの意気込みはメディアだけではなく国会でも取り上げられた．たちあがれ日本の片山虎之助（元総務大臣）は，勝次官の名を敢えて挙げ，「財務省主導，野田内閣は「直勝内閣」と言われ

ている」とやゆしたほどだった．野田はそれに対して，「特定の省の特定の誰かに洗脳されたわけではない」と語気を強めた（読売新聞，2011 年 9 月 30 日）．

　首相の座を射止めるまでの 2 年間，野田はどこに席を置いていたか，改めて指摘するまでもないだろう．副大臣，大臣として財務省から離れずに生活を送ったのである．そして，首相就任後の補佐体制は前述のとおりである．よほど，財務省に批判的な立場から専門的な議論のできる人物でなければ，この環境下で財務省と異なる政策を打ち出すことは困難である．

　他方，財務省は悲願である消費増税を，社会保障と税の一体改革というオブラートに包むことにより，消費税率引き上げへの反対論を懐柔しようとしたかにみえる．社会保障の充実はマニフェストで最低保障年金を掲げた民主党としては違和感がなく受け入れることができた．また，厚生労働省としても，何らかの改善策をとらない限り，遠くない将来，現行の年金制度の破綻は目に見えていた．こうした財務省，厚生労働省，民主党の思惑が一致して，一体改革が打ち上げられたのである．しかし繰り返し述べるように，10％への消費税率引き上げは最低保障年金を柱とした民主党の社会福祉の充実策とは直接関係はなかった．結局，野党の追及と世論の批判を浴びる中で，引き上げ分の相当部分は社会福祉に振り向けられることにはなったが，当初，財務省が目論んだのは，一般的な財源不足を消費増税で賄うというものであった．財務省のしたたかな組織としての戦略が見え隠れする．

　以上のように，決定の時期，政策決定者個人の性格，組織の特性の三つの変数から一つの政策決定を説明することは，単に歴史的に叙述するよりは，問題を構造的に把握するという点で意味があろう．しかし，一つ一つの変数は，野田内閣の決定をある程度説明するにしても，この三つの変数の間の関係がよくわからないという問題は，筆者が分析を行いながら改めて認識した．

ごみ缶（箱）モデルと政策の窓モデル

　ごみ缶（箱）モデルを紹介する理由は，スナイダー・モデルが三つの変数を扱っているにもかかわらず，三者の関係が必ずしも明白でなかったことと関連する．後述する，ごみ缶モデルの修正版である政策の窓モデルは，三つの「流れ」を扱っており，しかも相互の関係に留意したモデルである．

　マイケル・コーエン，ジェームズ・マーチ，ヨハン・オルセンによって開発されたごみ缶（箱）モデルの基本的考え方は，組織の選択（意思決定）は問題，解

決策,参加者,および参加者の資源などからなるごみ缶の中のごみの混合状態と,ごみがどのように処理されるかに依存するというものである(Cohen, March & Olsen, 1972). このモデルの議論の前提は以下のようなものである(宮川, 1995, 153–156 頁).

　意思決定が行われる組織・機構はそもそも組織化された無秩序であり(それほどまでに無秩序だということ),優先順位がはっきりしておらず,組織の構成員は組織全体としてはうまくやっているとしても,自分の業務がどのように全体の中に位置づけられるかなどについてはあまり知らない.また構成員が加わる意思決定は問題によって異なり,投入される時間や努力も同じではない,さらに同一の問題であっても参加者の顔ぶれは変化することもある.これ以上,詳しくはふれないが,ごみ缶(箱)モデルは,宮川公男が述べるように,意思決定は非合理的に行われること,その非合理性はどのように生まれるかをモデル化したものである.

　「まず問題があって,それを解決しようと人々は動きはじめるのではない.より多くの場合,解決案が先にあり,それが問題を探し求めるのである.選択状況における問題,解決案,参加者の特定の組み合せから可能な場合にのみ,人々は問題の解決に取り組むのである.人々はまた,まず問題を定義し,可能な代替的解決案を列挙し,それらが問題をどれだけよく解決しうるかを評価し,最善の解決案を選択する,といったような論理的手順に従って進むわけでもない.むしろ,解決案と問題とは,選択状況における別々の流れとして同等な地位を占めるものであって,ある特定時点におけるある解決案の人気が,人々がどの問題を考慮の対象として取りあげるかに影響するというようなことがしばしばあるのである」(同上, 156 頁).

　民主党が 09 年マニフェストに掲げた子ども手当の顛末は,ゴミ缶(箱)モデルで説明できる一例といってよいかもしれない.中学卒業まで子ども 1 人当たり月額 1 万 3000 円支給する子ども手当は,2012 年度では財源が確保できずに廃止に追い込まれ,自公政権時代の所得制限付きの児童手当が根拠法も含め復活することになった.ここまでは,民主党,自民党,公明党三党,いわゆる与野党協議の合意の結果である.ところが,名称の変更については,子ども手当の存続にこだわる民主党が,変えるべきだとの自民,公明両党に抵抗した.結

局，合意を待っていては12年度からの支給開始に間に合わないとして，民主党は名称を子ども手当に「のための」をつけた「子どものための手当」として12年1月に閣議決定し，国会に提出した．小宮山洋子厚生労働大臣は2月の国会論戦で，必要があれば修正すると答弁した．結局，自公に譲歩し，「児童手当」となった．

　つまり，野田政権は，与野党協議においてあらゆる選択肢を検討し，最も好ましい選択肢を一つ選ぶという合理的な決定方式をとれずに，とりあえず，来年度からの支給に間に合うように，つまり時間が来てしまったので，12年度予算案では，仮の名称をつけるという決定を行わざるを得なかったのである．見切り発車とか，とりあえずこのように決定し，細部は，あとで詰めよう等という決定は，子ども手当に限らず，日常的に行われているといえよう．

　こうした基本的な考え方は共通しているが，政策過程のパターンや構造に焦点を当てたという意味でより精緻化したモデルが政策の窓モデルである．ジョン・キングドンにより提唱されたこのモデルは，政策の課題設定（アジェンダセッティング）に関する研究である（Kingdon, 1984）．これも宮川の説明を参考にしながら，紹介する（宮川，1995，180–187頁）．

　キングドンは政策過程に三つの流れがあるとする．第一は問題，第二は政策代替案，第三は政治である．

　第一の「問題」とは，数多くの問題の中から，どうして特定の問題が政策決定者の関心をひきつけ，課題として設定されることになるのかということである．設定された課題が途中で消えてしまう場合もある．またそもそもリストにのらないものもある．それはどうしてなのだろうか．問題は解決されたと考える人が多ければ，課題は消えてしまうだろうし，課題として拾い上げてもらうための努力が不足していたというようなこともあろう．

　民主党政権になって課題として強調されはじめた「インフラ輸出」を例に考えてみよう．原子力発電所や新幹線，上下水道など海外に官民一体となって日本の技術を売り込む「インフラ輸出」は経済界の強い要求もあり，政府が成長戦略の目玉として位置づけた．経済発展著しい途上国を相手に中国や韓国がこの分野でのビジネスで日本をリードしていることへの危機感が背景にある．政策面での動機付けに加え，自民党に比べパイプが細かった経済界との関係を強

化できるとの期待も民主党にはあったと思われる．

　予算も課題設定に重要な役割を果たす．予算がある特定の課題を推進することもあれば，制約要因となることもある．政府開発援助（ODA）一般会計予算は自公政権時代から継続的に減少し，ピーク時に比べ半減したが，民主党政権になっても傾向は変わらず，2010年度には6187億円，2011年度には5727億円に減少した．とりわけ，政権交代直後の2010年度では，前年度比8％減と大幅カットとなった．政権発足直後の事業仕分けの結果だが，この結果，国際協力局は，予定したプログラムを削るなどの作業を余儀なくされたのである．

　他方，民主党政権がODA予算を大きく増やしたのは，対アフガニスタン支援であった．民主党は，自公政権時代のテロ対策特別措置法に基づく，インド洋での多国籍軍への給油を打ち切り，代わりに日米関係重視の観点から，アフガンへの民生支援を強化する方針を打ち出した．2010年度から5年間で50億ドルと，一国に対する無償支援としては破格である．

　第二の流れは政策代替案である．様々な人々や組織から政策案は提案される．国会議員，官僚，利益団体，研究者，一般国民と，その担い手は広い．常にこのような人々や組織によって問題が検討され，議論され，提案されている．こうした中で，特に重要なのが政策専門家であり，政府の内外に散在している．日本の場合でも，当面採用される可能性はないとしても，いつか真剣に考慮されることを予期してシンクタンク，研究者，財界などが政策提言を行っている．問題が起きてから，対応策を講じるのではなく，行政改革，規制改革が典型的であるように，課題として設定される以前に，どこかの機関や，あるいは誰かが，最終的に採用される政策と類似した内容の政策提言を行っているのである．野田内閣で結論がでるか，執筆段階では不明な消費税率問題だが，高齢化社会の深刻化，巨額な累積債務残高を背景として，引き上げは待ったなしだとの議論は，政府以外の各所から聞こえてきていた．

　前述のアフガニスタン支援についても，インド洋での多国籍軍への給油に代え，民生支援を強化するというアイディアは，少数意見ではあったが自公政権時代から存在した．民主党政権の一翼を担う国民新党が掲げる郵政民営化の見直しも，小泉政権時代に自民党が分裂せざるを得なかったように強力な議論として存在した．しかし，政権交代が実現するまでは，誰も見直し法案が国会で

議論されるとは思っていなかったはずだ．

　それでは多くのアイディアの中で生き残るにはどのような条件があるのだろうか．一つ目は実現可能性である．二つ目は政策決定集団，すなわち内閣の意識との整合性である．これは当然であろう．政策決定者の意識とかけはなれていれば，課題として設定されるわけはない．実のところ，民主党が国民新党の求める郵政民営化見直しを，優先順位の高い重要課題と考えていたかは疑わしい．政権発足後の2年半，法案は本格的な審議すら行われてこなかったからである．民主党は数合わせのために国民新党を誘い，国民新党は，与党の一角を占めることで，あわよくば民営化見直しを実現したいと考えていたにすぎないようにもみえる．結局，郵政民営化の公明党の主導による見直し案に，民主，自民党が乗る形で，国民新党の悲願は2012年4月27日に実現した．もっともその内容は貯金と保険の金融2社の全株売却(完全民営化)が，義務から努力規定になる一方，郵便，郵政を加えた4社の持ち株会社である日本郵政の株の三分の一超を政府が持つ点は変わらず，株式売却の全面凍結や窓口サービス低下改善のため組織再編を求めていた国民新党の主張とはほど遠かった(朝日新聞，2012年4月27日，自見庄三郎前郵政改革担当内閣府特命担当大臣（金融）HP)．三つ目は提言にどのような制約があるかである．国民の支持も重要である．郵政民営化は，小泉首相のイメージ戦略の成果によるものであろう．国民の多くが支持を寄せ，課題設定から，最終的な決定の過程で，大きなプラスの影響を与えた．他方，郵政民営化見直しについて世論は湧かない．それよりも，関心は消費税率の引き上げ幅や時期にある．郵政民営化見直しが前に進まなかったのもそうしたことと無関係ではない．

　第三の流れは政治的なものである．政権交代にみられる政治的出来事は課題設定に影響を与える．郵政民営化見直しは，政権交代がなければ課題として設定されたかは不明である．民主党は郵政事業の抜本的見直しを，09年マニフェストで地域主権の具体策として掲げたものの，実現の優先順位では同じ地域主権の内の，農業の戸別所得補償制度の創設や，高速道路の無料化のほうが高かった．実際に，それら二つは鳩山内閣で実現した．国民的支持を得やすいと考えたからであろう．国民の多くは，郵政民営化の見直しには関心がなかった．他方，郵政民営化の抜本的見直しを主張する国民新党と連立を組んだのは，国会

における安定勢力確保のためであって，郵政民営化見直しのためではなかった．政権交代後に開催された国会では，連立合意に基づき見直し法案が毎回のように提出されたものの守られることはなかった．結局，近づく選挙の思惑から，ようやく重い腰をあげた民主党に加え，郵政グループに近づきたい公明党が動き出すと，あわてた自民党の見直し派が主導権を握られまいと見直し案合意を急いだのである．キングドンのいう第三の流れ，つまり政治的な流れの典型といってよいであろう．

この政治的流れには，選挙結果や全国的なムードや利益団体のキャンペーンが含まれる．政策決定者が国民がどのように考えているかについて敏感であることはいうまでもない．与党民主党が，消費税率引き上げの法案成立後に解散を考え，野党自民党，公明党が，消費税率引き上げ法案審議前に国民の信を問うべきだと主張していることからも裏付けられる．普天間基地の移設問題で，沖縄県民の考え方に政府が神経をとがらせているのも同様である．

政治的流れには国民レベルに加えて，利益団体や政治的エリートたちの行動など，組織された政治的な力も含まれる．このレベルにおける対立の調整は駆け引きによって行われる．政府内の人事による決定者の交代も，流れを変える要素である．

以上三つの流れ，すなわち，問題，政策代替案，政治の流れは独立の過程として展開するが，完全に独立しているわけではなく，相互の作用もあり，そしてある決定的な時期に合流（coupling）するという．ここがモデルのポイントである．「すなわち，問題が認識され，その解決案がすでに準備されており，政治的風潮も変化の機が熟しており，そして行動を妨げる制約もないという時期が生まれる．政策案の提唱者は，政策提案を準備し，それが適合する問題がアジェンダに上程され，また政治的流れが有利に展開するのを待つのである．このような時期の出現を（中略）「政策の窓」（policy window）の開放と呼ぶ」（同上，185頁）．

こうした政策の窓モデルは，これまで紹介したモデルでは説明できていなかった点をうまく処理している．たとえば2011年11月11日に野田首相が明らかにした，TPP交渉参加に向けて関係国と協議に入る，つまり参加するかどうかの協議に入るとの政府・民主党の決定である．本章で述べたように，この決

定について野田首相のイニシアティブという説明では不十分なことはわかったが，さりとて，外相，経産相など一部民主党の政治家と，彼らを支える官僚が主導して合意形成したというのも言い過ぎであるとすれば，この政策の窓モデルにより，三つの流れが最終段階で一致したという説明の仕方もありうる．つまり，21世紀になり本格化した自由貿易協定（FTA），経済連携協定（EPA）など自由貿易の流れが加速する中で，アジア・太平洋に位置する日本がTPPに参加しない選択肢はあり得ず，課題として設定されざるをえないとの認識が政府民主党には高まっていた．しかし，その段階では，農業，医療分野など強硬な反対論も党内外にあり意見集約は困難であった．しかし，政治の世界においても次第にやむを得ないという方向に変化しつつあり，それはメディアの論調や世論の変化の反映でもあった．農業分野に対しては，仮にTPPに参加し，関税を引き下げた場合の補償が当然の如く議論された．

　もっとも，慎重な野田内閣の決定は，交渉参加に向けて関係国と協議に入るというものであった．他方，2011年11月14日（日本時間）にハワイで開催されるアジア太平洋経済協力（APEC）首脳会議で，野田首相はTPPへの日本の態度を表明することを予定していた．この会議では，既に参加を表明していた米国，豪州など9カ国が，大枠合意を目指していた．参加積極派からは，これに間に合わなければ，日本は置き去りにされてしまうとの声が聞こえた．APEC首脳会議を前に，日本は最終決断を求められたのである．問題解決の先送りは許されなかった．こうして三つの流れが合流することになったのである（この場合は，合流したというよりは合流せざるを得なかったといった方がよいだろう）．このように説明することができる．

おわりに

　2012年4月13日（金），午前7時40分頃，北朝鮮が人工衛星と称する飛翔体（長距離弾道ミサイル）を発射し失敗した．他方，発射の情報を得たならば，日本政府は住民に直ちに通報する全国瞬時警報システム（J-ALERT）を使う予定だったが使われないままに終わった．情報を米国の早期警戒衛星から発射直後に入手していたにもかかわらずである．国民向けの情報伝達は約40分後の8時23分のことであった．その間，政府は，「発射を確認していない」と伝えるばかりであった．

　この「おわりに」を書こうと思っていた矢先に，以上のような新版『政策過程分析入門』に相応しい出来事が発生した．おそらく，政策過程分析を身につけた読者は，なぜ北朝鮮は4月12日でも，4月14日でもない4月13日にミサイル発射を行ったのか，北朝鮮は海外メディアを発射場まで案内する一方，なぜ打ち上げの様子をモニターテレビ経由でも公開しなかったのか，なぜ，これまでの北朝鮮とは違い，発射失敗を認めテレビのニュースでも伝えたのか等々，いくつもの疑問を思い浮かべたはずである．

　同様に，なぜ政府は国民向けの情報提供にミサイル発射後40分と時間がかかったのか，日本側にも疑問を向けたはずである．政府が情報を入手していなかったなら別だが，そうではなかった．政府報告書（4月26日発表）によれば，日本の安全に影響がないと判断し，一斉通報しなかったらしい．とりあえず，北朝鮮がミサイルを発射したことを速報で伝え，事実関係を確認中と伝えるべきであった．政府がロケット落下の万が一の可能性を考え，PAC3やイージス艦を配備し，J-ALERTの作動リハーサルまで行って万全を期したことを考えれば，この初動対応の稚拙さは際だつ．

　おそらく，政策過程分析を身につけた読者なら，北朝鮮のミサイル発射前後

についての疑問には，アリソンの第三モデル（政府内政治モデル）や第二モデル（組織過程モデル）の一部，組織間対立の部分が利用可能ではないかと考えるに違いない．また，日本の初動対応の遅れについては第二モデルのマニュアルへの偏重（拘泥）で説明できると考えるのではないだろうか．一報入手後，マニュアルにしたがって，その一報が確実なものかどうかダブルチェックをしていて遅れてしまったという（2009年に北朝鮮ミサイル発射で誤情報を流してしまった防衛省にはトラウマがあったのかもしれない）．

　日表の作成をもとに事例研究を繰り返し，政策過程分析を身につけると，この北朝鮮ミサイル発射問題をはじめ，どのような出来事が起きても，その原因について論理的な類推が可能になる．延坪島砲撃事件を扱った韓国人留学生はレポートの後書きに「日表を作ってみて，政策過程は決して単純ではなく，様々なアクターや変数が作用していることに気づいた．特に緊急事態には国家元首である大統領の一瞬の判断がとても大事であり，指導者の資質にはそのような能力も必要であると思った．そして有事の際に備え国家では専門家らが対応「マニュアル」を作り，そのマニュアルに沿って政策が決定され実施されているということにも，今回日表を作って初めて気づいた」と書いた．

　また，菅内閣が取り組んだ東日本大震災の仮設住宅建設がなぜ遅れたのかを取り上げた学生は「分析に悩む時も多々あったが，政治家個人の思惑がある重要な政策に多大な影響を与えるという点や，省庁の縦割りの問題が問題解決を滞らせてしまっているという点を実感できたので，ある政策決定に対して問題意識を持ってみる力が必要なのだと改めて感じることができ，今後もアリソンのモデルを念頭に置きながら世の中で起きている出来事や，政府の政策決定をみていきたいと思った」と感想を記した．

　学生の感想を毎年読む度に，私が自信をもって言えるのは，こうした感想を書ける学生は，どのような政策過程もきちんと分析できるに違いないということである．不思議なもので，いくらモデルそのものを理論として学んでもこうしたことは身につけることは難しい．「いや，アリソンのモデルなんてもう古いですよ」という人に限って，日表の作成にはじまる地道な作業を行ったことがないのである．このテキストの類書が少なく，事例研究を強く奨めているものが皆無に近いのも，そうしたことと無関係ではなかろう．

事例研究をいくら積み重ねても理論的に政策過程の一般化はできないとの指摘は以前からある．しかし，政策過程を分析する目的が理論の精緻化ではなくて，現実の政治を理解する，いかに政治は複雑なものかを理解するというところにもあるとすれば，もっと積極的に事例研究は行われてよいはずだ．

　このテキストでは，アリソン・モデルを含め，いくつかの仮説からなるモデル（「概念レンズ」）を使用することを強くすすめた．もとより，紹介したモデルの適否については議論はあるかもしれない．あまりに基礎的なモデルを中心にしすぎてはいないか，どのようなアクターが参加するのかというアクター論に傾きすぎてはいないか，モデルを検証するための仮説が少なくはないか，資料の収集が難しく操作可能性が低いのではないか，さらにはモデル同士の有機的な関係が明らかになっていないのではないかなど，問題はないわけではない．

　しかし，最も知られている合理的行為者モデルでさえ，社会科学者やメディアの人々が日常的に利用しているわりには，その使われ方は，厳密さに欠ける．ややくどいと思われるくらいに説明し，また学生が適用した例をも紹介したのは，そうした理由からである．アクター論に傾斜していることは事実だが，これも考えてみれば，政策過程論の最も重要な部分である．たとえば，本来ならば重要政策課題では最高政策決定者たる内閣総理大臣が指示し，下僚が実施するのが常道であるにもかかわらず，実際にはそうならなかったというような場合，いったい誰がこの決定に最も影響力を発揮したのかを明らかにすることが，如何なる作業にも優先するからである．誰が決定し，実施した政策に責任をとるかという問題でも，アクターとしての参加者が確定されねばならない．

　もっとも，日本の政策過程で問われているのは，政策決定者個人の能力・資質もさることながら，官僚機構ではないかという指摘もあろう．その「通説」を証明するためにも，日本の政策過程における官僚機構の役割をより明確に分析するためのモデル，たとえば，アリソンの組織過程モデルや増分主義を補完するようなモデルが必要であったかもしれない．こうした理論的な角度とは異なるが，民主党への政権交代は日本の政策過程における官僚機構の重要性を証明することになった．

　本書に対して仮説が少なすぎるという批判もあろう．たとえばスナイダー・モデルは，決定の時期，政策決定者個人の性格，組織の特性の三つのポイント

は示しているものの，詳細にわたる説明はなくポイント間の関係など研究する側の裁量に任されている．コーエンのモデルについても同様のことがいえる．またモデル同士を有機的に関連づけて説明していないという批判もあり得る．つまり説明が十分に体系化されていないという批判である．これは試みたが断念した．多くのモデルが合理的行為者モデル批判から生まれている一方，それ以外のモデル同士の関連は必ずしも明らかではないからである．

　しかし，以上のような批判や注意すべき点があるにもかかわらず，全体としては，事例研究を積み重ねるための材料を提供することはできたと思う．第1章でも強調したように，事例研究の試みは，限界はあるが日本政治全体を把握するには最も適当な方法である．仮に個別的問題の分析を行うとしても，その前にここを通過することの意味は大きい．政治に関心をもち始めた人々が，紹介したモデルを使い実証研究に挑戦することを強く期待したい．

　このテキストが出来上がるまでには，多くの方々の影響を受けている．そもそも政策過程分析に関心をもつに至ったのは，今から30年以上も前，上智大学大学院外国語学研究科修士課程に在学中のことであった．政策過程分析のモデルに関しては綿貫譲治先生に，事例研究については蠟山道雄先生，宇野重昭先生（成蹊大学）にご指導頂いた．その後，縁あって在学することになった東京大学大学院社会学研究科博士課程（国際関係論専攻）では，日本の政策過程に関する第一人者渡辺昭夫先生にお会いすることができた．上智大学で培った私の知識と関心は，外交史を含め様々な分野で卓見をおもちの渡辺先生と接するうちに大きく広がることになった．私のとめどなく多様な関心の源泉は渡辺先生にあるといっても過言ではない．先生のよい意味での「放任主義」も私の可能性をのばして頂いたように思う．とりわけ1978年中国の漁船が突然尖閣列島に結集したのはどうしてかをテーマに，渡辺先生のもとゼミの同僚とともに，合宿をしながらアリソン・モデルで解明し大議論になったことをつい最近のことのように思いだす．衛藤瀋吉先生のゼミに参加させて頂き，多くのアドバイスを頂戴したことは，政策過程論を引き続き私の関心分野とすることに役にたった．助手を務めた国際大学で，アメリカの政策過程分析の第一任者である宮里政玄教授にお会いできたことも，この分野の知識を深める点でどれほど刺激に

なったことだろうか．先生のおすすめがなければ，プリンストン大学への留学も実現は難しかった．ここで感謝の気持ちを表したい．

　その後東京工業大学を経て，1991年から慶應義塾大学総合政策学部で教鞭をとり，戦後日本外交論や政策過程論，国際開発論を担当することになった．以来，実証研究を重視するという学部の方針と，私の教育手法が合致したこともあり，試行錯誤を重ねながら，学生諸君に日表作成を主軸とする事例研究に取り組んでもらってきた．一方，本文で触れたが，この間，私も政策過程に分析の焦点を当てたいくつもの作品を世に問うてきた．一々記さないが，そうした場を提供して下さった出版社，編集者の方々には感謝の言葉もない．

　今回，第2版を世に問うことができたのは，私の政策過程論の授業を手伝い，支えてくれた歴代のTA (Teaching Assistant)，SA (Student Assistant) の協力なしには考えられない．特に折原健太，河村佳宏，野口和博の諸君には改めてお礼をいいたい．第5章で紹介した中国漁船衝突事件で優秀なレポートを書いたのは環境情報学部の大塚俊君であることも記しておきたい．本書で一部を掲載した東日本大震災の日表は，計画停電で湘南藤沢キャンパスが閉鎖中に，三田キャンパスでゼミを開講し，ゼミ生総出で仕上げたものである．最初は模造紙を何枚も貼り付けた日表にポストイットでアクターの行動を埋めるというアナログ的な手法を用いた．一覧性に優れたアナログ作業を知ってもらいたかったからである．

　第2版刊行にあたり編集を担当してくださった東京大学出版会編集部の奥田修一氏には，旧版の編集者竹中英俊氏とともに感謝の言葉もない．奥田さんは旧版を詳細に点検するとともに，骨子を変えずに事例の大半を改めるという困難な作業に私が取り組む「気持ち」にさせてくれた．予定よりも早く出版できるようになったのは，ひとえに奥田さんの協力のお蔭である．

　政策過程研究を時代の変化とともに見続け事例に取り組んできた草野厚研究会現役生，OB，OGの諸君に本書を捧げたい．

　　2012年春

　　　　　　　　　　　　　　　　　　　　　　　　　草野　厚

参考文献一覧

　以下に紹介する文献は網羅的ではない．本書の目的に沿ったものにとどめており，ここにあげた以外にも政策過程分析に参考となるものは数多い．選択した作品は以下の基準で分類してある．なお参考文献一覧の冒頭に，私の主要作品を掲載した．
A　研究者の手による作品
B　ジャーナリスト，ノンフィクション作家による作品
C　政治家や官僚による作品，ないしは政治家に対するインタビューおよびそれに準ずる作品

著者による作品
単　著
1983a　『日米オレンジ交渉―経済摩擦をみる新しい視点』日本経済新聞社
1984　『日米・摩擦の構造―戦いながら共存するための知恵をオレンジ・自動車戦争に探る』PHP研究所
1986　『昭和40年5月28日―山一事件と日銀特融』日本経済新聞社（1989『証券恐慌―山一事件と日銀特融』と改題，講談社文庫）
1989a　『国鉄改革―政策決定ゲームの主役たち』中公新書（1997『国鉄解体―JRは行政改革の手本となるのか？』と改題，講談社文庫）
1991a　『アメリカ議会と日米関係』中公叢書
1992　『大店法　経済規制の構造―行政指導の功罪を問う』日本経済新聞社
1993a　『ODA 1兆2千億円のゆくえ―日本の国際貢献のあり方を問う』東洋経済新報社
1995a　『日本の論争―既得権益の功罪』東洋経済新報社
1997a　『ODAの正しい見方』ちくま新書
1998a　『山一証券破綻と危機管理―1965年と1997年』朝日選書
1999a　『考える力を養う情報収集法―分析力・判断力がアップする10章』太陽企画出版
1999b　『連立政権―日本の政治1993～』文春新書

183

1999c 『日米安保とは何か―その成立から新ガイドラインまで』PHP 研究所
2000a 『公務員試験　わかる現代政治学ゼミ』実務教育出版
2000b 『テレビ報道の正しい見方』PHP 新書
2001a 『官僚組織の病理学』ちくま新書
2003a 『癒しの楽器パイプオルガンと政治』文春新書
2005a 『歴代首相の経済政策　全データ』角川 one テーマ 21（2012 増補版）
2006a 『テレビは政治を動かすか』NTT 出版ライブラリーレゾナント
2006b 『解体―国際協力銀行の政治学』東洋経済新報社
2007a 『日本はなぜ地球の裏側まで援助するのか』朝日新書
2008a 『政権交代の法則―派閥の正体とその変遷』角川 one テーマ 21
2010a 『ODA の現場で考えたこと―日本外交の現在と未来』NHK ブックス

共編著

宍戸善一・草野厚　1988　『国際合弁―トヨタ・GM ジョイントベンチャーの軌跡』有斐閣
渡辺利夫・草野厚　1991　『日本の ODA をどうするか』NHK ブックス
草野厚・梅本哲也編　1995　『現代日本外交の分析』東京大学出版会
久保文明・草野厚・大沢秀介編　1999　『現代アメリカ政治の変容』勁草書房
猪瀬直樹・笠原十九司・姜尚中・草野厚・小池百合子・辻元清美・土門周平・中村粲・橋爪大三郎・秦郁彦・山田朗　2001　『日本はなぜ負ける戦争をしたのか．朝まで生テレビ！』アスキー
草野厚編　2008b　『政策過程分析の最前線』慶應義塾大学出版会

論　文

1980 「第四次日中貿易協定と日華紛争―1958 年 3 月 5 日―4 月 9 日」『国際政治』第 66 号
1983b 「戦後日本の対米外交に於ける非正式接触者」『国際政治』第 75 号
1985a 「二つのニクソンショックと対米外交」近代日本研究会編『年報・近代日本研究 7　日本外交の危機認識』山川出版社
1985b 「国際政治経済と日本」渡辺昭夫編『戦後日本の対外政策』有斐閣選書
1987 「米国における日本企業のロビイング」『国際問題』9 月号
1989b 「コメ摩擦は終わっていない」『世界』8 月号
1989c 「対外政策決定の機構と過程」有賀貞他編『講座国際政治 4　日本の外交』東京大学出版会
1990 「ガット農業レジームと日本の自由化」『国際政治』第 93 号
1991b 「ローカルコンテンツ法案とアメリカ議会政治」阿部斉・五十嵐武士編『アメリカ現代政治の分析』東京大学出版会
1993b 「日本外交と ODA―政策の変化と環境」『レヴァイアサン』第 13 号

1994a 「議会」阿部斉編『アメリカの政治』弘文堂
1994b 「利益団体の圧力活動」阿部斉編『アメリカの政治』弘文堂
1994c 「日本のODAを狙う米国企業―全く語られない対立の新しい火種」『諸君』3月号
1995b 「中曽根康弘―大統領的首相の面目」渡辺昭夫編『戦後日本の宰相たち』中央公論社（2001 中公文庫）
1995c 「学生が調査した霞ヶ関の情報公開度」『潮』10月号
1995d 「徹底検証 審議会は隠れ蓑である」『諸君』7月号
1996a 「日米経済摩擦―連続性と多様性」『国際問題』2月号
1996b 「アメリカの行革に学ぶこと」『中央公論』2月号
1996c 「輸銀・基金統合とODA」『諸君！』5月号
1996d 「スーチー英雄史観には呆れる」『諸君！』8月号
1996e 「無用の長物国会を大改造せよ」『論争東洋経済』7月号
1997b 「国益に適うODAに転換すべし」『論争東洋経済』1月号
1997c 「アメリカ官僚がみた霞ヶ関」『潮』3月号
1997d 「ゴラン高原視察記」『外交フォーラム』3月号
1997e 「テロ集団のODA批判に唱和した日本人」『文藝春秋』3月号
1997f 「中学教科書『国際貢献』の杜撰な記述」『諸君』5月号
1997g 「評価高まる国連平和維持活動」『じゅん刊 世界と日本』859号
1997h 「自衛隊はゴラン高原PKOで何をしているか」『潮』5月号
1997i 「ODA, PKO国内的発想から脱却せよ」『中央公論』8月号
1997j 「『40年不況からの再生』に山一は泥を塗った」『エコノミスト』12月号
1998b 「総理これでは優良住宅は増えません」『中央公論』12月号
1999d 「現地報告 中国の環境汚染―対中環境ODAで何をすべきか」『週刊東洋経済』1月16日号
1999e 「闇の中の巨費, ODAの情報公開を急げ」『論座』6月号
1999f 「東ティモールと日本のPKO」『中央公論』12月号
2000c 「政治家は東ティモール支援の真実を知れ」『中央公論』11月号
2001b 「小泉劇場『真紀子ブーム』という危険な仮想現実」『論座』3月号
2001c 「真紀子信者 集団ヒステリーの標的にされて―TVでの批判に抗議の嵐, 民主主義は大丈夫か？」（座談会）『文藝春秋』8月号
2001d 「進出企業はまた泣かされる」（座談会）『文藝春秋』10月号
2002a 「『タカ派的ハト派』の二段飛び 小泉純一郎様やはり変節しておられます」『論座』2月号
2002b 「徹底研究 ワイドショーと政治報道『真紀子神話』はどうつくられたのか」『論座』6月号

2003b 「国際合意違反の確信犯・北朝鮮の過去を直視せよ」『中央公論』1月号
2004a 「芸術と行政の影―東京芸大パイプオルガン選定をめぐって」『論座』3月号
2004b 「二つのニクソンショックと佐藤内閣―公開された米外交文書から71，72年の首脳会談を読み解く」『論座』2月号
2004c 「国際社会で日本が目指すものと自衛隊の役割」『Securitarian』5月号
2004d 「弱者の味方『NGO』が東南アジアでさらけ出した素顔」『諸君』9月号
2004e 「特集　ODA国益重視の姿勢明確に―大綱改定にみる日本外交の新潮流」『じゅん刊　世界と日本』1017号
2005b 「スマトラ巨大地震　温家宝に後れをとった小泉パフォーマンス」『諸君』3月号
2005c 「官から民へ―郵政につづけ！　伏魔殿『国際協力銀行』を解体せよ」『諸君』9月号
2006c 「小泉首相よ，財務省に屈するのか　伏魔殿・国際協力銀行解体阻止に蠢く官僚たち」『諸君』3月号
2006d 「座談会 "4人委員会" からの緊急提言『ODA改革の行方にモノ申す』」『国際開発ジャーナル』2月号
2006e 「政策別・採点チャート付『麻垣康三』―国益を守れるベスト宰相は？」『諸君』3月号
2006f 「空洞化が進む『日米同盟』の危機―草野厚 VS 手嶋龍一」『潮』7月号
2007b 「安倍晋三を操る『岸信介＝強行突破』のDNA」『諸君』8月号
2007c 「外交のインフラ，ODA―メディアの時代の課題」『外交フォーラム』5月号
2007d 「小泉構造改革の真の継承者は，書生気質の民主党だ」『諸君』11月号
2008c 「政府系ファンド，ODAから『食』の安全保障まで『真・保守主義』の世界戦略を語ろう」（中川昭一との対談）『諸君』5月号
2008d 「麻生 vs. 小沢　見かけ倒しの "死闘" には騙されるまい」『諸君』12月号
2010b 「ODA評価をめぐる学・官・業の不透明な構図」『中央公論』3月号
2010c 「民主党の変わっていない『期待外れ』の本質」『潮』8月号
2010d 「メディアは『政治』を批判し育てるべき立場にある」『放送文化』冬号
2011a 「『ネットワーク政党』の本領発揮のとき」『潮』1月号
2011b 「『政治主導』内閣の脆さ」『潮』5月号
2011c 「厳しく問われている菅首相の "資質"」『潮』7月号
2011d 「震災報道を検証する議論，批判する姿勢の欠けたテレビ報道」『放送文化』夏号
2012 「統治能力が欠如した『民主党政権』の行方」『潮』4月号

主要参考文献（五十音順）

A　Ikenberry, G. John　1988　"Market Solutions for State Problems: The Inter-

national and Domestic Politics of American Oil Decontrol," *International Organization*, vol. 42, no. 1
A 秋吉貴雄・伊藤修一郎・北山俊哉 2010 『公共政策学の基礎』有斐閣ブックス
B 朝日新聞社「湾岸危機」取材班 1991 『湾岸戦争と日本―問われる危機管理』朝日新聞社
B 麻生幾 1996 『情報、官邸に達せず―「情報後進国」日本の悲劇』文藝春秋（2001 新潮文庫）
C 麻生太郎 2007 『とてつもない日本』新潮新書
C 安倍晋三 2006 『美しい国へ』文春新書
A 阿部斉・新藤宗幸・川人貞史 1990 『概説 現代日本の政治』東京大学出版会
C アーミテージ, リチャード・L.／ジョセフ・S. ナイ Jr／春原剛 2010 『日米同盟 vs 中国・北朝鮮―アーミテージ・ナイ緊急提言』文春新書
A 荒木義修 1990 「過程モデル」白鳥令編『政策決定の理論』東海大学出版会
A アリソン, グレアム・T. 1977 （宮里政玄訳）『決定の本質』中央公論社 ［Allison, Graham T. 1971 *Essence of Decision: Explaining the Cuban Missile Crisis*, Boston: Little, Brown and Company］
B 有馬哲夫 2008 『原発・正力・CIA―機密文書で読む昭和裏面史』新潮新書
A 有賀貞・宇野重昭・木戸蓊・山本吉宣・渡辺昭夫編 1989 『講座国際政治 4 日本の外交』東京大学出版会
A 飯尾潤 2007 『日本の統治構造―官僚内閣制から議院内閣制へ』中公新書
C 飯島勲 2006 『小泉官邸秘録』日本経済新聞社
C 飯島勲 2007 『実録小泉外交』日本経済新聞出版社
A 五百旗頭真 2005 『日米戦争と戦後日本』講談社学術文庫
A 五百旗頭真編 2010 『戦後日本外交史』第 3 版, 有斐閣アルマ
C 五百旗頭真・伊藤元重・薬師寺克行編 2007 『森喜朗―自民党と政権交代（90 年代の証言）』朝日新聞社
C 五百旗頭真・伊藤元重・薬師寺克行編 2008a 『野中広務―権力の興亡（90 年代の証言）』朝日新聞社
C 五百旗頭真・伊藤元重・薬師寺克行編 2008b 『岡本行夫―現場主義を貫いた外交官（90 年代の証言）』朝日新聞出版
B 生田忠秀 1996 『ドキュメント官僚の深層』ダイヤモンド社
A 池井優 1973 『日本外交史』慶応通信（1992 三訂）
A 石井明・朱建栄・添谷芳秀・林暁光編 2003 『記録と考証 日中国交正常化・日中平和友好条約締結交渉』岩波書店
B 石川真澄・山口二郎 2010 『戦後政治史』第 3 版, 岩波新書
C 石橋政嗣 1999 『「五五体制」 内側からの証言―石橋政嗣回想録』田畑書店

C　石原信雄　1995　『官邸 2668 日―政策決定の舞台裏』NHK 出版
C　石原信雄　2002　『首相官邸の決断―内閣官房副長官石原信雄の 2600 日』中公文庫
A　伊藤修一郎　2011　『政策リサーチ入門―仮説検証による問題解決の技法』東京大学出版会
A　伊藤光利　1988　「国会のメカニズムと機能――一党優位制における議会」日本政治学会編『年報政治学 1987　政治過程と議会の機能』岩波書店
A　伊藤光利編　1996　『ポリティカル・サイエンス事始め』有斐閣ブックス（2003 新版）
A　伊藤光利・田中愛治・真渕勝　2000　『政治過程論』有斐閣アルマ
A　猪口孝　1991　『現代国際政治と日本―パールハーバー 50 年の日本外交』筑摩書房
A　猪口孝・岩井奉信　1987　『「族議員」の研究―自民党政権を牛耳る主役たち』日本経済新聞社
A　岩井奉信　1988　『現代政治学叢書 12　立法過程』東京大学出版会
A　岩田一政・小寺彰・山影進・山本吉宣編　1996　『国際関係研究入門』東京大学出版会（2003 増補版）
B　上杉隆　2006　『小泉の勝利　メディアの敗北』草思社
B　上杉隆　2007　『官邸崩壊―安倍政権迷走の一年』新潮社
A　内田健三・金指正雄・福岡政行編　1988　『税制改革をめぐる政治力学―自民優位下の政治過程』中央公論社
A　内山融　2007　『小泉政権―「パトスの首相」は何を変えたのか』中公新書
A　梅本哲也　1996　『核兵器と国際政治 1945-1995』日本国際問題研究所
C　江田憲司・龍崎孝　2002　『首相官邸』文春新書
A　オアー, ロバート・M., Jr.　1993　（田辺悟訳）『日本の政策決定過程―対外援助と外圧』東洋経済新報社
A　大河原伸夫　1990　「官僚政治モデル」白鳥令編『政策決定の理論』東海大学出版会
C　大河原良雄　2005　『オーラルヒストリー　日米外交』ジャパンタイムズ
A　大嶽秀夫　1979　『現代日本の政治権力経済権力』三一書房（1996 増補新版）
A　大嶽秀夫　1983　『日本の防衛と国内政治―デタントから軍拡へ』三一書房
A　大嶽秀夫編　1984　『日本政治の争点―事例研究による政治体制の分析』三一書房
A　大嶽秀夫　1988　『再軍備とナショナリズム―保守, リベラル, 社会民主主義者の防衛観』中公新書（2005 講談社学術文庫）
A　大嶽秀夫　1990　『現代政治学叢書 11　政策過程』東京大学出版会
A　大嶽秀夫　2003　『日本型ポピュリズム―政治への期待と幻滅』中公新書
B　大家清二　1995　『経世会　死闘の七十日』講談社
A　大山耕輔　1996　『行政指導の政治経済学―産業政策の形成と実施』有斐閣
A　大山耕輔　2002　『エネルギー・ガバナンスの行政学』慶應義塾大学出版会

A　大山礼子　2011　『日本の国会―審議する立法府へ』岩波新書
A　岡義武編　1958　『現代日本の政治過程』岩波書店
A　岡沢憲芙　1988　『現代政治学叢書 13　政党』東京大学出版会
C　小倉和夫　1982　『日米経済摩擦―表の事情ウラの事情』日本経済新聞社（1991 朝日文庫）
A　落合浩太郎　1993　『日米経済摩擦』慶応通信

C　貝原俊民　1995　『大震災 100 日の記録―兵庫県知事の手記』ぎょうせい
C　海部俊樹　2010　『政治とカネ―海部俊樹回顧録』新潮選書
A　蒲島郁夫　2004　『戦後政治の軌跡―自民党システムの形成と変容』岩波書店
B　蒲島郁夫・竹下俊郎・芹川洋一　2010　『メディアと政治』改訂版，有斐閣アルマ
A　上川龍之進　2010　『小泉改革の政治学―小泉純一郎は本当に「強い首相」だったのか』東洋経済新報社
A　カルダー，ケント・E.　1989　（淑子カルダー訳）『自民党長期政権の研究―危機と補助金』文藝春秋
A　カルダー，ケント・E.　2008　（武井楊一訳）『米軍再編の政治学―駐留米軍と海外基地のゆくえ』日本経済新聞出版社
B　軽部謙介　1997　『日米コメ交渉―市場開放の真相と再交渉への展望』中公新書
B　軽部謙介・西野智彦　1999　『検証　経済失政―誰が，何を，なぜ間違えたか』岩波書店
C　菅直人　2009　『大臣』増補版，岩波新書
C　菅伸子　2010　『あなたが総理になって，いったい日本の何が変わるの』幻冬舎新書
A　北岡伸一　1995　『自民党―政権党の 38 年』読売新聞社（2008 中公文庫）
A　北岡伸一　2011　『日本政治史―外交と権力』有斐閣
A　キッシンジャー，ヘンリー　1979　（斎藤弥三郎他訳）『キッシンジャー秘録』全 5 巻，小学館
A　キャンベル，ジョン　1984　（小島昭・佐藤和義訳）『予算ぶんどり』サイマル出版会
A　Kingdon, John W.　1984　*Agendas, Alternatives, and Public Policies*, Boston: Little, Brown
C　国広道彦　1987　『体験的経済摩擦論』世界の動き社
A　久米郁男・川出良枝・古城佳子・田中愛治・真渕勝　2011　『政治学』補訂版，有斐閣
C　栗山尚一　2010　『外交証言録　沖縄返還・日中国交正常化・日米「密約」』岩波書店
C　K・O・K 編　2000　『小渕恵三の 615 日．―第 84 代内閣総理大臣の全公務記録』光

進社
A　河野康子　1994　『沖縄返還をめぐる政治と外交―日米関係史の文脈』東京大学出版会
A　Cohen, Stephen D.　1988　*The Making of United States International Economic Policy: Principles, Problems, and Proposals for Reform*, 3rd ed., Westport, Conn.: Praeger［コーエン，S. D.　1995　（山崎好裕・古城佳子・五味俊樹・明田ゆかり・納家政嗣訳）『アメリカの国際経済政策―その決定過程の実態』三嶺書房］
A　Cohen, Michael D., James G. March, and Johan P. Olsen　1972　"A Garbage Can Model of Organizational Choice," *Administrative Science Quarterly*, vol. 17, no. 1
C　古賀茂明　2011a　『官僚の責任』PHP新書
C　古賀茂明　2011b　『日本中枢の崩壊』講談社
A　古城佳子　1996　『経済的相互依存と国家―国際収支不均衡是正の政治経済学』木鐸社
A　後藤乾一　2010　『「沖縄核密約」を背負って―若泉敬の生涯』岩波書店
C　後藤田正晴　1989　『内閣官房長官』講談社
C　後藤田正晴　1994　『政と官』講談社
B　古森義久　1992　『U.S.A.報告―日本を視るアメリカの眼』講談社
B　古森義久　2000　『北京報道700日―ふしぎの国の新聞特派員』PHP研究所（2005扶桑社文庫）
B　古森義久　2002　『「ODA」再考』PHP新書

A　斉藤淳　2010　『自民党長期政権の政治経済学―利益誘導政治の自己矛盾』勁草書房
AB　佐々木毅・清水真人編　2011　『ゼミナール　現代日本政治』日本経済新聞出版社
A　佐藤誠三郎・松崎哲久　1986　『自民党政権』中央公論社
A　佐藤英夫　1989　『現代政治学叢書20　対外政策』東京大学出版会
A　佐藤英夫　1991　『日米経済摩擦1945～1990年』平凡社
C　佐藤優　2007　『国家の罠―外務省のラスプーチンと呼ばれて』新潮文庫
C　佐藤優　2012　『国家の「罪と罰」』小学館
B　佐野眞一　2006　『小泉政権―非情の歳月』文春文庫
B　塩田潮　1983　『霞ヶ関が震えた日―通貨戦争の12日間』サイマル出版会（1993講談社文庫）
B　塩田潮　1988　『百兆円の背信―ドキュメント財政破綻』講談社文庫
B　塩田潮　1995　『大蔵事務次官の闘い―斎藤時代・迷走の701日』東洋経済新報社
B　塩田潮　2002　『田中角栄失脚』文春新書
B　塩田潮　2006　『安倍晋三の力量』平凡社新書

B 塩田潮　2009　『民主党の研究』新版，平凡社新書
B 塩田潮　2011　『辞める首相　辞めない首相』日経プレミアシリーズ
A 信田智人　2004　『官邸外交―政治リーダーシップの行方』朝日選書
A 信田智人　2006　『冷戦後の日本外交―安全保障政策の国内政治過程』ミネルヴァ書房
B 清水真人　2005　『官邸主導―小泉純一郎の革命』日本経済新聞社
A Schoppa, Leonard J.　1993　"Two-Level Games and Bargaining Outcomes: Why *Gaiatsu* Succeeds in Japan in Some Cases But Not Others," *International Organization*, vol. 47, no. 3
A Schoppa, Leonard J.　1997　*Bargaining with Japan: What American Pressure Can and Cannot Do*, New York: Columbia University Press
A 白鳥令編　1990　『政策決定の理論』東海大学出版会
A 城山英明・大串和雄編　2008　『政治空間の変容と政策革新1　政策革新の理論』東京大学出版会
A 新川敏光　1993　『日本型福祉の政治経済学』三一書房
A 新川敏光　1999　『戦後日本政治と社会民主主義―社会党・総評ブロックの興亡』法律文化社
A 新川敏光　2005　『日本型福祉レジームの発展と変容』ミネルヴァ書房
A 新藤宗幸　2004　『概説　日本の公共政策』東京大学出版会
A 須藤季夫　2007　『シリーズ国際関係論4　国家の対外行動』東京大学出版会
A セラルニック，マーク　1985　「第一次石油危機における日本の対外政策」近代日本研究会編『年報・近代日本研究7　日本外交の危機認識』山川出版社
A 添谷芳秀　1995　『日本外交と中国 1945〜1972』慶応通信
A 添谷芳秀　2005　『日本の「ミドルパワー外交」―戦後日本の選択と構想』ちくま新書
A 曽根泰教　1986　「日本の政策形成論の変化」中野実編『日本型政策決定の変容』東洋経済新報社
A 曽根泰教　1989　「日本の政治システムと外交」有賀貞他編『講座国際政治4　日本の外交』東京大学出版会
A 曽根泰教　2008　『日本ガバナンス―「改革」と「先送り」の政治と経済』東信堂
A 曽根泰教・岩井奉信　1988　「政策過程における議会の役割」日本政治学会編『年報政治学1987　政治過程と議会の機能』岩波書店
A 曽根泰教・大山耕輔編　2008　『日本の民主主義―変わる政治・変わる政治学』慶應義塾大学出版会
A 曽根泰教・金指正雄　1989　『ビジュアル・ゼミナール日本の政治』日本経済新聞社

B	高橋秀実	2009	『からくり民主主義』新潮文庫
C	高橋洋一	2010	『さらば財務省！　政権交代を嗤う官僚たちとの訣別』講談社プラスアルファ文庫
B	高山文彦	1996	『霞が関　影の権力者たち』講談社
A	竹中治堅	2006	『首相支配―日本政治の変貌』中公新書
C	竹中平蔵	2006	『構造改革の真実―竹中平蔵大臣日誌』日本経済新聞社
B	田勢康弘	1994	『政治ジャーナリズムの罪と罰』新潮社（1996 新潮文庫）
B	田勢康弘	1995	『総理の座』文藝春秋（2000 文春文庫）
B	田勢康弘	1996a	『総理執務室の空耳―黒河小太郎政治小説集』新潮文庫
B	田勢康弘	1996b	『指導者論』新潮社
B	田勢康弘	2011	『国家と政治―危機の時代の指導者像』NHK 出版新書
B	立花隆	1984	『「知」のソフトウェア』講談社現代新書
B	立花隆	1994	『ロッキード裁判とその時代』全 4 巻，朝日文庫
A	建林正彦	2004	『議員行動の政治経済学―自民党支配の制度分析』有斐閣
A	田中明彦	1991	『日中関係 1945–1990』東京大学出版会
A	田中明彦	1997	『安全保障―戦後 50 年の模索』読売新聞社
A	田中明彦	2000	『ワード・ポリティクス―グローバリゼーションの中の日本外交』筑摩書房
A	田中明彦	2007	『アジアのなかの日本』NTT 出版
A	田中善一郎	1981	『自民党体制の政治指導』第一法規
A	田中善一郎	1986	『自民党のドラマツルギー―総裁選出と派閥』東京大学出版会
A	田中善一郎	2005	『日本の総選挙 1946–2003』東京大学出版会
A	谷聖美	1990	「インクリメンタリズム」白鳥令編『政策決定の理論』東海大学出版会
B	田原総一朗	1996	『「戦後五十年の生き証人」が語る』中央公論社
B	田原総一朗	2001	『巨大な落日―大蔵官僚，敗走の八百五十日』文春文庫
B	田原総一朗	2005a	『日本の戦争』小学館文庫
B	田原総一朗	2005b	『政治と権力のカラクリ（田原総一郎自選集 I）』アスコム
B	田原総一朗	2011a	『ドキュメント東京電力―福島原発誕生の内幕』新装版，文春文庫
B	田原総一朗	2011b	『原子力戦争』ちくま文庫
B	田原総一朗	2011c	『日本人は原発とどうつきあうべきか―新・原子力戦争』PHP 研究所
B	田原総一朗	2011d	『ジャーナリズムの陥し穴―明治から東日本大震災まで』ちくま新書
A	辻清明	1969	『新版　日本官僚制の研究』東京大学出版会

A　辻中豊　1988　『現代政治学叢書 14　利益集団』東京大学出版会
A　辻中豊　1990　「国際関係への政治過程アプローチ」佐藤英夫編『国際関係入門』東京大学出版会
A　辻中豊・森裕城編　2010　『現代市民社会叢書 2　現代社会集団の政治機能―利益団体と市民社会』木鐸社
A　土屋大洋　2001　『情報とグローバル・ガバナンス―インターネットから見た国家』慶應義塾大学出版会
A　土屋大洋　2003　『ネット・ポリティックス―9.11 以降の世界の情報戦略』岩波書店
A　土屋大洋　2007　『情報による安全保障―ネットワーク時代のインテリジェンス・コミュニティ』慶應義塾大学出版会
A　土山実男　1990　「政策決定の心理学的アプローチ」白鳥令編『政策決定の理論』東海大学出版会
B　手嶋龍一　1993　『1991 年　日本の敗北』新潮社（1996 新潮文庫）
B　手嶋龍一　2006a　『たそがれゆく日米同盟―ニッポン FX を撃て』新潮文庫
B　手嶋龍一　2006b　『外交敗戦―130 億ドルは砂に消えた』新潮文庫
B　手嶋龍一　2010　『インテリジェンスの賢者たち』新潮文庫
B　手嶋龍一・佐藤優　2006　『インテリジェンス　武器なき戦争』幻冬舎新書
A　デスラー，I. M./佐藤英夫編　1982　（丸茂明則監訳）『日米経済紛争の解明―鉄鋼・自動車・農産物・高度技術』日本経済新聞社
A　デスラー，I. M./福井治弘/佐藤英夫　1980　『日米繊維紛争―"密約" はあったのか』日本経済新聞社
B　東京新聞取材班　2005　『破綻国家の内幕―公共事業，票とカネ，天下り利権の構造』角川文庫

C　中川秀直　1996　『首相補佐』PHP 研究所
C　中曽根康弘　1992　『政治と人生―中曽根康弘回顧録』講談社
C　中曽根康弘　1996　『天地有情―五十年の戦後政治を語る』文藝春秋
A　中曽根康弘・佐藤誠三郎・村上泰亮・西部邁　1992　『共同研究「冷戦以後」』文藝春秋
A　中野実編　1986　『日本型政策決定の変容』東洋経済新報社
A　中野実　1992　『現代日本の政策過程』東京大学出版会
A　中野実　1993　『日本の政治力学―誰が政策を決めるのか』NHK ブックス
A　中邨章編　2005　『危機管理と行政―グローバル化社会への対応』ぎょうせい
A　中邨章・竹下譲編　1984　『日本の政策過程―自民党・野党・官僚』梓出版社
A　西尾勝　2001　『行政学』新版，有斐閣

A 西尾勝・村松岐夫編 1994-95 『講座行政学』全6巻，有斐閣
B 日本経済新聞社編 1994 『官僚―軋む巨大権力』日本経済新聞社
B 日本経済新聞社編 1995 『ドキュメント日米自動車協議―「勝利なき戦い」の実像』日本経済新聞社
B 日本経済新聞社編 1996 『規制に挑む―「官製経済」から「競創経済」へ』日本経済新聞社
B 日本経済新聞社編 2001 『検証バブル 犯意なき過ち』日経ビジネス文庫
B 日本経済新聞社編 2010 『政権』日本経済新聞社
C 日本国際交流センター編 1982 『アメリカの議会・日本の国会』サイマル出版会
A 日本政治学会編 1988 『年報政治学1987 政治過程と議会の機能』岩波書店
C 野坂浩賢 1996 『政権―変革への道』すずさわ書店
C 野末陳平 1996 『国会議員，人とお金のお作法』講談社
A 野中尚人 1995 『自民党政権下の政治エリート―新制度論による日仏比較』東京大学出版会
A 野中尚人 2008 『自民党政治の終わり』ちくま新書
A 野林健・長尾悟編 2011 『国際政治経済を学ぶ―多極化と新しい国際秩序』ミネルヴァ書房

B 長谷川幸洋 2008 『官僚との死闘700日』講談社
B 長谷川幸洋 2009 『日本国の正体 政治家・官僚・メディア―本当の権力者は誰か』講談社
B 長谷川幸洋 2010 『官邸敗北』講談社
C 畠山襄 1996 『通商交渉―国益を巡るドラマ』日本経済新聞社
A 服部龍二 2011 『日中国交正常化―田中角栄，大平正芳，官僚たちの挑戦』中公新書
A 花井等 1974 『現代国際関係論』ミネルヴァ書房
A Hermann, Charles F., ed. 1972 *International Crises: Insights from Behavioral Research*, New York: Free Press
A 早川純貴・内海麻利・田丸大・大山礼子 2005 『政策過程論―「政策科学」への招待』学陽書房
C 早房長治・並河信乃 1993 『霞が関がはばむ日本の改革―"豊かなくらし"行革案はどのようにして骨抜きにされたか』ダイヤモンド社
A 馬場伸也 1972 『満州事変への道―幣原外交と田中外交』中公新書
A 平野浩・河野勝編 2003 『アクセス日本政治論』日本経済評論社
A 樋渡展洋・斉藤淳編 2011 『政党政治の混迷と政権交代』東京大学出版会
A 福井治弘 1969 『自由民主党と政策決定』福村出版

A	福井治弘	1975	「沖縄返還交渉―日本政府における決定過程」『国際政治』第 52 号
C	フクシマ，グレン・S.	1992	（渡辺敏訳）『日米経済摩擦の政治学』朝日新聞社
C	福島原発事故独立検証委員会	2012	『福島原発事故独立検証委員会　調査・検証報告書』ディスカヴァー・トゥエンティワン
A	藤本一美編	1990	『国会機能論―国会の仕組みと運営』法学書院
B	船橋洋一	1987	『日米経済摩擦―その舞台裏』岩波新書
B	船橋洋一	1993	『通貨烈烈』朝日文庫
B	船橋洋一	2006	『同盟漂流』上下，岩波現代文庫
A	別枝行夫	1980	「日中国交正常化の政治過程―政策決定者とその行動の背景」『国際政治』第 66 号
B	保阪正康	2006	『政治家と回想録―読み直し語りつぐ戦後史』講談社文庫
A	細谷千博	1977	「対外政策決定過程における日米の特質」細谷千博・綿貫譲治編『対外政策決定過程の日米比較』東京大学出版会
A	細谷千博・綿貫譲治編	1977	『対外政策決定過程の日米比較』東京大学出版会
A	細谷千博・斎藤真・今井清一・蠟山道雄編	1971–72	『日米関係史　開戦に至る 10 年（1931–41 年）』全 4 巻，東京大学出版会（2000 新装版）
A	堀江湛・笠原秀彦編	1995	『国会改革の政治学―議会デモクラシーの復権』PHP 研究所

B	毎日新聞取材班	1994	『霞が関しんどろーむ―「官益」国家の裏側』毎日新聞社
B	毎日新聞取材班	1996	『ルポルタージュ・国会は死んだか？』毎日新聞社
B	毎日新聞政治部	2009	『完全ドキュメント　民主党政権』毎日新聞社
A	升味準之輔	1988	『日本政治史』全 4 巻，東京大学出版会
A	真渕勝・北山俊哉編	2008	『政界再編時の政策過程』慈学社出版
A	三沢潤生	1967	「政策決定過程の概観」日本政治学会編『年報政治学 1967　現代日本の政党と官僚』岩波書店
A	宮川公男	1994	『政策科学の基礎』東洋経済新報社
A	宮川公男	1995	『政策科学入門』東洋経済新報社（2002 第 2 版）
A	三宅一郎・山口定・村松岐夫・進藤栄一	1985	『日本政治の座標―戦後 40 年のあゆみ』有斐閣選書
A	宮里政玄	2000	『日米関係と沖縄 1945–1972』岩波書店
C	宮智宗七	1993	『断裂の構造―現場検証・日本の経済政策』NTT 出版
A	村松岐夫	1981	『戦後日本の官僚制』東洋経済新報社
A	村松岐夫	1987	「中曽根政権の政策と政治」『レヴァイアサン』第 1 号
A	村松岐夫	2010	『政官スクラム型リーダーシップの崩壊』東洋経済新報社
A	村松岐夫・伊藤光利・辻中豊	1986	『戦後日本の圧力団体』東洋経済新報社

A	村松岐夫・伊藤光利・辻中豊	1992	『日本の政治』有斐閣（2001 第 2 版）
C	村山富市	1996	『村山富市が語る「天命」の 561 日』KK ベストセラーズ
C	村山富市	1998	『そうじゃのう… 村山富市「首相体験」のすべてを語る』第三書館
C	村山富市	2011	『元内閣総理大臣村山富市の証言録―自社さ連立政権の実相』新生舎出版
C	守屋武昌	2010	『「普天間」交渉秘録』新潮社
A	森脇俊雅	2010	『BASIC 公共政策学 5　政策過程』ミネルヴァ書房

A	薬師寺泰蔵	1987	『政治家 VS 官僚―サプライサイド政治学の提唱』東洋経済新報社
A	薬師寺泰蔵	1989	『現代政治学叢書 10　公共政策』東京大学出版会
C	谷内正太郎	2009	『外交の戦略と志―前外務事務次官谷内正太郎は語る』産経新聞出版
B	柳田邦男	1986a	『日本は燃えているか』上下，講談社文庫
B	柳田邦男	1986b	『マッハの恐怖』新潮文庫
B	柳田邦男	1988	『死角―巨大事故の現場』新潮文庫
B	柳田邦男	2011	『「想定外」の罠―大震災と原発』文藝春秋
C	藪中三十二	1991	『対米経済交渉―摩擦の実像』サイマル出版会
C	藪中三十二	2010	『国家の命運』新潮新書
B	山岡淳一郎	2011	『原発と権力―戦後から辿る支配者の系譜』ちくま新書
A	山口二郎	1987	『大蔵官僚支配の終焉』岩波書店
A	山口二郎	1989	『一党支配体制の崩壊』岩波書店
A	山口二郎	1998	『イギリスの政治　日本の政治』ちくま新書
A	山口二郎	2004	『戦後政治の崩壊―デモクラシーはどこへゆくか』岩波新書
A	山口二郎	2009	『政権交代論』岩波新書
A	山口二郎	2012	『政権交代とは何だったのか』岩波新書
A	山口二郎・生活経済政策研究所編	1997	『連立政権　同時代の検証』朝日新聞社
A	山口定	1989	『現代政治学叢書 3　政治体制』東京大学出版会
A	山本吉宣	1989	『現代政治学叢書 18　国際的相互依存』東京大学出版会
A	山本吉宣	1990	「政策決定論の系譜」白鳥令編『政策決定の理論』東海大学出版会
B	山脇岳志	2005	『郵政攻防』朝日新聞社
B	屋山太郎	1993	『官僚亡国論』新潮社（1996 新潮文庫）
C	八幡和郎	1995	『官の論理』講談社
A	吉岡斉	2011	『原子力の社会史―その日本的展開』新版，朝日選書
A	吉田和男監修	1995	『日本の国家予算―あなたの隣の大問題』講談社

B 読売新聞社政治部編　1996　『政　まつりごと』読売新聞社
B 読売新聞政治部　2005　『自民党を壊した男―小泉政権 1500 日の真実』新潮社
B 読売新聞政治部　2006　『外交を喧嘩にした男―小泉外交 2000 日の真実』新潮社
B 読売新聞政治部　2008　『真空国会―福田「漂流政権」の深層』新潮社
B 読売新聞政治部　2009a　『検証　国家戦略なき日本』新潮文庫
B 読売新聞政治部　2009b　『自民崩壊の 300 日』新潮社
B 読売新聞政治部　2010　『民主党―迷走と裏切りの 300 日』新潮社
B 読売新聞政治部　2011　『亡国の宰相―官邸機能停止の 180 日』新潮社
B 読売新聞「民主イズム」取材班　2011　『背信政権』中央公論新社

C リード，T. R.　1987　(草野厚訳)『誰も知らないアメリカ議会―大統領・議員・利益団体』東洋経済新報社
A リンドブロム，チャールズ・E.／エドワード・J. ウッドハウス　2004　(藪野祐三・案浦明子訳)『政策形成の過程―民主主義と公共性』東京大学出版会 [Lindblom, Charles E., and Edward J. Woodhouse　1993　*The Policy-Making Process*, 3rd ed., Englewood Cliffs, N.J.: Prentice-Hall]
A Robinson, James A., and Richard C. Snyder　1965　"Decision-Making in International Politics," in Herbert C. Kelman, ed., *International Behavior: A Social-Psychological Analysis*, New York: Holt, Rinehart & Winston

A 若泉敬　2009　『他策ナカリシヲ信ゼムト欲ス』新装版，文藝春秋
A 渡辺昭夫　1970　『戦後日本の政治と外交―沖縄問題をめぐる政治過程』福村出版
A 渡辺昭夫　1977　「日本の対外政策形成の機構と過程」細谷千博・綿貫譲治編『対外政策決定過程の日米比較』東京大学出版会
A 渡辺昭夫　1979　「政策決定」『国際政治』第 61・62 合併号
A 渡辺昭夫編　1985　『戦後日本の対外政策』有斐閣選書
A 渡辺昭夫　1992　『アジア・太平洋の国際関係と日本』東京大学出版会
A 渡辺昭夫編　1995　『戦後日本の宰相たち』中央公論社 (2001 中公文庫)
A 渡辺昭夫編　1997　『現代日本の国際政策―ポスト冷戦の国際秩序を求めて』有斐閣選書
A 渡辺昭夫　2000　『日本の近代 8　大国日本の揺らぎ 1972–』中央公論新社
A 渡辺昭夫・土山實男編　2001　『グローバル・ガヴァナンス―政府なき秩序の模索』東京大学出版会

索　引

ア　行

IAEA　→国際原子力機関
アクター　54–55, 73–74, 142–143, 145, 151, 154, 156
アジェンダセッティング　→課題設定
麻生太郎　106
アリソン（Allison, Graham T.）　107–110, 117–120, 142
意思決定　43
イージス艦衝突事故　115–116
イシュー・アプローチ　40–41, 68
EPA　→経済連携協定
インクリメンタリズム　→増分主義
インタビュー　84
インフラ輸出　17, 172
ウルグアイ・ラウンド　52
影響力　54
SOP　→標準事務処理手続き
円借款　45–46, 88–89
円錐台システム　85–86
大蔵省　→財務省
大嶽秀夫　24, 40, 118
大平正芳（内閣）　36–37
沖縄返還　150
ODA　→政府開発援助
ODA大綱　46
オルセン（Olsen, Johan P.）　170
温室効果ガス削減　88, 106–107

カ　行

外務省　88–90, 112, 156
課題設定（アジェンダセッティング）　172–173
価値の権威的な配分　41
環境省　106–107
環太平洋戦略的経済連携協定（TPP）　20, 44–45, 50–51, 87, 90, 143, 163–164, 175–176
菅直人（内閣）　14–18, 20, 56, 74, 87, 103–106, 147–149, 164–165
官僚（機構）　10–13, 86, 88–89, 114–115
官僚政治モデル　→政府内政治モデル
危機（管理）　14–18, 160–161
危機型（決定、モデル）　92–93
岸信介（内閣）　64–65
北朝鮮　90–91, 150

キューバ危機　108–110, 118–119
キングドン（Kingdon, John W.）　172
経済界（財界）　86, 89, 91–92
経済財政諮問会議　113–114
経済産業省（経産省、旧通産省）　106–107, 112, 156
経済連携協定（EPA）　51
経団連　→日本経団連
決定の時期　159–161, 166–168
原子力安全・保安院　53
原子力規制庁　53
原発（事故）　14–18, 53–54, 74, 103–106, 157–158
小泉純一郎（内閣）　48, 88, 90–91, 96, 113–114, 144, 148, 150
公共事業　66–67, 138
厚生労働省（厚労省）　169–170
公明党　106, 174–175
合理的行為者モデル（第一モデル）　101–103, 106–109
コーエン，ステファン（Cohen, Stephen D.）　142–149
コーエン，マイケル（Cohen, Michael D.）　170
国際機関　49, 51–52
国際原子力機関（IAEA）　53–54
国際フォーラム　49, 51–52
国際平和協力法　95
国鉄改革　96–97
国内政治モデル　145
国民新党　173–174
国連平和維持活動（PKO）　52, 87, 95
後藤田正晴　147
子ども手当　171–172
ごみ缶（箱）モデル　170–172
コメの市場開放　52–53, 87, 146

サ　行

財界　→経済界
最高政策決定者　→政策決定者
財政赤字　137–138
最低保障年金　166–167
財務省（旧大蔵省）　112–113, 169–170
佐藤栄作（内閣）　28, 48
三脚柱システム　85–87, 143

三位一体モデル　86
時間的制約　117
自公政権　10–11
児童手当　171–172
指導力　→ リーダーシップ
自民党　→ 自由民主党
事務次官会議　12–13
社会保障と税の一体改革　147–148, 164–170
自由民主党（自民党）　10–11, 86–87, 91, 174–175
首相（内閣総理大臣）　86–87, 90–91, 93–94, 96
消費税　19–20, 56, 164–170
助言者（集団）　86, 89–90, 93
シーリング　137–138
シンクタンク　173
新聞縮刷版　70–72
心理学的アプローチ　48
鈴木善幸（内閣）　97, 156
スナイダー（Snyder, Richard C.）　159–164
政権交代　9–10, 174
政策過程　39–47
政策形成　43
政策決定　43
政策決定者　47–49, 159–161
政策決定者（個人）の性格　161–162, 168–169
政策実施　41–43
政策専門家　173
政策の窓モデル　172–176
政策評価　41–43
政治主導　10–13
政府開発援助（ODA）　45–46, 52, 88–89, 173
政府内政治モデル（官僚政治モデル、第三モデル）　117–124, 142–143, 145–146
政務三役　12–14
世界貿易機関（WTO）　65
相互浸透モデル　151–158
増分主義（インクリメンタリズム）　137–142
総務省　112
族議員　11
組織　109–114, 160–161, 169–170
組織過程モデル（第二モデル）　109–116

タ　行

第一モデル　→ 合理的行為者モデル
第三モデル　→ 政府内政治モデル
第二モデル　→ 組織過程モデル
台湾　64–65

縦割り（行政）　111, 113
田中角栄（内閣）　28–37
谷聖美　139
WTO　→ 世界貿易機関
中国　45–46, 64–65, 88–89
通商産業省（通産省）　→ 経済産業省
TPP　→ 環太平洋戦略的経済連携協定
データベース　70–71
デレオン（deLeon, Peter）　41
東海村JCO核臨界事故　116

ナ　行

内閣官房　113
内閣総理大臣　→ 首相
中曽根康弘（内閣）　47, 97, 147
中野実　39, 54
日常型（決定、モデル）　92–94, 138
日米オレンジ交渉　65, 151–156
日米経済摩擦　65
日米構造協議　49
日米自動車交渉　65, 156–158
日中国交正常化（回復）　28–38, 150
日朝平壌宣言　90–91
日表　73–81
日本経団連（旧経団連）　91
ねじれ国会　91, 144
農林水産省（農水省）　53, 112
野田佳彦（内閣）　13, 20, 44, 52, 56, 87–88, 90, 162–170, 175–176
ノンフィクション　63–64, 82

ハ　行

橋本龍太郎（内閣）　65, 144
パーソナリティ　148–149
鳩山由紀夫（内閣）　12, 56, 66–68, 88, 144, 164
東日本大震災　14–18, 73–81, 111–112
PKO　→ 国連平和維持活動
非常時型（決定、モデル）　93–96, 142–143
非正式接触者モデル　149–150
標準事務処理手続き（SOP）　109–110, 114, 116
福井治弘　92–96, 142
福島原子力発電所　→ 原発
福田赳夫（内閣）　65, 151–153
復興庁　111–112
普天間基地（移設問題）　67, 144
プレーヤー　117–119, 121–124
ブレワー（Brewer, Garry D.）　41

防衛省　87-88, 112
細谷千博　39, 85-92, 143

マ　行
前原誠司　66-67
マスメディア　→メディア
マーチ（March, James G.）　170
マニフェスト　10
マニュアル　114-116
宮川公男　42, 171-172
宮沢喜一（内閣）　95-96
民主党　9-14, 56, 66-67, 87-88, 91, 164-176
無償資金協力　45
メディア　145

ヤ　行
山本吉宣　41

八ッ場ダム　66-67
郵政民営化（見直し）　96, 144, 173-175
与謝野馨　147-148
予算　113-114, 137-138

ラ　行
利益団体　11, 145
リーダーシップ（指導力）　86-87, 90-91, 96, 118-119, 143-145, 163
リンドブロム（Lindblom, Charles E.）　137, 139, 141
ルティーン　109
歴史的分析　27-28, 38

ワ　行
渡辺昭夫　40

著者略歴

1947 年　東京都に生まれる．
1971 年　慶應義塾大学法学部法律学科卒業．
1978 年　上智大学大学院外国語学研究科修士課程修了．
1982 年　東京大学大学院社会学研究科博士課程修了．
　　　　国際大学助手，東京工業大学助教授を経て，
現　　在　慶應義塾大学総合政策学部教授，社会学博士（国際関係論）．

主要著書

『日米オレンジ交渉』（日本経済新聞社，1983 年）
『現代日本外交の分析』（共編，東京大学出版会，1995 年）
『官僚組織の病理学』（ちくま新書，2001 年）
『解体　国際協力銀行の政治学』（東洋経済新報社，2006 年）
『ODA の現場で考えたこと』（NHK ブックス，2010 年）

政策過程分析入門［第 2 版］

　　　　1997 年 4 月 15 日　初　版
　　　　2012 年 7 月 18 日　第 2 版第 1 刷

　　　　　［検印廃止］

著　者　草野　厚
　　　　くさの　あつし

発行所　財団法人　東京大学出版会
　　　代 表 者　渡辺　浩
　　　113-8654　東京都文京区本郷 7-3-1　東大構内
　　　http://www.utp.or.jp/
　　　電話 03-3811-8814　Fax 03-3812-6958
　　　振替 00160-6-59964

印刷所　研究社印刷株式会社
製本所　誠製本株式会社

© 2012 Atsushi Kusano
ISBN 978-4-13-032220-1　Printed in Japan

Ⓡ〈日本複製権センター委託出版物〉
本書の全部または一部を無断で複写複製（コピー）することは，著作権法上での例外を除き，禁じられています．本書からの複写を希望される場合は，日本複製権センター（03-3401-2382）にご連絡ください．

薬師寺泰蔵著	公共政策 現代政治学叢書10	四六・2800円
大嶽秀夫著	政策過程 現代政治学叢書11	四六・2800円
リンドブロム ウッドハウス著	政策形成の過程	A5・3000円
伊藤修一郎著	政策リサーチ入門	A5・2800円
城山英明編 大串和雄	政策革新の理論 政治空間の変容と政策革新1	A5・4500円
須藤季夫著	国家の対外行動 シリーズ国際関係論4	四六・2500円
新藤宗幸著	概説 日本の公共政策	四六・2400円
樋渡展洋編 斉藤淳	政党政治の混迷と政権交代	A5・4500円

ここに表示された価格は本体価格です．ご購入の際には消費税が加算されますのでご了承ください．